铜仁学院博士科研启动基金项目（trxyDH2012）

大数据赋能学校思想政治教育联动机制的构建与应用研究

符长喜　著

新 华 出 版 社

图书在版编目（CIP）数据

大数据赋能学校思想政治教育联动机制的构建与应用

研究 / 符长喜著 . -- 北京：新华出版社，2023.4

ISBN 978-7-5166-6744-6

Ⅰ . ①大… Ⅱ . ①符… Ⅲ . ①学校教育 – 思想政治教

育 – 研究 – 中国 Ⅳ . ① G41

中国国家版本馆 CIP 数据核字 (2023) 第 052782 号

大数据赋能学校思想政治教育联动机制的构建与应用研究

作　　者：符长喜

选题策划：唐波勇

责任编辑：张云杰　　　　　　　　封面设计：优盛文化

出版发行：新华出版社

地　　址：北京石景山区京原路 8 号　　邮　　编：100040

网　　址：http://www.xinhuapub.com

经　　销：新华书店、新华出版社天猫旗舰店、京东旗舰店及各大网店

购书热线：010-63077122　　　　　中国新闻书店购书热线：010-63072012

照　　排：优盛文化

印　　刷：石家庄汇展印刷有限公司

成品尺寸：170mm×240mm

印　　张：17.5　　　　　　　　　　字　　数：285 千字

版　　次：2023 年 4 月第一版　　　　印　　次：2023 年 4 月第一次印刷

书　　号：ISBN 978-7-5166-6744-6

定　　价：88.00 元

引发了第二次数据革命的大数据，在颠覆人们的生产方式、生活方式、认知方式、行为方式的同时，也改变了学校思想政治教育的育人环境，推动着学校思想政治教育的思维方式、载体形式、实践模式发生转变，为学校思想政治教育联动育人格局的形成与发展提供了良好的契机。基于此，正视大数据时代学校思想政治教育的机遇与挑战，推动大数据时代学校思想政治教育联动机制的构建并探讨具体应用成了新的研究生长点。

学生无疑是新时代的领军者，他们面对新鲜事物有着十分惊人的接受速度。在数据爆炸式增长的今天，外部环境对学生的影响持续加深，学生的自我意识不断加强，给传统思想政治教育带来了史无前例的巨大冲击。国家政策提出的新要求，时代发展形成的新局面，学生思想出现的新变化，都催促着学校思想政治教育加快改革的步伐。学校作为思想政治教育的"梦工厂"，必须顺应大数据发展的潮流，充分利用大数据对于教育数据的采集、分析、处理等方面的优势，不断完善思想政治教育联动机制构建方面的不足，开好头、起好步、创新局，全面推动学校思想政治教育的时代转变、变革发展。

基于上述背景，本书针对大数据时代学校思想政治教育联动机制进行了深入探索和研究。本书共有九章。

第一章：主要对大数据、思想政治教育及其相关的核心概念进行较为详细和深刻的论述，对大数据与大数据时代的特征，以及思想政治教育的内容、目标、基本特点及重要价值进行概括和阐释，奠定大数据时代学校思想政治教育联动机制研究的理论基础。

第二章：主要论述了大数据背景下学校思想者政治教育面临的机遇与

挑战，详细分析了挑战产生的原因，最后提出了针对性的策略，旨在为大数据在学校思想政治教育联动机制中的有效应用打下坚实的理论基础，促进学校思想政治教育联动育人质量的提高。

第三章：主要从理论依据、思想资源、内容体系、基本原则和现实意义五个角度入手，对大数据时代学校思想政治教育联动机制的构建展开论述，旨在为联动机制构建提供必备的理论基础。

第四章：主要从一体化的人才培养目标确立机制、教材编写机制、教师培养机制和教学效果评价机制四个角度进行论述，并注重大数据在机制构建中发挥的作用，旨在为纵向联动机制的构建提供强有力的数据支撑。

第五章：主要从校外联动机制、校内联动机制和思政课程与课程思政联动机制三个角度讲解横向联动机制的构建，并着重讲述具体的构建路径。

第六章：主要探讨大数据赋能学校思想政治教育联动机制带来的成效，推动了多元主体联动，促进了教育内容的整合优化和教学手段的多样化，实现了强强合作，促进学校思想政治教育效果的改善。

第七章：主要从政策、人员、财力三方面提供的保障进行论述，旨在为大数据时代学校思想政治教育联动机制的构建提供全方位的保障，促进联动机制的顺利运行。

第八章：主要从教学方式的优化、教学内容螺旋上升、教育教学合力和提升人才质量四个角度入手，深入探讨了大数据时代学校思想政治教育联动机制的有效应用。

第九章：主要是进行归纳总结，并对未来大数据技术在学校思想政治教育联动机制中的应用进行探讨。

鉴于笔者水平有限，书中疏漏在所难免，敬请各位同行及专家学者予以斧正。

目　录

第一章 大数据与思想政治教育相关论述

第一节 大数据与大数据时代

一、大数据的概念

大数据并非在某个时间节点横空出世的概念。现如今，人类社会、生活和学习等方面之所以会发生翻天覆地的变化，这与人类对数据的长期探索与应用密不可分。数据有着十分悠久的历史，最早可追溯到远古时期，此时数据是用来对符号进行记录的，但大数据被正式提出的时间则是在近 20 年。

关于大数据的定义至今尚未达成共识。诸多机构、专业人员以及学者立足于多个视角对大数据做出了界定。从整体上来看，目前，有关大数据的定义，主要包括以下五种观点：

观点一：从字面上理解，大数据中的"大"是指数据量极其庞大，大到利用现有信息技术处理数据会有相当大的难度。一组名为"互联网上一天"的数据形象地回答了大数据到底有多大的问题，它告诉人们互联网在一天中产生的所有内容能够刻满 1.68 亿张 DVD 光盘，发出的社区帖子总数量高达 200 万个，发出的邮件总数量高达 2940 亿封……①

观点二：维基百科对大数据做出如下定义：大数据指的是巨量资料，

---

① 青岛英谷教育科技股份有限公司. 云计算与大数据概论 [M]. 西安：西安电子科技大学出版社，2017：7-8.

或者是将其称为海量资料，所涉及的资料量非常巨大，纵使是利用目前主流软件工具，也无法在一定时间内完成对资料量的撷取、管理以及处理，并整理成有助于企业经营决策的资讯。[①]

观点三：作为互联网行业的技术术语，大数据被定义为数据集，是指在日常运营过程中，互联网公司所产生并累计的全部用户网络行为数据，其规模之大已经无法用 G 或 T 进行衡量，起始计量单位最小应为 P（1000个 T）、E（100 万个 T）或 Z（10 亿个 T）。[②]

观点四：麦肯锡将大数据定义为规模远远大于传统数据库软件所能获取、存储、管理以及分析能力的数据集，并非超过一个特定数据量的数据才可以被称为大数据，因为信息技术的发展日新月异，与大数据标准相符的数据集规模也会随之出现一定的增长，而且在各行各业当中也会产生不同的变化，这种增长和变化往往依赖于一个特定行业中使用频率高的软件和数据集的规模。[③]

观点五：大数据指的是与 4V 或多 V 特征相符的数据集。国际数据公司对 4V 所做的定义有着较强的代表性，该公司将大数据定义为符合 4V 特征的数据集，分别为价值性、多样性、规模性以及高速性。[④]还有研究对4V 做出如下定义：4V 指的是海量的数据规模、多样化的数据类型、不可估量的数据价值、高效的数据流动和动态的数据体系。[⑤]之后，随着研究的不断深入，4V 被赋予了易变性、易失性、真实性、黏度等新的内涵。

总的来说，大数据指的是规模巨大、具有动态性和持续性的数据，即通过合理使用新工具、新系统以及新模型的挖掘，从而有效获取具有新价值和洞察力的数据。在信息技术领域，先前已经存在"大规模数据""海量数据"等相关概念，但是这些概念仅仅是立足于数据规模本身，无法更好地反映出数据数量和规模爆发式增长背景下的数据处理、应用的迫切需求；而"大数据"作为一个全新的概念并非只是指规模巨大的数据对象，它是

---

① 中国互联网金融安全课题组.中国互联网金融安全发展报告 2017——监管科技：逻辑应用与路径 [M].北京：中国金融出版社，2018：66.

② 郑贵华，颜泳红.统计学 [M].3 版.湘潭：湘潭大学出版社，2019：68.

③ 邬贺铨.数据之道从技术到应用 [M].北京：科学普及出版社，2019：39-40.

④ 高聪，王忠民，陈彦萍.工业大数据融合体系结构与关键技术 [M].北京：机械工业出版社，2020：13.

⑤ 吴标兵.物联网社会的治理创新研究 [M].北京：中央编译出版社，2020：140-141.

数据对象、技术以及应用三者的有机统一，还涉及一系列与数据对象处理与应用相关的活动。大数据对象不仅可以是实际、有限的数据集合，也可以是虚拟、无限的数据集合。例如，某企业所掌握的数据库属于实际的、有限的数据集合；QQ、微信、微博上的所有信息属于虚拟、无限的数据集合，它们都是大数据对象。大数据技术则指的是从不同类型的大数据中，高效、准确地获取有价值信息的技术，如数据采集、存储、分析挖掘、管理、可视化等技术及其集成。

二、大数据的特征

目前，关于大数据的特征，学术界存在着多种解释，普遍认可的是将大数据的特征归纳为"5V"模型，即规模性、多样性、价值性、高速性和可变性。（图1-1）

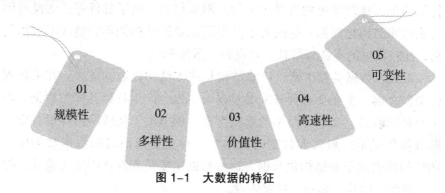

图1-1　大数据的特征

（一）规模性

"大"是大数据特征中最为突出的体现。近些年来，随着各种设备与技术的不断涌现与应用，人们日复一日的生活和学习轨迹都能够得以有效的记录，尤其是大量社交平台和购物平台的投入使用，随之生成了规模巨大的数据信息，促使数据呈现爆发性增长。大数据不仅有庞大的数据规模，还体现为非同寻常的巨大容量。虽然一个数据的大小只有几MB，甚至更小，但是积小致巨，无数个大大小小的数据汇集到一起就有可能达到ZB（1ZB=1024EB，1EB=1024PB，1PB=1024TB，1TB=1024GB，1GB=1024MB）级别。数据统计公司Statista对数据信息量增长趋势做出了分析，预测全世界所有的数据信息量到2035年将达到2142ZB。[①]

---

① STATISTA.Digital Economy Compass 2020[R].Hamburg：Statista，2020：1-6.

（二）多样性

大数据的多样性主要体现在三个方面，分别为数据来源丰富、数据类型丰富以及数据与数据之间有着较强的关联性。

第一，数据来源丰富，因果关系有着不同的强度。相比于传统交易数据，大数据时代企业拥有更加丰富的数据来源渠道，以物联网、互联网为基础，生成了各种各样的数据，如生产数据、社交数据以及管理数据。由于这些数据来源于不一样的设备或系统，所以这些数据类型具有多样性，总的来说可以分为三大类：①因果关系强的结构化数据：指的是可以通过固定数据结构进行表达，并具有一定数据规范的数据，这类数据大多来源于完整的系统，比较常见的有一卡通系统、财务系统等；②因果关系较弱半结构化数据：这类数据虽然可以通过数据结构进行表达，但是不便于进行结构化，比较常见的有日志文件、网页信息、电子邮件等；③没有因果关系的非结构化数据：指的是不具备固定数据结构的不完整或不规则的数据，比较常见的有链接信息、音视频、图片等。

第二，数据类型丰富，以非结构化或半结构化数据居多。在大数据时代来临之前，企业在运营和发展过程中，也会产生各种各样的数据，但是主要是以表格、文本等简单的形式存在。据 IDC（互联网内容提供商）的调查报告显示，步入大数据时代之后，在企业所面对的海量数据中，有80%的数据属于非结构化数据，这些数据主要是不存在因果关系的链接信息、图像、图片、影视、超媒体等。

第三，数据之间有着较强的黏性与交互性。例如，学生在线上学习过程中产生的学习时长、互动次数等数据，与学生线上学习所处的地点、环境等有着紧密联系。

（三）价值性

大数据最主要的特征是蕴藏着巨大的价值，而有效运用相关关系是充分利用大数据价值的主要表现。孤立的单个数据很难展现出其自身所蕴藏的巨大价值，而通过有效运用大数据的相关性分析技术，对数据进行深入的分析，能够发现其中所隐藏的相关关系，并对事物未来发展的方向与主流趋势进行科学的预测，以此创造更加丰富的财富和更大的价值。例如，网络购物平台上所设置的推荐系统，可以根据人们的喜好向其推荐心仪的物品。从整体上来看，虽然大数据具有不可估量的价值，但是它的价值密度不高，有价值的数据信息往往所占比例较低，如在几十甚至几百个小时的监控视频中，有价值的画面可能只有不到十秒钟，甚至是一两秒。随着时代的发展，尽最大努力获取足够多的数据信息，已成为社会各行各业竞争的目标之一，数据信息也变成了一项全新的竞争资源。

（四）高速性

大数据输入和处理速度之快，号称遵循"一秒定律"，能够从海量的数据中快速获取有价值的数据信息。过去受到技术和工具的限制，人们在数据收集方面采取的方式具有一定的机械化特点，对数据的处理效率也有待提升。而随着大数据技术的出现与运用，人们能够利用短暂的时间完成对所需数据信息的收集。例如，通过利用计算机网络搜索引擎，将需要查询的信息关键字输入进去，虽然这背后经过了高难度的大量数据运算，但是只需要大概一秒的时间就能将查询到的成千上万条结果呈现出来，这充分体现了数据收集和处理方式的高速性，这是过去可能需要花费数天甚至数周时间才可能达到的效果。除此之外，数据信息的产生和更新频率也十分迅速，由于社会生产和人类生活在不间断地进行着，所以每天每分每秒都会产生大量、各种各样的数据信息，使得数据信息更新迭代速度日益提升。

（五）可变性

由于大数据的来源比较广泛，涵盖社会生产、人类生活等各个方面，产生的数据规模非常巨大，数据结构具有复杂性，数据性质容易发生诸多变化；相比于小数据，大数据通常具有更强的不确定性和可变性。

三、大数据的分类

大数据通常可以划分为四大类，分别为互联网数据、科研数据、感知数据和企业数据。

互联网大数据特别是社交媒体是最近几年大数据的主要来源之一，大数据技术主要来自迅速崛起的国际互联网企业。例如，以专注于搜索的核心而著称的谷歌与百度的数据规模已达 1000 亿 GB 的规模级别。

科研数据主要源于性能出色、计算速度快的机器的研究机构，主要有粒子对撞机、生物工程研究以及天文望远镜。例如，欧洲国际核子研究中心装备的大型强子对撞机，如果其能够进入满负荷的工作状态，每秒所产生的数据规模可以达到 PB 的规模级别。

随着移动互联网时代的到来，LBS 定位被越来越多的人熟知。LBS 是基于位置的服务，通过先进的定位技术获取定位设备当前所处位置，并利用移动互联网向定位设备提供信息资源和基础服务。基于移动平台与位置服务的 LBS 具有较强的感知功能，感知数据逐渐与互联网数据交叉融合。感知数据的体量十分巨大，其总量有可能与社交媒体媲美。

企业数据种类繁多、内容复杂，企业依托物联网获取各种各样的感知数据，感知数据增长速度十分迅猛。企业内部数据除了结构化数据，还包括数量逐渐增多的非结构化数据，由以往的文档文本、电子邮件等数据拓展到社交媒体与感知数据，主要有模拟信号、图片、音频与视频等；企业外部数据则逐渐吸纳了越来越多的社交媒体数据。

四、大数据的重要价值

有人将数据比喻成蕴含巨大能量的煤矿。根据性质的不同，煤炭可以分为无烟煤、焦煤、贫煤、肥煤等，而深山煤矿、露天煤矿又有着不同的挖掘成本。与之具有相似性，大数据的本质在于"有用"，而非在于"大"，挖掘成本、价值含量的重要性要远超过数量。大数据的价值主要体现在以下几个方面：①大数据是信息产业高速发展的新引擎；②促进教育变革；③为企业带来核心竞争力；④为科学研究提供了全新的思路与途径。（图 1-2）

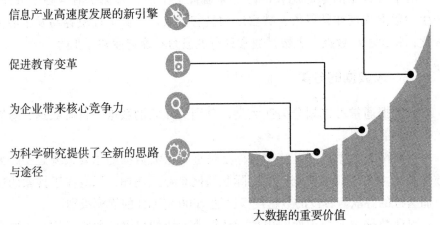

图 1-2　大数据的重要价值

（一）大数据是信息产业高速度发展的新引擎

得益于大数据的出现与发展，市场上不断涌现出越来越多的新技术、新服务和新产品；依托大数据，促进了计算机处理器、芯片、内存计算等的不断升级，催生了软件和硬件市场的进一步发展；大数据对数据处理提出了更高标准的要求，在处理的精度、难度、速度等方面都有所提升，有助于从整体上推动信息产业的高质量、高速度发展。

（二）大数据促进教育变革

在教育领域中，大数据与传统数据相比拥有其自身独特的优势，主要体现在以下三方面：第一，传统数据的用途主要体现在辅助教育政策的宏观决策，着眼于对总体教育状况进行分析决策。而大数据的透析能够针对个别学生在学习中表现出的情感态度、兴趣爱好等信息，有针对性地调整教学行为，有助于个性化教育的落实。第二，从误差大小比较角度来讲，传统数据采取的评估方法具有阶段性特点，在采样过程中很可能出现系统误差，最终对评估分析的结果造成不良影响。而通过大数据的采样，可以实现即采即用，这种技术性方法可以大大减少系统误差。第三，从本质上来看，传统数据与大数据的区别就在于数据采集来源、数据应用方向都有所不同。在数据采集来源上，传统数据主要采取的是考试、量表调查等方式，根据所采集的数据信息合理地评估学生身心健康、学习状态等方面，这种方式采集的数据信息具有阶段性、非实时性，还容易给学生带来一定的压迫感。而大数据的采集具有突出的过程性、实时性，它关注学生在各个教育环节中的微观表现，在不知不觉中完成对学生数据信息的采集，不仅不会对学生正常生活和学习造成不利影响，所采集的信息也更加全面。基于大数据的这些优势，有助于不断完善教育管理、教学模式，更好地实施个性化教学，有助于教育变革。

（三）大数据能够为企业带来核心竞争力

在竞争愈演愈烈的信息时代，要想更好地掌握未来商业发展的趋势，需要准确有效地应用大数据。例如，在医疗行业，通过对大数据的有效应用，能够使医生诊断的准确性上一个台阶，有助于减少医患矛盾；在零售行业，大数据能够帮助企业实时掌握市场变化的情况，进而合理地调整营销策略、价格以及店面等，从而更好地迎合消费者的心理与需求；在服务行业，通过大数据分析，能够关注每位客户的需求，并制定差异化、个性化的服务，增强客户的服务体验；在公共管理领域，大数据在经济、文化、社会等方面的发展过程中所发挥的作用日益显著。

（四）大数据为科学研究提供了全新的思路与途径

依托大数据，研究者能够深层次挖掘数据平台中的大量实时数据，并找到数据背后隐藏的规律，为研究结论的产生提供可靠依据。

五、大数据时代产生的背景

大数据时代指的是以大数据为核心的技术、管理、应用以及研究等为标志的人类社会发展的新的历史时期。随着互联网的不断、快速发展，推动了智能硬件的日益繁荣，产生了海量丰富的大数据，万物互联的大数据时代悄然而至。大数据是技术更新迭代、历史不断演变的必然结果，大数据时代是人类用智慧、汗水和努力开创出的历史新篇章。下面介绍大数据时代产生的背景。

（一）信息科技进步为大数据时代的来临奠定了物质基础

信息科技的进步主要包括信息传递技术、信息存储技术以及信息处理技术等的进步。从 1946 年世界上第一台计算机诞生，再到 1965 年戈登·摩尔创办英特尔公司，一直到现在，摩尔定律始终主导着与信息技术相关的产业的发展。随着计算机的不断更新以及软件的发展，计算机的计算能力得到了持续性提升，智能化水平越来越高，电脑操作系统也一直处于升级换代的状态，而随着电脑的硬件计算设备与软件操作系统之间的持续更新，促使电脑性能跃上了一个新的台阶，计算速度日益加快，信息的储存和处理能力持续提升，芯片性能也越来越强，操作系统变得更加便捷，进一步扩大了与信息相关行业的规模，促使信息产业实现了跨越式发展。

1969 年，阿帕网（ARPANET）在美国国防部的资助下得以成立，最初用于军用研究的阿帕网就是全球互联网的鼻祖。当前阶段，虽然台式电脑分布于不同的地理位置，但是得益于如今先进的网络信息技术，使得分散在不同地理位置的台式电脑实现了互相连接，而且随着无线网络通信技术的广泛普及，移动终端也能得以相互连接，信息技术正在悄无声息地改变着人们的工作和生活。现如今，人们在网络中的一系列操作与行动都会被记录下来，而逐渐形成规模巨大的数据库。

美国在信息通信技术领域一直占据着领先地位，1977 年，美国研制出了光纤通信系统，该系统速率可达 45Mbit/s，随着光纤通信系统正式投入商用，通信技术取得了快速的发展，开创了信息跨地域传输的新局面。与此同时，信息储存设备的价格也出现了下滑趋势，逐渐亲民化。现如今，宽带网络的应用越来越广泛，对海量信息资料的存储也有效突破了技术的局限性而成为现实，存储信息的设备价格下降，以及信息传输能力的不断提高，都为大数据时代的到来打下了一定的物质基础。

伴随着信息技术的不断进步，2006 年，云计算概念正式问世，以云计算为技术手段的数据中心，可以将数据上传至"云端"，人们可以通过联网设备或专用程序访问云数据中心。云计算的兴起为大数据时代的来临提供了良好的物质基础。

（二）社会的数据化发展为大数据时代的到来注入强大动力

随着信息技术的广泛应用，社会生产生活以及管理方式逐渐趋于网络化、智能化和精细化方向发展，社会生活信息化水平呈现日益上升的态势，社会管理和公共服务信息化建设扎实稳步推进，相关数据学科持续发展，大数据技术创新能力越来越强，产业结构和发展方式不断优化，这些都为大数据时代的到来提供了强大的动力。除了被大家所熟知的智能手机，最近几年与智能相关的词汇逐渐增多，主要包括智能汽车、智能门锁、智能手表、智能城市、智能家居以及智能交通等。无线连接让不同设备、网络与设备之间得以有效互联，从真正意义上实现了万物相连。在不同类型、功能多样的设备当中，各种大量的数据被不断收集并传至"云"中，整个社会正在向数据化方向发展。

我国为了跟上大数据时代潮流，也积极行动起来，国务院、工业和信息化部印发了一系列相关文件，如《"十四五"数字经济发展规划》《"十四五"大数据产业发展规划》《促进大数据发展行动纲要》等。这些文件为我国物联网的发展以及"宽带中国"的发展指明了方向。

随着网络的迅速普及，以及物联网建设步伐的不断加快，移动互联网、社会化网络以及数字家庭等应用变得更加广泛，加快了数据规模的扩张速度。基于此，社会对大数据的分析与处理需求变得越来越旺盛，这助推了大数据领域的进一步发展，而大数据的应用与发展又反作用于社会数据化的发展。面对海量的数据，人们迫切地希望可以在短时间内快速找到对自己有价值的信息，网络和计算机的智能化程度需要更高，需要自由流动、交换以及整合的社会资源变得越来越多，人与人之间的沟通合作以及任务对接需要越来越精确，整个国家和社会的运行成本需要不断降低，这些都为大数据时代的产生注入了强大的动力。

六、大数据时代的特征

大数据开启了时代转型的新篇章，无论是人与自然的关系，还是人与社会之间的关系，抑或是人与人之间的关系，都将逐渐演变成数字化生存的关系，而大数据时代也具有其自身独有的特征，具体体现在以下几个方面：数据化、泛互联网化、可量化、个性化、互性性、智能化、预测性等。（图 1-3）

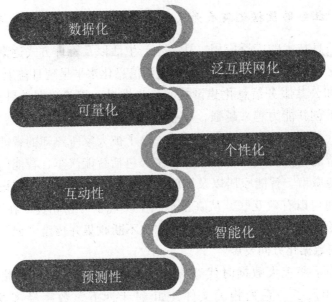

图 1-3　大数据时代的特征

（一）数据化

数据化是大数据时代的必然趋势，在人们的日常生活、人与人交往以及信息传播过程中，经过沟通、传播与保存等一系列操作，可以将所有客观存在处理成数据，进而整个社会形成了一个臃肿、庞大的数据库。由此，数据代替人与社会、人与人、人与自身之间的关系。在大数据时代,数据成了人类社会的数码符号,而非符码信息的简单堆砌,社会结构形态也出现了一定转变,变成了以互联网为框架的数据化形态,传统的信息交流、人际关系演变为高效、便捷的数据交换。

(二)泛互联网化

所谓泛互联网化,指的是万物相连的互联网。随着大数据时代的来临,计算机的应用空间变得越来越广阔,并早已成为人们生活和工作中不可或缺的一部分。计算也突破了桌面的限制,人们可以借助于可穿戴设备、手持设备或其他计算设备,充分享用信息资源和计算能力。人、机、物全面互联,固定与移动、无线与有线同时存在,并实现相互连接,广播电视网、计算机网、通信网等各种网络相互渗透、相互兼容、相互融合,网络连接、计算机功能以及服务共享实现了大面积普及,呈现出一个万物互联的时代。

(三)可量化

进入大数据时代之后,一切数字都能转变成参与计算的变量,信息能够变成用于数学分析或计算的数量单元。文字、沟通、方位等都能转化为数据,存在于世界中的万事万物都可以变成数据,所有事物都可以作为"变量",接受统计或数学分析,展现出巨大的潜在价值。从社会化个体自觉地通过数据进行自我认识的实践,就预示着人类认知领域开始了全面数据化。海量、丰富的数据资源,推动各个领域如政府、学术界、商业界等量化进程的开始。

(四)个性化

在大数据时代,通过科学、深入分析挖掘海量的数据,能够从中找到并提取出所需要的、有价值的数据图谱和趋势性信息,为各大行业未来的发展提供趋势分析、预测等具有前瞻性的信息,为各个行业决策的制定提供一定的参考和依据。海量数据作为重要的公共信息资源,其具有开放性和共享性,大数据时代强调民主平权、文化共享,使得所有人都能从"云"中海量的共享性、开放性的数据资源中发现并选择有价值的数据,通过对数据的挖掘与分析,最终为己所用。这样一来,就能从真正意义上满足个性化需求、实现个性化发展。

（五）互动性

在大数据时代，人与人之间、机与机之间、人与机之间都可以实现全方位的有效互动。互联网实现了随时随地零距离互动；移动终端不受时间和空间的限制，实现了时空互动；物联网实现了设备与设备之间的有效互动。在各种各样的全面互动中，数据和信息实现了有效的共享和交流，在无障碍传播过程中相互作用、相互影响。而人们可以从自身的偏好和需求出发，对信息和信息量的呈现顺序进行调整和控制。

（六）智能化

在大数据时代，借助于自组织网、无线传感等各种末端网络，能够全面、准确地收集管理对象的各种信息，如属性信息（人体特征、身体识别、编码）、环境信息（湿度、温度、压力、速度）、个体状况信息（位置、血压、体温），并第一时间接入网络以实现对这些信息的实时分析处理，最终为人们智能化地呈现出处理结果。

（七）预测性

在大数据时代，人类借助来源丰富、形式多样、多维度的海量数据，以及精细化的挖掘工具和分析技术，通过海量交叉验证征兆与变化规律、发掘事件概率，对事物发展方向进行较为精准的预测和预判，将有助于更加接近控制未来的终极梦想。大数据时代所具备的预测性特征，有助于促进商业模式的变革，推动教育走向低成本、个性化、可持续的道路，实现生态永续，还有利于科学研究从假设推动转变为数据推动。

第二节　思想政治与思想政治教育

一、思想政治与思想政治教育概念

（一）思想政治概念

思想政治的性质是政治工作，指的是从思想层面入手，通过立场、观点以及目标的统一，坚定意志、团结一致、齐心协力，不断提升个体自主能动性，充分调动参与活动的积极性，最大限度地发挥集体创造力，进而安定个人状态，将集体力量深深地凝聚在一起，维护好组织秩序，促进事业快速进步与发展，最终实现集体繁荣。

思想政治的发展建立在现代思想的基础之上，包括"独立、自由、平等"的人权观、"理性、科学、辩证"的思想观以及"民主共和"的政治观等。相比于封建时代的政治方法，如封建专制、武力征服、道德教化、律法约束、愚昧禁锢，思想政治是更文明先进的现代化政治方法。

在现代文明社会，无论是个人的自我管理，还是集体的组织管理，要想有效实现现代化治理，离开思想政治工作是万万不行的。这不仅是个体完成现代化改造必须修习的课程，还是家长、教师、团队干部、集体领导等具有领导性质职务的领导者实现现代化管理的必备技能，也是每个组织在现代文明社会中更好地实现长足发展必须重视并完成好的工作。

（二）思想政治教育概念

思想政治教育指的是社会或社会群体利用正确的政治观点、思想观念以及道德规范，对其成员进行有计划、有目的、有步骤、有组织的潜移默化的影响，使成员逐渐形成符合一定阶级所需要的思想品德的社会实践活动。[①] 从本质上来看，思想政治教育是一种教育实践活动，所以其目的归根结底是更好地满足社会和个人发展的需要，是一个不断提升个体的思想、政治以及道德素质，最终实现全面发展的过程。[②] 关于思想政治教育概念的定义，学术界尚未达成完全一致，但其内在基本大同小异，任何一种概念都认为思想政治教育应该包括以下几点内容：

第一，强调思想政治教育是社会和个人发展需要的结果，要坚持育人为本，侧重点主要在于人的政治思想。现代社会是一个学习型社会，信息社会对人的素养提出更高的要求，人要想有所作为，必须做到随时随地学习，更好地立足于信息社会中。但在学习的过程中，首先要坚持正确的政治方向，方向对了，行则将至；方向不对，南辕北辙。第二，坚持以正确的思想、政治以及道德理论等为导向。在全球化大背景下，世界、国家日益多元化，在此背景下思想政治教育必须将人的思想行为的变化置于首要位置，更好地指导人们行为动机的观念因素，主要包括政治观、伦理观、社会观和人生观等。第三，认为思想政治教育是一种实践活动。思想政治教育不仅包括学校教育，还包括社会教育；不仅承担着传授知识与技能、培养受教育者品德与情操的任务，还肩负着对受教育者的智力、知识以及体力等方面施加影响的重担，进而引导他们树立正确的政治观点、行为及立场，并形成良好的道德观、人生观、价值观和世界观，由此才能充分体现出思想政治教育的真谛。

二、思想政治与思想政治教育的内容

（一）思想政治的内容

思想政治最主要的工作是思想政治的教育工作，这项工作会使得思想政治工作任务变得更加具体化。实际上，思想政治的工作内容是根据党的路线和方针来确定的，简单地说，就是根据目前的形势和任务来确定工作内容。思想政治的内容分为两部分：系统教育和日常教育。（图1-4）

---

① 孙爱春，牛余凤，任凤琴. 思想政治教育原理与方法 [M]. 北京：光明日报出版社，2018：9.

② 郑永廷，徐建军. 大学生思想政治教育理论与实践 [M]. 北京：高等教育出版社，2009：2.

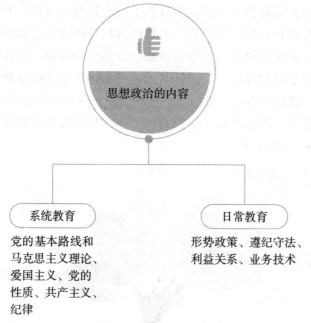

图 1-4　思想政治的内容

　　思想政治系统教育的主要内容包括党的基本路线和马克思主义理论、爱国主义、党的性质、共产主义、纪律等。在系统教育工作的过程中，要将党性教育和精神文化教育进行有机结合，使之贯穿于教育的方方面面。这些工作的开展有助于加强群众的政治理论和实践能力，同时提高群众的党性信念，提高群众的政治思想素质，从而树立正确的"三观"，即世界观、人生观、价值观。

　　日常教育也是思想政治工作内容不可或缺的一部分，如果系统教育是树立正确的政治观，那日常教育则有助于大家进行及时的检验，对当前阶段党的路线、方针、政策形成更加深刻的自我理解。思想政治日常教育的主要内容包括形势政策、遵纪守法、利益关系和业务技术等。

　　思想政治工作，就是要加强理想信念教育，深入进行中国特色社会主义教育。建设中国特色社会主义的精神动力，正是来源于正确的思想政治观，必须毫不动摇坚持党的基本路线和方针，拥护党、爱护党。

（二）思想政治教育的内容

　　思想政治教育的内容，指的是以一定的阶级或社会要求为导向，立足受教育者思想的实际情况，经过教育者的精心选择与设计，有组织、有目的地传递给受教育者的所有信息。思想政治教育的内容是思想政治教育目标的具体化，是对思想政治教育目的和任务的充分体现，是教育者与受教育者之间双向互动的媒介，是思想政治教育原则和方法得以确定的重要前提。思想政治教育的内容，指的是思想政治教育内容系统的所有基本要素，主要由思想教育、政治教育、道德教育、心理教育和法治教育等五个方面基本内容构成。（图1-5）

图1-5　思想政治教育的主要内容

1.思想教育

思想教育以世界观、方法论教育为主，其关注点在于对客观与主观相符合的问题的解决上，不仅要清楚地回答客观与主观是否相符的问题，还要在此基础上回答好客观与主观如何符合的问题。前者是不断深化世界观教育的问题，后者是不断深化方法论教育的问题。世界观、方法论教育的不断深化，需要将思想政治教育的基础工程设置成用科学的理论武装人，促使受教育者对世界的认识、改造能力不断提高，形成正确的人生观、价值观和世界观，坚决抵制各种错误思想的影响，同所有与科学真理相悖的错误思想和伪科学现象作斗争，维护无产阶级的思想统治，持续巩固社会主义意识形态的主导地位。现阶段，需要着重加强马克思主义唯物论、无神论以及现代科学知识教育，大力宣扬新时代科学精神，不断提升人们对所有伪科学、封建迷信活动的识别、抵制以及反对的能力。思想教育还需要着眼于思想的解放、观念的转变，对人们的生活、学习以及工作提供科学的指导。

2.政治教育

政治教育侧重于解决对有关国家、社会制度、阶级等方面的重大政治问题的态度和立场，以政治立场、政治信念、政治观念、政治方法、政治情感、政治理想和政治方向等方面的教育为主。要落实好爱国主义、集体主义、社会主义教育，增强受教育者对党、对祖国、对社会主义制度的政治共识和深厚感情。要落实好民主法治教育、宪法教育，使受教育者对民主与法治的辩证关系有一个正确的认识，不断强化社会主义民主意识与法治观念，在日常生活中自觉遵守宪法和其他各项法律，高度珍视与正确行使民主权利。要落实好公民教育，使受教育者对公民的权利与义务有一个正确的认识，不断强化受教育者的国家归属感和社会责任感，并充分行使公民权利，认真履行公民义务，全面推进公民的政治社会化建设。

3.道德教育

道德教育以行为规范的教育为主，主要目的在于引导受教育者内化道德规范，使其形成正确的道德观念，进而使其道德判断得到有效发展，形成积极的道德情感，养成良好的道德行为，最终实现道德素质的不断提高。为此，要扎实开展社会主义道德教育，帮助受教育者形成正确的道德观念和道德行为，以更好地适应社会主义市场经济，同时要正确认识国家、集体和个人之间的利益关系，并学会妥善处理三者之间的利益关系，克服不正确观念如个人主义、享乐主义和拜金主义的影响。落实好社会公德教育，帮助受教育者掌握并实行社会公共生活准则，自觉维护公共财物，全力爱护公共环境，严格遵守公共秩序，积极参加各类公益事业，在保证自身安全的前提下敢于见义勇为，并向不道德的社会行为或现象作斗争。加强职业道德教育，引导受教育者逐渐养成爱岗敬业、诚实守信、廉洁自律、客观公正、坚持准则、提高技能、参与管理、强化服务的职业道德，坚决抵制行业不正之风，树立正确的服务态度，不断提升服务质量。加强家庭美德教育，构建友好、平等、和谐的关系，形成互帮互助、团结友爱的邻里关系。从实质上来看，道德教育是一种养成教育。因此，道德教育的实施重点并不是简单的认知道德规范，而是引导受教育者内化道德规范，践行道德规范，以正确的道德规范对自身行为进行约束与指导，促进受教育者道德自律能力的持续性提升，最终形成稳定、高尚的道德品行。

4.心理教育

心理教育是以提高受教育者心理素质为主要目的的教育。随着改革开放的不断深入发展，竞争机制不断强化，生活、学习、工作的节奏日益加快，人们所承受的心理压力不断增加，有些人由于心理承受能力不足，难以承受过重的心理负荷，有些人甚至已经出现了不同程度的心理疾病。由此可见，心理教育尤为重要。心理教育主要是进行心理健康教育和指导，培养受教育者健康的个性、完善的人格、积极向上的心态、坚韧不拔的意志，尤其是要重点提升受教育者迎难而上、锲而不舍、自强不息、艰苦创业等的意志品质和能力，从而在日益激烈的竞争中脱颖而出。

5.法治教育

法治教育是新时期思想政治教育的重要组成内容。自党的十一届三中全会以来，尤其是随着改革开放的持续推进，法治教育在思想政治工作实践中的重要性日益显现。法治教育的主要内容主要包括以下四方面：第一，使受教育者正确理解社会主义民主的含义，懂得如何发展社会主义民主，在行使民主权利的同时，不做任何有损国家、社会以及集体利益的事情。第二，使受教育者深刻意识到宪法不仅是国家的根本大法，还是所有法律得以制定的依据，在享有宪法和法律规定的权利的同时，还要履行相应的义务。第三，引导受教育者正确使用民主权利，合理运用社会主义法制这一武器保护自身民主权利，打击各种刑事犯罪分子的破坏活动，积极维护社会秩序。第四，加强法律常识的教育，使受教育者理解法的含义、阶级本质以及作用，以及与法相关的政策法令，同时，提高受教育者遵守法律的自觉性，使其在保证自身安全的前提下勇于同违法现象作斗争。

三、思想政治教育的目标

关于思想政治教育的目标，理论界一直有不同的说法，下面介绍几个比较有代表性的观点。

国家核心价值研究中心主任陈秉公认为，思想政治教育目标是指教育者在一定时期内通过实施各种各样的思想政治教育活动，使受教育者的思想品德、行为实践以及心理素质方面所要达到的预想结果。[①]在他看来，思想政治教育目标是一个完善的目标体系，主要包括塑造人格的总体目标以及引导行为实践目标。[②]具体地说，塑造人格的总体目标是指通过教育者组织各项思想政治教育活动，塑造受教育者中国现代社会主义理想人格，即在思想观念、道德品质、行为方式以及心理素质方面均适应中国式社会主义现代化建设的人格。要求受教育者树立远大的志向，具备高尚的品德，密切关注社会生活，增强法纪观念，树立科学观念，树立民主意识、自强意识、创新意识以及竞争意识，还要具有强烈的创业冲动。[③]引导行为实践目标是指引导受教育者选择正确和积极的行为，即真、善、勇、美的行为，并学会拒绝错误和消极的行为。由于人们生活和学习的环境和条件具有复杂性、多变性，要想使行为真正做到真、善、勇、美，不仅要依靠自身的努力，还需要思想政治教育工作提供及时、有效的帮助与指导。[④]陈秉公的观点主要是从满足人的发展需求方面进行阐述的，即"个体目标"。

我国思想政治教育专业的创始人之一张耀灿认为，思想政治教育目标指的是教育者基于社会要求、人的发展要求的引导，有目的地开展一些思想政治教育活动，使受教育者的思想政治品德在一定阶段达到预期的结果。[⑤]他认为，思想政治教育目标应当由个体目标和社会目标、两个层次结构组成。①个体目标。思想政治教育目标的总要求是培育"四有"新人，它主要有四个层次的个体目标构成，即思想素质、道德素质、政治素质和心理素质。②社会目标。社会目标的内容主要包括三方面：一是政治目标。持续维护社会制度和政治稳定，不断巩固国家政权和党的执政地位，全面贯彻执行党的政策、方针和基本路线，推动国家政治生活的高速发展。二是经济目标。人是生产力中最为活跃的因素，通过全面提升人的素质，为生产力的进步与发展做好铺垫。三是文化目标。根据社会经济与政治的发展情况，建设与之相适应的精神文明，不断加强社会文化的建设，从整体

---

① 陈秉公.思想政治教育学 [M].延吉：延边大学出版社，1997：231.

② 陈秉公.思想政治教育学 [M].延吉：延边大学出版社，1997：231.

③ 陈秉公.思想政治教育学 [M].延吉：延边大学出版社，1997：231-236.

④ 陈秉公.思想政治教育学 [M].延吉：延边大学出版社，1997：240-246.

⑤ 张耀灿，陈万柏.思想政治教育学原理 [M].北京：高等教育出版社，2001：127-129.

上提升全民族的思想道德素质、科学文化素质。[①]

北京大学仓道来教授认为，思想政治教育目标指的是教育主体期望通过组织积极有效的系列思想政治教育活动，对教育客体的思想品德、政治素养、心理素质、人格行为等方面产生正向的作用，并达到预期的结果，简言之，一定时期、一定阶段通过开展思想政治教育力争实现的预期结果。[②]他认为，在确立思想政治教育目标时，要综合考虑社会发展和教育对象发展的双重客观需要。[③]针对思想政治教育目标的内容，仓道来提出应该包括社会目标、个体目标两个层次，社会目标指向的是加强社会主义政治文明建设，个体目标指向的是社会主义公民人格，其实就是社会主义"四有"新人。[④]

为了不断深化思想政治教育，党中央、国务院结合实际情况制定了一系列纲领性的思想政治教育目标，还在多个重要场合提出明确要求，为思想政治教育工作的开展提供了根本遵循。2016 年 12 月，全国高校思想政治工作会议于北京举行，习近平总书记在会上强调了思想政治教育的地位，即"思想政治工作是学校各项工作的生命线"，同时指明了思想政治教育的目标，即"引导广大学生正确认识世界和中国发展大势，正确认识中国特色和国际比较，正确认识时代责任和历史使命，正确认识远大抱负和脚踏实地"[⑤]。习近平总书记的重要讲话，为高校思想政治工作的开展指明了前进的方向。2020 年 1 月，教育部发布了《新时代高等学校思想政治理论课教师队伍建设规定》，明确了思想政治理论课（简称思政课）教师的首要岗位职责，即"为培养德智体美劳全面发展的社会主义建设者和接班人作出积极贡献"[⑥]。这一文件指导思想政治理论课教师用好国家统编教材、加

---

① 张耀灿，曹清燕. 论我国思想政治教育目的的定位——基于马克思主义人学的视角 [J]. 江汉论坛，2008（1）：35-38.

② 仓道来. 思想政治教育学 [M]. 北京：北京大学出版社，2004：156.

③ 仓道来. 思想政治教育学 [M]. 北京：北京大学出版社，2004：149-153.

④ 仓道来. 思想政治教育学 [M]. 北京：北京大学出版社，2004：156-159.

⑤ 怀进鹏. 不断推动高校思想政治工作高质量发展 [EB/OL].（2021-12-10）[2022-11-15]. http://dangjian.people.com.cn/n1/2021/1210/c117092-32304253.html.

⑥ 中华人民共和国教育部. 新时代高等学校思想政治理论课教师队伍建设规定 [EB/OL].（2020-02-07）[2022-11-15].http://www.moe.gov.cn/srcsite/A02/s5911/moe_621/202002/t20200207_418877.html.

强教学研究、深化教学改革创新，自觉用习近平新时代中国特色社会主义思想武装头脑，以促进学生发展。2020 年 5 月，教育部印发《高等学校课程思政建设指导纲要》，明确了课程思政建设的目标要求，即全面提高人才培养能力，进一步提高立德树人成效。[①] 这一文件指导课程思政建设体制机制不断健全，使学校所有学科专业对课程思政理念形成广泛共识。2021 年 7 月，中共中央、国务院印发了《关于新时代加强和改进思想政治工作的意见》，进一步明确了思想政治教育的任务，即坚持用习近平新时代中国特色社会主义思想武装全党、教育人民，推动理想信念教育常态化制度化，培育和践行社会主义核心价值观，加强教育引导、实践养成、制度保障，推动社会主义核心价值观融入社会发展和百姓生活。[②]2022 年 7 月，教育部等十部门联合印发了《全面推进"大思政课"建设的工作方案》，重新明确了"大思政课"的目的，即"引导学生坚定'四个自信'，成为堪当民族复兴重任的时代新人"[③]。思想政治教育目标逐渐趋于合理化、完善化、人性化发展，着重阐述了促进人的全面发展，即"个体目标"。

之所以出现上述两种不同的倾向，是因为对思想政治教育活动的分析与理解的角度有所不同。例如，从狭义角度来看，可以把思想政治教育活动看成是学校思想政治教育，侧重于对受教育者的培养，所以在阐述思想政治教育目标时就更加关注"个体目标"层面。而从广义角度来看，可以把思想政治教育活动看成是思想政治教育活动，一方面要突出强调思想政治教育活动对受教育者的作用，另一方面要充分体现思想政治教育活动的社会作用，于是就会形成"社会目标"和"个体目标"两个层面。

总的来说，思想政治教育目标是一个由多要素构成的有机系统。标准

---

① 中华人民共和国教育部.教育部关于印发《高等学校课程思政建设指导纲要》的通知 [EB/OL].（2020-06-03）[2022-11-15].http://www.moe.gov.cn/srcsite/A08/s7056/202006/t20200603_462437.html.

② 新华社.中共中央 国务院印发《关于新时代加强和改进思想政治工作的意见》[EB/OL].（2021-07-12）[2022-11-15].http://www.gov.cn/xinwen/2021/07/12/content_5624392.htm.

③ 教育部.教育部等十部门关于印发《全面推进"大思政课"建设的工作方案》的通知 [EB/OL].（2022-08-18）[2022-11-15].http://www.moe.gov.cn/srcsite/A13/moe_772/202208/t20220818_653672.html.

不同，其类别表述也不同，如依据层次标准，可分为根本目标和具体目标；按目标实现时间标准，可分为长期目标、中期目标和短期目标；按管理层级标准，有总目标和分目标之分；等等。笔者则根据教育对象标准，认为思想政治教育目标应包括社会目标、群体目标和个体目标三个层次。社会目标属于远期目标，是需要经过一段较长的时间通过不断努力才可以实现的思想政治教育目标，这一目标更加关注社会主义精神文明建设，强调推动物质文明和精神文明协调发展，尽快实现中华民族伟大复兴的中国梦。群体目标中的群体是指由相同特征个体组成的社会团体，群体目标即针对各种社会团体通过实施有效的思想政治教育所要达到的预期结果，以提高社会群体的文明水平。个体目标指的是针对社会个体成员设置的个体目标，通过学校、家庭、社会对个体的长时间培养教育，实现人格目标，促进受教育者的人格修养的提升和全面发展。

我国一直把学校思想政治理论课作为思想政治教育的主渠道和主阵地，并通过不断优化、完善课程设置来实现学校思想政治教育目标。《义务教育课程方案和课程标准（2022年版）》发布后，小学和初中阶段都开设了以培养"政治认同、道德修养、法治观念、健全人格和责任意识"为核心素养的《道德与法治》课程；高中阶段开设了以培养"政治认同、科学精神、法治意识、公共参与"为核心要素的《思想政治》课程；大学阶段开设了《中国近代史纲要》《马克思主义基本原理概论》《思想道德修养与法律基础》《毛泽东思想和中国特色社会主义理论体系概论》等必修课程。思想政治理论课程以基本道德为基础，紧紧围绕理想信念教育这一核心，为受教育提供全面、系统的世界观、人生观、价值观的教育，重点培养学生爱国主义情感，加强公民道德教育、弘扬民族精神的教育，以促进学生全面均衡发展为目标，有效落实素质教育。

四、思想政治教育的基本特点

思想政治教育的基本特点具有相对稳定性，这取决于思想政治教育的性质、对象、条件因素以及工作方式，是思想政治教育本质的具体反映。思想政治教育具有思想性、政治性、教育性、科学性、实践性。（图1-6）

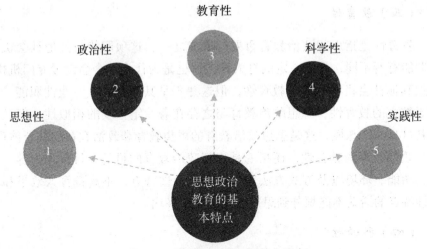

图 1-6　思想政治教育的基本特点

（一）思想性

思想政治教育是思想领域的一项社会实践活动，正是基于这个意义，思想政治教育经常被称为党的思想战线工作。思想政治教育属于一种精神层面的劳动，是一个对思想进行转化的工作，这也充分体现出思想政治教育的思想性。在思想政治教育过程中，教育者、受教育者、教育目标、教育手段等都具有一定的观念或精神特征，所以，思想政治教育与学术研究、物质劳动有所不同，它是一种具有特殊性的思想交流活动，由此形成了思想政治教育的独特形态。

（二）政治性

思想政治教育的本质特性是政治性，这也体现了思想政治教育的价值取向和社会关系。思想政治教育的政治性特点从根本上体现了阶级性，反映了阶级利益，体现了社会利益关系。因此，阶级性是政治性的另一种说法，具体地讲，思想政治教育一直都是依托一定的阶级关系，一直都是遵循一定阶级的思想理论指导，一直都是服务于一定的阶级利益。从宏观角度来说，思想政治教育的应用主体是政治组织，并服务于政治任务的实现。党的思想政治教育，就是始终坚持党的领导，直接服务于党的事业的发展。

（三）教育性

教育性是指思想政治教育重要的职能之一，这项职能与其他社会机构的职能有所不同，具有一定的育人性，这也是为什么社会会设置专门机构。虽然其他社会机构也具有教育性，但这并不是其特有的、专业性职能。相比于教育的教育性，思想政治教育与之存在着一定程度的相似性，但是又有其自身的特殊性，这是思想政治教育的思想教育和政治教育的综合体现。思想政治教育的教育性，还指的是思想政治教育的目的、目标、内容、形式、功能、环境以及方式方法等也具有教育性特点，不具备育人效果和教育性特点的活动不能划分到思想政治教育范畴内。

（四）科学性

在思想政治教育开展过程中，要传授给受教育者科学的世界观和方法论，为受教育者追求与掌握真理提供指导与帮助，使其进一步明确自己的根本利益，逐渐形成一定的认识世界、改造世界的能力，为社会和个人的进步与发展贡献力量。简言之，思想政治教育的科学性，指的是思想政治教育始终坚持社会主义发展方向，更好地服务于社会长足发展和个体全面发展。思想政治教育的科学性主要表现在以下几方面：

其一，以科学的理论为指导。马克思列宁主义、毛泽东思想为思想政治教育形成与发展奠定坚实的理论基础。其二，具有特定的研究对象和科学实施教育的规律。思想政治教育作为一门独立存在的学科，具有自己的研究对象、科学实施教育的规律。其三，采用系统科学的实施方法。思想政治教育拥有一套完备、系统、科学的研究方法，如心理咨询法、自我教育法、理论教育法、实践教育法、思想转化法以及冲突缓解法。其四，拥有较为完整的学科体系。得益于广大思想政治工作者和理论工作者数十年坚持不懈的努力，目前基本形成了一套相对完善的思想政治教育学科体系，涵盖教育目标与内容、教育对象、教育地位、教育过程和规律等。

（五）实践性

思想政治教育的实践性，强调的是它是一种现实的社会活动，是人与人的思想之间进行的真正有效、实实在在的沟通与交流。思想政治教育的实践性主要体现在以下几方面：

其一，现实性。思想政治教育更多是利用现实条件，服务于客观存在的政治任务、经济任务等。其二，功利性。思想政治教育的效果必须可以有效体现在现实生活中，并得到实践的检验。思想政治教育者要拥有丰富的工作经验，具备一定的解决实际问题的能力。其三，针对性。实践处于不断变化与发展的状态，思想政治教育也应该随之发展，呈现出较强的针对性。这就要求思想政治教育针对实际思想来推进各项工作，在思想问题的解决上更具针对性。

五、思想政治教育的重要价值

思想政治教育的价值，主要指的是思想政治教育在社会进步和人的发展方面发挥的重要效用和意义。思想政治教育的价值可以分为个体价值和社会价值。（图1-7）

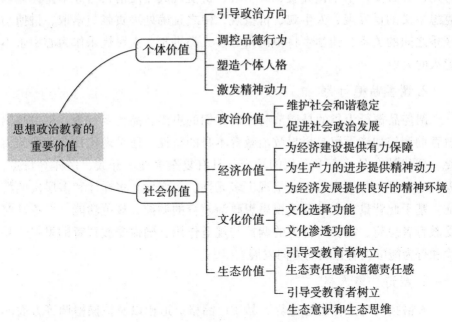

图1-7 思想政治教育的重要价值

（一）思想政治教育的个体价值

思想政治教育的个体价值，指的是思想政治教育在个体发展过程中所起到的积极作用，主要体现在以下几方面。

1. 引导政治方向

引导政治方向指的是通过采取教育、启发、监督、批评、动员等多种手段，对人们的思想、行为进行有效、正确的引导，使之与社会发展要求相符。得益于改革开放，我国逐渐步入了社会转型期，但由于部分人一时间无法适应经济和社会发生的巨大变化，所以形成了一些模糊甚至不正确的认识。针对此种现状，通过开展有效的思想政治教育，能够对人们陈旧、落后、错误的观念加以引导，使之对社会主义和谐社会的深刻内涵形成正确的认识，并充分了解中国共产党为了促进和谐社会的形成与发展出台的相关方针与政策，从而加快实现中华民族伟大复兴的中国梦。

学生时代是每个人重要的一个人生阶段，是个体思想发生变化的重要时期，有必要在学生世界观、人生观、价值观成型之前，引导学生树立马克思主义的世界观、人生观、价值观，使之正确处理贡献与索取、拼搏与享乐之间的关系，让学生将祖国荣辱、人类进步、人民忧乐作为心中永不熄灭的火炬。

2. 调控品德行为

调控品德行为指的是调节与控制人们的思想、品德及行为。思想政治教育的调控功能不仅是思想政治教育本身的特性，还是现代社会发展的需要。现代社会是一个多元化的社会，具有复杂多变、开放、多样等特点，人们的思想、行为、道德也呈现出多元性、多变性、多样性和多层次的特征。基于此背景，有必要重视思想政治教育的调控、规范功能，发挥其对受教育者思想、品德、行为的调控与规范作用，确保受教育者的思想、品德和行为能够朝着正确的方向发展。

3. 塑造个体人格

人格指的是个体思想境界、品质、品格、道德以及情操格调等方面的发展水平。思想政治教育的主要任务之一就在于塑造受教育者健康、完善的人格，培养其良好的心理品质。作为社会未来的主人，学生的人格发展正处于关键阶段，学生人格的健全，对其自身和社会发展具有非常重要的意义。社会变革、经济发展等多种因素，对学生人格的形成与发展带来巨大的影响，一切事物都具有两面性，一方面，这一系列因素为学生人格的塑造营造了良好的发展氛围，有助于学生优秀人格的塑造；另一方面，多元化环境容易引起学生对诸多社会现象的不解，社会中的不良风气对学生人格的健康发展造成一定阻碍。人格教育是思想政治教育的重要基础，通过加强思想政治教育，有助于加强对学生健康、完善人格的塑造，提升学生的人格魅力。

4. 激发精神动力

激发精神动力，指的是通过采取多种手段，有效激发人的创造性和积极性，深入挖掘并发挥个体价值，从而为全面推动社会主义现代化建设注入源源不断的精神动力。思想政治教育是影响物质生产的间接因素，而在精神生产方面，思想政治教育则发挥着直接的作用，它是丰富和发展人精神世界的重要渠道和有效方式，不仅有助于促进人智力和创造力的发展，还能推动人的情感世界和需求体系趋于丰富性发展，从而促进人的自我意识和创造精神的成长与发展。

（二）思想政治教育的社会价值

思想政治教育的社会价值，指的是思想政治教育在社会发展过程中所起到的积极效用和重要意义。基于思想政治教育与政治、经济、文化和生态发展的交互作用下，使得思想政治教育呈现出政治价值、经济价值、文化价值以及生态价值。

1. 思想政治教育的政治价值

思想政治教育对社会和谐稳定、社会政治发展具有积极的影响。一方面，在思想政治教育过程中，需要将党的方针、政策和路线传输给受教育者，有助于更好地贯彻落实党的方针、政策和路线。另一方面，思想政治教育可以积极反馈广大人民群众的建议和意见，为领导做出正确决策提供重要参考和依据。再一方面，通过对全体人民群众进行思想政治教育，能够不断深化人民群众的思想观念，使之深刻意识到个体对国家、社会的重要影响，从而为国家发展、社会稳定贡献出自己的一份力量。此外，思想政治教育通过与法治建设等其他社会建设的有机结合，进而构建德治与法治相统一的功能强大的网络，有助于促进社会稳定、政治发展。

2. 思想政治教育的经济价值

思想政治教育的有效实施，能够满足人们物质和精神需要的效应，使人们更好地贯彻和落实习近平新时代中国特色社会主义思想，从而促进社会经济的增长和发展。

（1）思想政治教育为经济建设提供有力保障。自党的十一届三中全会之后，党和国家更加关注经济建设的发展，并将工作重心转移至经济建设上，将以经济建设为中心作为了党的基本路线的核心内容。《关于新时代加强和改进思想政治工作的意见》强调，把思想政治工作与经济建设和其他各项工作结合起来，为党和国家中心工作提供有力政治和思想保障。[①]思想政治教育作为思想政治工作的重要组成部分，也应该以经济建设为中心，通过各种卓有成效的教育方法与手段，善于将思想政治教育融入各种复杂的经济活动当中，为经济建设提供有力的保障。

（2）思想政治教育为生产力的进步提供强大精神动力。生产力是经济基础，思想政治教育是上层建筑，根据马克思主义哲学原理可知，上层建筑对经济基础具有反作用，所以思想政治教育反作用于生产力，势必对生产力的发展起着重要的积极作用。此外，劳动者是生产力的决定因素，从思想政治教育与劳动者的关系来看，思想政治教育充分调动劳动者的主动性、自觉性、创造性和积极性，对生产力水平的提升具有间接性的影响。而且在变革生产关系的过程中，通过对劳动者进行思想政治教育，能够使劳动者树立正确、坚定的政治信念，帮助劳动者充分认识到旧生产关系的变革、新生产关系的构建是非常有必要的，从而不断解放和发展生产力。

（3）思想政治教育为经济发展提供良好的精神环境。通过开展有效的思想政治教育，能够清除不利于经济发展的精神方面的因素，为经济发展创造有利的精神环境。具体地说，通过进行思想政治教育，能够使受教育者学会用辩证、全面、长远的眼光看待与经济发展相关的问题，并指导受教育者树立全面、协调、可持续的发展观，以更好地落实经济社会的全面发展。

3. 思想政治教育的文化价值

作为社会意识形态的重要内容，思想政治教育的价值与文化紧密相连。对思想政治教育价值的评估，文化是一个重要的衡量标准，思想政治教育价值的高低，很大程度上取决于其所处的文化背景。思想政治教育的文化

[①] 新华社.中共中央 国务院印发《关于新时代加强和改进思想政治工作的意见》[EB/OL].（2021-07-12）[2022-11-15].http://www.gov.cn/xinwen/2021-07/12/content_5624392.htm.

价值具体表现在以下两方面。

（1）思想政治教育具有文化选择功能。思想政治教育的文化选择功能主要表现在两方面：一方面是肯定性选择，指的是思想政治教育吸收与自己同向的健康、优秀文化，并融入思想政治教育轨道中，从而完善思想政治教育系统的内容。另一方面是否定性选择，指的是思想政治教育能够排斥与自己异向的文化，抵制不健康文化对受教育者带来的负面影响，从而更好地推动思想政治教育的可持续发展。当前阶段，我国思想政治教育的发展过程中，一方面加强对中华优秀传统文化的吸收、传承与创新，另一方面有针对性、合理地学习、借鉴、改造西方文化。

（2）思想政治教育具有文化渗透功能。除了中华优秀传统文化、中国借鉴与改造的西方优秀文化等主流文化，非主流的各种亚文化形态也是社会文化的重要组成部分，主要包括校园文化、社区文化、家庭文化、企业文化、村镇文化、军营文化等。在新时代，思想政治教育是一个具有包容性、开放性的系统，理应科学分析、理性剥离并批判性继承各种亚文化中的合理成分，以推动主流文化的进一步发展。现阶段，为了唱响大力弘扬社会主义、爱国主义和集体主义的主旋律，思想政治教育必须充分发挥自己的文化渗透功能，以各种亚文化为基础，社会主流文化巧妙地渗透进去，更好地引导与带动亚文化的进步与发展，有效调节社会文化矛盾与冲突，积极营造不同文化相互交流、相互吸收、相互融合的良好氛围，以更好地服务于社会主义文化的大发展、大繁荣。

4.思想政治教育的生态价值

一直以来，对思想政治教育价值的认识，大部分人的观点总是局限于经济价值和政治价值，将思想政治教育简单地理解为仅仅是对不同个体、个体与社会之间关系问题的解决，没有考虑到思想政治教育的价值会随着时代的发展而被赋予全新的深刻内涵。近些年来，生态环境形势非常严峻，这给人类生存带来了新的危机，基于此，为了紧跟时代发展的步伐，思想政治教育必须突破原有的价值局限，着眼于自身潜在的生态价值的创造，肩负起时代赋予的新的使命与责任。一方面，通过思想政治教育的有效开展，能够引导受教育者树立强烈的生态责任感和道德责任感，使其精神境界得到持续的提升，并在改造自然的过程中克服对环境发展不利的行为，学会如何与自然友好和谐相处，致力于人类社会的全面、协调可持续发展。

另一方面，通过思想政治教育，能够引导受教育者树立正确的生态意识和生态思维，充分认识到人类不是大自然的主宰者，仅仅是大自然家庭中的一名成员，应该做一名善良的公民，只有这样，才能保证人类的自我实现和幸福感的获得。

第三节　联动机制和思想政治教育联动机制

一、联动机制和思想政治教育联动机制的相关概念解读

（一）机制

"机制"一词最早源于希腊文，这一概念最开始应用于自然科学领域，指的是自然现象或事物的作用原理、作用过程及其功能。随着自然科学的兴起与发展，"机制"一词的应用范围逐渐延伸至社会科学领域，指的是不同社会组成要素之间的运行原理、相互关系及运行过程。简单地说，机制主张的是一种相互制约、相互配合、自行调节的关系，以及要素与要素之间的运行过程、相互影响的方式。"机制"一词不仅包含静态的子系统之间存在的相互适应和相互作用的关系，还包含了动态的子系统之间的运行过程和相互作用的方式。

机制的构建是一项长期性、复杂性的系统工程，与之相关的各种制度和体制的优化与创新并不是孤立的，也不可以直接采取"1+1=2"这种简单的方式进行解决，不同角度、不同层次以及不同侧面之间必须相互补充、相互呼应，只有进行有机整合，才可以最大限度地发挥出应有的作用。与此同时，不可以将制度和体制完全割裂开来，应该让两者相互交融。在体制运行过程中，制度能够起到规范作用；在制度实施过程中，体制能够为制度的落实提供保障。综上所述，"机制"一词在社会科学领域用来表述：在正确认识事物各部分存在的基础上，有效协调不同部分之间存在的关系，从而充分地发挥作用的具体运行方式。

（二）联动机制

作为一种多主体参与的机制，联动机制是相对于单一、孤立主体工作机制而言的。联动机制指的是在一定服务区域内，不同岗位之间基于一定的联系方式，展开相互合作、协调，通过各个服务环节的互动沟通、联动协作，以达到提高服务质量和效率的目的的一种机制。

从经济学角度来看，所谓联动，指的是信贷资金分别对存在关联性的项目或产业链上相邻的产业环节提供信贷支持。而联动机制指的是世界各个国家金融机构所采取的一种重要的信贷业务经营方式。总体来看，产业链由若干个链条组成，不同链条的具体项目之间相互影响、相互促进，由它们所支撑产业或企业对信贷资金的需求呈现出链条状趋势。正是因为联动机制迎合了这种需求，所以才有可能带来倍加的乘数效应。

联动机制是一个实现多主体共同参与同一工作的网络体系，包括政府、政府部门、专业机制、非专业机构以及社会公众等，并确保不同主体在该网络体系中进行双向、顺畅、有效的交流、沟通与协作，从而确保工作模式的改善、工作效率的提升。联动机制并不是简单地将不同机构和不同人员叠加到一起，也并不是要求人们都必须一起工作，而是通过一套系统、完善的制度、职责的配合机制，将有待完成的工作划分给不同部门、不同主体的科学性的制度体系[①]。

（三）思想政治教育联动机制

所谓思想政治教育联动机制，指的是思想政治教育活动中，贯穿于思想政治教育实践全过程的相互制约、相互协调、相互作用的各种因素所构成的运行体系。思想政治教育联动机制紧紧围绕思想政治教育的目标，全面整合多方主体、多元化教育资源，构建多主体、多要素进行相互联动、优势互补的机制。思想政治教育联动机制是一种全新的教育理念，有助于提升教育者的教学水平，使其在工作实践中整合多种资源力量，从而更好地实现内化于心、外化于行的双重教育。

---

① 刘尚博.平凉市气象灾害应急管理部门联动机制优化研究 [D].兰州：兰州大学，2020：14，15.

（四）学校思想政治教育联动机制

基于联动理论视域，学校思想政治教育是一个有序的育人系统，这一系统由若干个存在内在联系的子系统构成，并可以在稳定性、有效性的机制下形成联动效应，以产生理想的育人效果。

在学校中能否建立联动育人机制，主要取决于两个决定性因素：其一是学校党委，尤其是学校党委书记的高度重视，加强对思想政治教育的领导并直接参与其中；其二是思想政治教育工作者作用的发挥。究其原因，是因为从学校管理结构来看，学校党委书记可以有效协调不同育人目标之间的关系，即可以让不同教学单位的育人目标之间的关系协调一致，并对思想政治工作部门进行直接的领导。同时，锻造一支高质量思想政治工作队伍，特别是一支高质量思想政治教育教师队伍以及学生事务工作队伍，能够为联动育人机制的形成与发展提供强大的人员支持。

二、思想政治教育联动机制的基本内涵

马克思曾强调，在相同的生产过程或不同但存在关联的生产过程中，很多人有目的、有组织、有步骤地参与到共同的协同劳动中，这种形式的劳动就被称为协同；这不是简单地采取协作的方式促进了个人生产力的提升，还创造了一种本身是集体力的生产力。[①]因此，立足于价值诉求的视角，联动的关键主要体现在三个方面：其一是彰显联动实践的有效性；其二是提升集成价值的吸引力；其三是保证自身组织调节的适应性。联动通过全面汇集各种要素和资源，消除不同主体之间的壁垒，促进各种要素如资本、人才、技术、信息的流动与整合，避免出现资源的重复、浪费与分割，使社会效率更上一个台阶。换言之，有效的联动可以有效消除不同学科、系统行业之间的障碍和壁垒，促进资源的优化与共享，不断深化体制改革。

简单地说，思想政治教育协同机制的内涵，是以思想政治教育现代化为联动的重要依据，以思想政治教育多元化为联动的主流趋势，以思想政治教育互通化为联动的强大张力，以思想政治教育人文化为联动的终极目标。

思想政治教育联动机制的发展，需要以人本性联动的教育理念为指导，

---

① 中共中央马克思恩格斯列宁斯大林著作编译局.马克思恩格斯全集：第23卷[M].北京：人民出版社，1972：362.

坚持有效性联动的教育原则，采取完善性联动的教育方法，构建整合性联动的教育模式，开展调试性联动的教育实践，进行延展性联动的教育反思，提升各方面联动的效率与效果，促进我国思想政治教育的长足、稳定发展。

三、学校思想政治教育联动机制的基本内涵

学校思想政治教育联动机制的内涵，是指学校在进行思想政治教育的过程中，以"三全育人"理念为主导，综合运用多种手段，深层次挖掘学校思想政治教育系统内部若干个要素之间存在的联动机理，使系统内部若干个子系统之间、若干个要素之间，以及系统内外进行联动行动的各种运作方式，其中，包含着学校思想政治教育系统若干个要素之间相辅相成、相互依赖、协同配合而架构起来的各种工作机制、体系和方式。

四、学校思想政治教育联动机制的特点

学校思想政治联动机制具有四个显著特点，分别是方向性、强互动性、相对独立性、层级性。（图1-8）

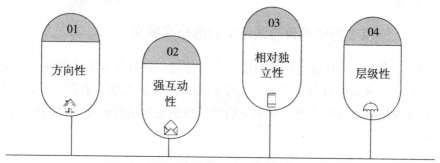

图1-8　学校思想政治教育联动机制的特点

（一）方向性

在学校思想政治教育联动机制中，虽然党委、政府、学校、学生、社会、家庭等各主体的作用方式各不相同，但是他们都有一个共同的目标，即提高学校思想政治教育的针对性、实效性，促进学生全面和谐自由的发展，有效落实立德树人根本任务。

（二）强互动性

在学校思想政治教育联动机制运行过程中，各个主体所处的系统并非

相互隔离而存在的，而是存在着十分密切的联系，不同主体之间相互牵制、相互协作，共同构成了相辅相成的有机整体。而联动机制功能的有效发挥，也依赖于不同主体之间的互动协作。

（三）相对独立性

各个主体系统之间虽然具有内在联系，但是各自又相对独立，每个主体系统都有属于自己的各具特点的内部运行环境，保证在一定时期的内在特有的稳定状态。

（四）层级性

学校思想政治教育联动机制的层级性，指的是通过党的领导以及来源于社会各方力量的支持，主要从宏观方面为联动机制的运行提供目标规范、方向指导以及资源支持等；学校方面从中观层面有组织地进行教育等；家庭和学生主要是从微观角度出发，通过家庭单元反馈的重要信息，并激发学生的自我教育意识，帮助学生将外化作用转化为内化过程，从而进行自我教育等。

五、学校思想政治教育联动机制的现实意义

学校思想政治教育联动机制的构建与应用，具有非常重要的现实意义，表现在三个方面：有助于促进学生全面而有个性的发展、有助于发挥学校思想政治教育的共轭效应、有助于构建学校思想政治教育生态共同体。（图1-9）

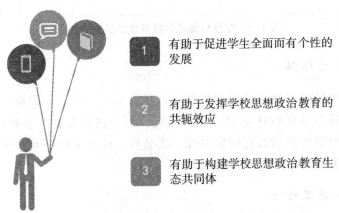

1 有助于促进学生全面而有个性的发展

2 有助于发挥学校思想政治教育的共轭效应

3 有助于构建学校思想政治教育生态共同体

图1-9 学校思想政治教育联动机制的现实意义

（一）有助于促进学生全面而有个性的发展

首先，构建学校思想政治教育联动机制，可以全面整合来自多方面的力量，进而创设教书育人、管理育人、服务育人的综合环境，一方面以课堂教学为主阵地引导学生树立良好的价值观，另一方面通过组织多样化的课外校园活动、社会实践，为学生创造更多自我展示的机会，引导学生发现并培养自身的特长、兴趣，陶冶学生高尚的道德情感，完善学生的智能结构，发展学生积极的个性与特长。通过理论与实践相结合的方式，进一步巩固学生学习与吸收知识，在此基础上培养学生鲜明的个性，并一直很好地保持下去，从而促进学生个性的多样化发展。

其次，受到社会不良风气的影响，不少当代学生尤其是大学生崇尚"理性、实在、发展"，其中，"理性"指的是科学、不随大流、真实；"实在"指的是关注一些实际内容，如经济、事业、家庭，存在功利性倾向；"发展"指的是抓住机会、谋求发展。为了消除学生功利主义价值倾向，依托学校思想政治教育联动机制，调动系统中每个要素的协同配合作用，充分发挥系统中每个要素的作用，进而形成强大的联动合力，提升学生个人发展的主观能动性，激发学生蓬勃向上的人生愿望，并树立远大的理想，使学生内心思想与外在言行保持和谐一致，用新时代中国精神不断影响学生，将学生培养成具有现代视野的全面发展的人。

（二）有助于发挥学校思想政治教育的共轭效应

共轭效应又称离域效应，原本是指在有机化学领域中，正是因为分子中的若干个原子之间进行相互合作、相互协作和相互制约，才保证了整个有机化合物的分子结构处于稳定状态、降低了内能内耗、增加了分子极性的现象。共轭效应形成的关键就在于：根据分子中原子所扮演的"角色"以及原子群体之间存在的相互关系，经过重新整合定位，使原子群体之间相互制约、相辅相成、相互促进，形成具有稳定性结构、较强抗力的全新的有机体。[①] 通过构建学校思想政治教育联动机制，对学校思想政治教育共轭效应的发挥起着促进作用，其主要表现在以下几方面：一是有助于重新整合教育资源，形成强大的教育合力；二是有助于教育资源的协同与配合，

---

① 王迎进，孙金鱼，赵明根. 共轭效应的本质及其在有机反应中的特殊性 [J]. 化学通报，2019，82（4）：368-372.

不断提升教育效果；三是有助于促进教育资源的融合发展，持续强化教育功效。

（三）有助于构建学校思想政治教育生态共同体

2021 年，中共中央、国务院印发了《关于新时代加强和改进思想政治工作的意见》，中宣部负责人在回答记者"如何做好学校思想政治工作"的提问时强调，学校思想政治工作要以立德树人为根本，全面统筹办学治校、人才培养以及教育教学等育人资源和力量，利用好课堂教学主渠道作用，开创全员、全程、全方位育人新格局。[①]为此，学校要紧紧围绕"立德树人"这一根本任务，构建思想政治教育生态共同体。而依托思想政治教育联动机制，有助于整合学校、课程、课堂、学生、家庭、社会等要素，进而形成校内思想政治教育系统、校外思想政治教育系统等，避免生态共同体中各要素内耗，从而充分发挥学校思想政治教育的整体功能。

---

① 新华社.中共中央 国务院印发《关于新时代加强和改进思想政治工作的意见》 [EB/OL].（2021-07-26）[2022-11-15].http://www.gov.cn/zhengce/2021-07/26/content_5627773.htm.

第二章　大数据时代学校思想政治教育面临的机遇、挑战及应对策略

第一节　教育主体面临的机遇、挑战及应对策略

教育者作为学校思想政治教育的组织者和实施者，要想紧跟大数据时代发展的潮流，就要坚持把立德树人作为教育的根本任务，与此同时充分发挥大数据技术优势，从而提升学校思想政治教育的针对性、实效性。然而，任何技术都具有两面性，具有双刃剑作用，大数据技术也不例外，它在为学校思想政治教育者带来工作便利的同时，也使其面临着极大的挑战。

一、大数据时代学校思想政治教育主体面临的机遇与挑战

（一）大数据时代学校思想政治教育主体面临的机遇

首先，数据打破空间边界，开拓了教育者的视野。得益于数据的信息交流技术，实现了海量数据的共享，在拓展教育者视野的同时，也促进了学校思想政治教育资源的整合，便于应用性教学的开展。其次，数据信息突破了地理边界，促进教育者自我价值的实现。在科技全球化的时代，数据是基础，教育者可以通过搜索引擎大范围、大规模寻找并汇总数据，学习国内外各种实用性较高的教育方法与手段，提高自身的综合能力，为更好地突出自我价值创造路径。最后，数据打破了时间界限，促进教育者专业发展水平的提升。在数据技术不发达的时代，教育者主要是向有经验的前辈请教和咨询相关内容，随着大数据时代、互联网时代的来临，教育者

只需要移动手指就能每时每刻随时查找并获取课件等数据，再通过对这些数据的挖掘与分析提升教育者的专业发展水平。

（二）大数据时代学校思想政治教育主体面临的挑战

1.教育主体数据解释权遭受冲击

传统的学校思想政治教育，由于技术所限，受教育者即学生通常处于被动接受的地位，教育者对教育数据信息的搜集、处理、发布有着较大优势和话语权。尤其是在思想政治理论课教育教学中，教育者（教师）凭借与受教育者（学生）较大的知识和信息量差树立起了课堂教学的绝对权威，往往以毋庸置疑的态度把知识、信息强塞给学生，学生成了不能怀疑、不能反驳的知识"容器"。但随着大数据时代的来临，大数据技术与学校思想政治教育融合程度不断加深，学生掌握数据信息的能力越来越高，甚至有可能比教师掌握的数据信息更全面、具体、丰富，对教师在数据信息解释权方面占据的主体地位带来巨大冲击。与此同时，大数据时代的来临使学校思想政治教育发生了一定变化，如个性化学习、概率预测，学生每天接触的数据信息也趋于复杂化，担负着来源于多方面的多样化信息不断涌入的压力。面对这种新变化，如何确保自己的主导地位不受威胁，是广大学校思想政治教育者亟待解决的一大问题，这关乎学校思想政治教育能否有效实现科学性、针对性、实效性，以及学生思想政治状况的发展走向。

2.教育主体面临过度沉溺大数据便利的风险

当前阶段，越来越多的学校积极探索大数据与思想政治教育的融合路径，如构建学业预警模型、学生资助精准认定，利用大数据推动思想政治教育的发展。由此可见，大数据给学校思想政治教育的开展与发展带来了诸多便利。但在享受大数据便利的同时，教育者也不能沉溺于大数据，要及时转变自身的工作理念和思维方式，确保自己的主导地位不受侵蚀。

究其原因，主要有以下几点：第一，如果教育者过度沉溺于大数据，就会在做任何事的时候都用数据说话，即用数据这个物来决定人。由此一来，学校思想政治教育中的人文关怀元素势必会呈现日益减少的趋势，这对教育者的主导地位造成进一步的冲击。第二，如果教育者对大数据的依赖程度过高，就会在解决任何问题时都倾向于求助于大数据，而不是像以往那样，在充分认识学生数据信息的基础上，进行独立的思考与判断。久而久之，教师的思考能力、判断能力、分析能力和创新能力会逐渐弱化，成为被动执行大数据的"机器"，在教育中的自主能力、创新能力大大降低，最终丧失在教育中的主导地位。

3.教育主体面临技术异化的风险

大数据技术异化，指的是在大数据技术的使用过程中，作为主体的人被作为客体的大数据技术所限制和束缚，对人的发展造成了不利影响。在学校思想政治教育开展的过程中，通过有效应用大数据技术，能够大大提升教育的预测性、及时性。但随着大数据技术的不断发展与广泛普及，再加之工作量的日益增加，大数据技术势必会被教育者应用到更多工作领域与环节当中。这就有可能造成由以往的教育者主导转变为大数据主导，从而出现大数据技术异化的现象，一定程度上冲击到教育者的主导地位。毋庸置疑，依托大数据获取的数据信息具有准确性、即时性，再借助于大数据技术对这些数据信息进行有效处理，能科学预测学生的行为，预测的精准程度要远远高于教育者所能做出的预测。这就有可能会使部分教育者被大数据所控制和束缚，即一切用数据说话。由此一来，学校思想政治教育者很可能逐渐丧失人独有的判断能力，而变成听命于大数据的被动执行者，进而导致学校思想政治教育中的主体由教育者转变成大数据。

二、大数据时代学校思想政治教育主体面临挑战的原因透析

大数据时代的来临，虽然给学校思想政治教育主体带来了不可避免的冲击和挑战，但这并不意味着我们就应该因此抵制大数据的应用，而是应该深究并找到挑战出现的根源，并积极采取针对性的策略。

（一）对大数据技术的认识不够准确

在学校思想政治教育中，教育者主导地位之所以面临挑战，根本原因就在于教育者未能准确认识大数据技术，对大数据技术没有秉承正确的态度，导致过度沉溺、依赖于大数据。众所周知，借助于大数据技术，能够大大提升教育数据的处理速度和效率，但有可能导致教育者出现"轻受教育者、重数据"的倾向。学校思想政治教育的对象是学生，他们是一个个真实而鲜活的个体，而大数据的应用会促进教育方法的变革，这有可能导致部分教育者将更多关注点放在了冰冷的数据上，却忽视了数据背后活生

生的人，思想上陷入"数据万能论"的误区。久而久之，势必会冲击到教育者的主导地位。在学校思想政治教育过程中，如果教育者一味地崇拜大数据，就是在无形之中将自身的主导地位让给了大数据，长此以往，一定会使教育者丧失在教育中的主导地位。由此一来，在大多数情况下，教育者面对的不再是活生生的受教育者（学生），而是数据，这样便无法保证学校思想政治教育的针对性、有效性，难以有效落实立德树人这一根本任务和总体目标。

（二）对大数据技术的应用不够合理

认识决定行动。在学校思想政治教育中，如果教育者对大数据技术的认识与态度不正确，就无法及时转变思维方式，导致其思维不符合时代潮流，出现无节制应用大数据技术的问题。从整体来看，在学校思想政治教育与大数据技术的融合和发展中，思维方式由以往的样本分析向全数据分析转变，这也是思维方式发生的最大变革。学生无时无刻不在经历着一系列微妙的变化，如果只是对过去静止的数据进行分析来预测学生未来的发展趋势，显然不具有合理性。因此，依托大数据技术，要及时更新与学生日常行为相关的数据，通过大数据全方位、及时反映学生变化的现实，有效发挥大数据技术的预测功能，否则难以保证预测结果的准确性。因此，在实际操作过程中，如果无法及时更新学生日常行为数据，而是将重点放到了已有数据价值的挖掘方面，就容易出现形而上学的问题。由此可见，要想将大数据更好地应用到学校思想政治教育当中，教育者必须顺应大数据时代的发展要求，与时俱进，及时更新受教育者的行为数据，否则将会出现各种各样的难题。但是，在实际教学中有部分教育者"为了大数据而大数据"，难以从大数据的运用和不运用两者间找到平衡点，导致无法更好地应用大数据。

（三）对大数据的应用缺少人文精神

我们需要明确的是，大数据属于一项技术，是物并不是人。因此，基于大数据时代，学校思想政治教育的对象仍然是一个个现实的、具体的人，他们是人而非物。因此，在大数据与学校思想政治教育融合发展的过程中，必须充分考虑学生的实际情况，充分凸显人文关怀。之所以教育主体面临着大数据技术异化的风险，很大程度上是因为部分教育者完全听命于数据，出现了"以物控制人"的局面，导致人文关怀不足。

经历了 2G 到 5G 时代，并且 6G 已经在向大众走来的路上，学校思想政治教育工作的方式也发生了巨大的转变，以往工作方式以主题班会、学生访谈、线下纸质问卷调查等为主，当下工作方式则以微信群传递消息、学校官网填写个人信息、线上问卷调查等为主。信息技术的跨越式发展，为师生交流与互动创造了屏幕相处模式，师生之间的距离被屏幕缩短却也被屏幕拉远。进入大数据时代之后，学生的所处环境、生活经历、经验阅历也发生了一定变化，这就要求教育者全面掌握学生的实际诉求，选择满足学生需求的教育内容与教育形式，重新厘定价值预设，优化与完善数据信息的意义系统，使学生的情感认同得到充分满足。[①]显而易见的是，如果教育者完全听命于大数据，无法具体、深入、全面地了解学生诉求，就很可能使思想政治教育缺少人文关怀，学生在日常生活和学习中的需求和期待就很难得到满足，无法保证思想政治教育的效果。

三、大数据时代学校思想政治教育主体面临挑战的应对策略

为了让大数据更好地赋能学校思想政治教育工作，促进大数据与思想政治教育的深层次融合，充分调动教育主体的主动积极性，必须采取正确的策略应对挑战。在这个过程当中，学生思想政治教育主体也应当摆正自己的位置和姿态，紧跟时代发展的步伐，积极学习并善于应用大数据技术，不断巩固自身的主导地位，致力于学校思想政治教育实效性的持续性提升。针对大数据时代学校思想政治教育主体面临的挑战，可以采取毫不动摇坚持教育者主体地位、及时转变教育理念、营造良好的人文环境三项应对策略。（图 2-1）

图 2-1　大数据时代学校思想政治教育主体面临挑战的应对策略

①吴满意，景星维．精准思政：内涵生成与结构演化 [J]．学术论坛，2019（5）：133-139.

（一）毫不动摇坚持教育者主导地位

归根结底，学校思想政治教育是一项富有实践性的人与人之间的活动，要想保证思想政治教育的质量与效率，必须充分发挥出教育者自身的主导作用。基于大数据时代，在学校思想政治教育工作中，首先，教育者要始终坚持以"人"为主导，而不是以"数据"为主导，为此，教育者需要不断优化工作方式，坚持以人为本，将大数据看作是辅助或服务性工具，确保毫不动摇教育者主导地位。其次，教育者是学校思想政治教育工作中的实践主体，肩负着价值和信息的传导、内化等使命，为此，教育者需要不断强化自身的责任意识，将主导地位贯穿于教育的全方位、全过程，保证学校思想政治教育工作的科学化开展。再次，教育者要清晰地认识自身的主导地位，要理性审视大数据提供的预测与分析结果，不要将决策权自动让渡给大数据。最后，为了巩固教育者在思想政治教育中的主导地位，各级各类学校还应当为教育者创设良好的技术环境。

（二）及时转变教育理念

在学校思想政治教育进行中，为了保证教育者主导地位不被大数据所取代，必须从理念和技术两个层面入手，为大数据合理、有效地应用于思想政治教育中提供全面保障。

首先，为了避免出现"不想用""不敢用""过分用"大数据等局面，学校思想政治教育者一定要及时转变自身理念。具体地说，在大数据的时代背景下，教育者要加强学习和超越自我，不仅要学习学校思想政治教育的相关理论和方法，还需要更加主动地学习与掌握大数据技术，不断提升自身的大数据素养，进而充分发挥大数据技术的辅助作用，以服务于学校思想政治教育实效性的提升。尤其是对于年龄偏大的教育者来说，更要积极主动紧跟时代发展的潮流，及时转变数据理念，注重对自身数据思维的培养，防止出现"不想用""不敢用"大数据技术的局面。为了解决"过分用"大数据技术这一问题，学校应当构建一套系统、科学的管理体制机制，从制度层面入手，从根本上避免出现部分教育者无节制地使用大数据等问题，进而做好本职工作。尤其是对于部分过度依赖使用大数据的教育者来说，各级各类学校应该不断加强对这类教育者的监管力度，避免"过分用"大数据而对思想政治教育的创新造成不利影响。

其次，从技术层面来讲，各级各类学校需要定期检查、更新、维修技术设备，为数据收集的及时性、即时性、全面性和完整性提供技术支撑，杜绝教育者用旧数据分析新情况的错误做法。同时，教育者要积极探索更多路径来提升自身的大数据素养，避免出现大数据分析的形而上学的错误。

（三）营造良好的人文环境

大数据与学校思想政治教育的融合，应该凸显人文精神。中国当代著名学者、作家、哲学研究者周国平曾强调，人文精神是教育的灵魂。[①]学校思想政治教育作为一项实践活动，为教育者和受教育者之间积极互动、友好交往架起了沟通的桥梁。在此过程中，教育者在推动大数据与思想政治教育深度融合的工作中，必须不断增强"人本"理念，加强对受教育者人文精神的培养。具体地说，教育者可以借助于大数据技术，全面、科学地分析受教育者的各类数据，进一步明确受教育者面临的困惑和危机，进而找到需要关怀的对象，从精神层面入手，给予受教育者需要的关怀和帮助，有针对性地干预心理障碍者等。因为环境是影响个体身心发展的重要外部因素，所以教育者要合理运用大数据技术，构建和谐稳定的人文环境，全力以赴地促进受教育者的全面发展。

第二节　教育客体面临的机遇、挑战及应对策略

随着大数据时代的到来，不只是学校思想政治教育主体面临着的挑战，也给作为教育客体的学生带来了新的挑战。在大数据的催化下，数字化生活方式逐渐成为人们生活的新常态，这也对人们的数据素养提出了更高标准的要求。所谓数据素养，也被称为数据信息素养，它是对信息素养和统计素养的拓展与延伸，主要指的是研究人员在数据的采集、管理、处理、共享以及创新利用等方面所具备的能力，以及在数据生产、管理及其传播

[①] 沈晗，倪秋虹，屠怡婷，等.我们这样读周国平的教育观[J].作文新天地（高中版），2020（5）：16-19.

过程中的伦理和行为规范。①事实上，在大数据与学校思想政治教育融合过程中，教育客体之所以会面临新的挑战，主要是因为教育客体无法顺应大数据时代的发展要求。传播学者霍华德·莱茵戈德认为，数据素养在大数据时代主要由五方面基本内容构成，即"参与""协作""注意力""垃圾识别""网络智慧人"。②毋庸置疑，为了有效提升学校思想政治教育的实效性，教育客体也必须不断提升自身的数据素养，形成良好的数据素养，以更好地适应大数据时代的发展要求，否则很可能会在大数据时代迷失自我。

一、大数据时代学校思想政治教育客体面临的机遇

在全球化和信息化时代，数据深入人心，正在潜移默化地改变人们的生活方式，对学生的成长和发展产生了非常重要的影响。首先，数据拓展了学生的知识面。学生通过对数据的挖掘、采集、分析与归纳，逐渐完善了自身的知识结构，还能利用课余时间发展自己的兴趣，满足自己的好奇心，使原本沉闷的生活变得轻松、充实而富有乐趣。其次，大数据改变了学生的学习方式。在技术不发达的时代，学生学习方式以课堂学习为主，而在技术发达的大数据时代，诸多网络课堂迅速兴起，学生的学习方式由"被动接受"转变为"主动学习"、由"共性"转变为"个性"、由"封闭课堂"转变为"多元网络"，极大地提升了学生学习的科学性和有效性。

二、大数据时代学校思想政治教育客体数据素养养成面临的挑战

学生作为学校思想政治教育的客体，同样是新一代的网络原住民，他们伴随着网络而长大，他们生活的各个领域已不知不觉地被大数据渗透。但是，大数据是一把双刃剑，如果学生无法在"参与""注意力""协作""垃圾识别"这四个方面形成良好的数据素养，就无法成长为一名真正的"网络智慧人"，也就无法形成良好的驾驭大数据的能力。因此，大数据时代给教育客体带来了全新的挑战。在教育客体数据素养的养成过程中，其面临的挑战主要表现在以下几方面。

---

① 王静茹，郑燕林，马芸.国内数据素养的研究脉络与展望[J].情报科学，2022，40（5）：187-193.

② 霍华德·莱茵戈德.网络素养：数字公民、集体智慧和联网的力量[M].张子凌，老卡，译.北京：电子工业出版社，2013：279.

（一）数据参与具有无序性

在大数据时代，万物皆可数据化，每个人与大数据的关系越发紧密，并自然地成了大数据的生产者，这也就导致了数据量越来越多。要想实现数据的"大"，必须让每个人广泛参与进来，真正做到亲力亲为。[①] 因此，在学校思想政治教育过程中，为了高效地完成相关数据库的积累，也需要每一位学生广泛参与其中，由此才能从真正意义上实现思想政治教育的大数据化。但是，在学生数据参与素养的养成过程中，面临着两个比较突出的挑战，一是部分学生的参与具有无序性特征，主要是自发、随意地参与到大数据场域，使得产生的数据比较混乱，直接或间接地导致"数据鸿沟""数据孤岛"等问题的出现。除此之外，部分学生在参与过程中，将关注点放到了自己感兴趣、爱好的数据上，在一定程度上导致了消极的"回音壁"效应。二是由于缺乏正确的引导，部分学生在参与过程中几乎处于被动无序状态，所以很难全面、深入地融入大数据场域之中。再加之部分学生对大数据的认识存在误区，因而无法自然、真实地参与大数据场域，导致产生的数据无法正确反映学生的实际生存状况。缺乏真实性的数据无法保证数据预测结果的科学性、有效性，间接地影响到对学生真实生存状况以及发展趋势的预测结果，难以真正落实"因材施教"个性化"私人定制"的思想政治教育。

（二）深度注意力难以养成

基于大数据时代，在学校思想政治教育过程中，学生养成深度注意力的难度要远远超过过度注意力。[②] 在万物皆可数据化的大数据时代，要求学生能够高效地处理身边复杂、多样的数据。但是，不同种类的数据特别是碎片化数据，将学生的时间条块分割，使得学生很难长时间高度集中注意力，进而影响到在思想政治教育活动中深度注意力的养成。过度注意力的特点是能够在不同任务之间不间断地改变关注点，倾向于多重信息的交换

[①] 莱茵戈德 . 网络素养：数字公民、集体智慧和联网的力量 [M]. 张子凌，老卡，译 . 北京：电子工业出版社，2013：161.

[②] 海尔斯，杨建国 . 过度注意力与深度注意力：认知模式的代沟 [J]. 文化研究，2014（2）：4-17.

与流动，追求强刺激水平，面对单一枯燥的信息忍耐性非常低。[①]从表面来看，过度注意力能够在同一时间内兼顾多个任务，即将关注点集中于不同种类的数据上，但是从深的层面来看，这其实反映了注意力的缺失，将焦点不停地切换于复杂的多重任务之间，难以保证总体效率。归根结底，学校思想政治教育与科普式教育存在很大的区别，不能采取快速浏览学习的方式，必须保证学生深入其中并经历长时间潜移默化的教化养成。因此，由于目前海量的数据主要呈现出碎片化特征，很可能会影响到学生的注意力，使学生的注意力更多转移至引人注目的碎片化数据上，最终偏离思想政治教育。由于学生深度注意力的养成比较困难，无形之中增加了深层次、系统性推进学校思想政治教育的难度。除此之外，如果学生注意力不够集中，就无法处理好整体与局部、宏观与微观之间的联系，还会造成其思想认识停留于表面，导致思考的浅层化，很难根据表层现象看清楚深层本质。这样一来，势必会增加学生积极主动参与思想政治教育活动的难度，对思想政治教育感染力的提升造成负面影响。

（三）垃圾数据识别能力较为薄弱

大数据时代，量化一切成为数据化的核心，这就造成了数据质量参差不齐，整体数据既包括"好"数据，也包括"坏"数据（具有错误的、误导性、无效的垃圾数据）。意识形态是一场沉默且残酷的斗争，随着互联网在中国的快速普及与发展，由于学生心理和生理发育尚未成熟，辨别是非的能力较为薄弱，极其容易受到垃圾信息特别是敌对意识形态信息的侵蚀。而大数据与学校思想政治教育的不断融合，又给垃圾信息的入侵创造了一定的便利条件。随着学生年龄阅历的日益增长，再加之信息技术的不断更新，学生的分辨垃圾数据的能力并非随之同步发展。目前，大数据技术已经一步步渗透到学生的日常生活中，6G技术正在加速到来，但学生因为垃圾信息识别能力不足导致上当受骗的例子仍然比比皆是。如果学生缺乏良好的垃圾信息识别能力，就难以快速、准确识别出披着多元文化外衣的敌对意识形态信息，为垃圾数据入侵提供了可乘之机，由此一来，对学校思想政治教育的整体效率和质量造成直接的影响。因此，基于大数据时

---

① 海尔斯，杨建国.过度注意力与深度注意力：认知模式的代沟 [J]. 文化研究,2014（2）：4-17.

代背景，提升学生的垃圾信息识别能力已是刻不可待。

（四）协作素养比较缺乏

如同马克思所说的那样，人的本质并非单个人所固有的抽象物，在其现实性上，它是所有社会关系的总和。[①] 根据马克思的观点可知，人并不是远离人群，自己一个人居住的。而当大家开始相互交流与协作，将知识汇集到一起的时候，将会产生十分深远的影响，说明了通过协作的方式能够创造出一人之力不能理解的事物[②]。同理可知，在学校思想政治教育过程中，借助于大数据技术，也可以形成由学生群体构成的大数据社群，并覆盖学生生活和学习的各个领域。而如果学生缺乏良好的协作素养，就难以保证学生之间进行高效合作与协调，难以保证协作活动的科学性，导致学生无法快速、真正地融入大数据社群当中。进入大数据时代后，虽然人与人之间的联系方式越来越丰富，如社交网站、发邮件、电子游戏，人与人之间的联系变得更加轻松与容易，但其实人们比原来更加孤单、焦虑。[③] 实际上，看似与大数据社群十分紧密的学生，却由于不具备良好的协作素养导致与真正的社群貌合神离。由此一来，学生也会因为协作素养的缺失在大数据社群中的归属感，进而无法在思想政治教育环境中失去幸福感、荣誉感、获得感、责任感，使学生很难积极主动地参与到思想政治教育活动中，甚至有可能对思想政治教育产生抵触、排斥情绪。长此以往，学生的社交能力会变得越来越弱，甚至无法与他人进行顺畅、愉悦的交往，这不仅会影响学生的身心健康成长，还会对思想政治教育的实效性带来一定的影响。

霍华德·莱茵戈德提出："联网的个人需要更努力去适应这个随时在线，瞬息万变的世界，需要有新的规则和技能。"[④] 大数据与学校思想政治教育的深度融合，要求每位学生都要学会与他人进行协作，不能再以"脱机"状态存在。基于大数据时代，学生只有养成深度注意力，才可以将更多的关

---

① 中共中央马克思恩格斯列宁斯大林著作编译局．马克思恩格斯选集：第 1 卷 [M]．北京：人民出版社，2012：139．

② 莱茵戈德．网络素养：数字公民、集体智慧和联网的力量 [M]．张子凌，老卡，译．北京：电子工业出版社，2013：164．

③ 董晨．虚拟社交下的"群体性孤独"研究 [J]．法制与社会，2021（5）：119-120．

④ 莱茵戈德．网络素养：数字公民、集体智慧和联网的力量 [M]．张子凌，老卡，译．北京：电子工业出版社，2013：234．

注点集中于思想和政治教育内容上，思想政治教育信息的鉴别、获取、分析与处理，又依赖于学生良好的垃圾信息识别能力，而思想政治教育有序推进的前提条件就在于学生的大数据参与及参与中的相互协作。只有学生具备上述这些要素，才可以在思想政治教育活动中科学、合理地利用大数据技术，跟上时代脚步，更好地适应时代环境和"生存法则"。而如果学生缺乏数据素养，就必定不能成为合格的"网络智慧人"。

三、大数据时代学校思想政治教育客体数据素养缺乏的原因

在大数据时代，为了提升学校思想政治教育的实际效果，落实落细立德树人根本任务，就必须要培养教育客体即学生的数据素养，让学生能够自由翱翔在大数据知识中。但实际上，在学生数据素养的养成过程中，面临着一系列不同程度的挑战，针对此，有必要分析挑战产生的多方面原因，在此基础上提出具有针对性的策略。究根结底，学生数据素养的养成之所以面临着不同程度的挑战，根本原因就在于其对大数据缺乏深入地了解与认知，还不能完全适应大数据时代，学生思想和实践能力都受到大数据时代的影响，导致其相应的数据素养跟不上大数据时代发展的要求。

（一）对大数据参与缺乏充分认识

在大数据参与活动中，由于部分学生对大数据参与缺乏充分认识，就很有可能无法深刻意识到大数据参与的重要性，以及大数据参与对其自身进步与发展的重要意义，导致他们不能将自身发展与大数据参与有效联系在一起，进而在大数据参与活动中缺乏热情、自觉性和动力。如果学生缺乏对大数据参与活动的深入了解与认识，就会将该活动的性质等同于过去公众号问卷调查活动，进而对大数据参与活动的态度越来越不积极，更多是以完成任务为目的被动地进行大数据参与。其实，海量数据本身并不能增加价值[①]。学生以消极的态度进行大数据参与而产生的数据的这种行为，久而久之，势必会激发受学生与数据参与行为之间的矛盾，极易出现恶性循环，难以保证数据的真实性、有效性，进而影响到大数据分析预测结果的科学性，最终影响到学校思想政治教育个性化的深入实施。

---

① 弗兰克斯：驾驭大数据 [M]，黄海，车皓阳，王悦，等译，北京：人民邮电出版社，2013：4-6.

（二）学生被非主流信息分散了注意力

基于大数据时代，学生注意力素养难以养成的原因主要有两个方面，一方面是学生尚未形成正确的思维方式，导致无法更好地面对与处理复杂的多维数据信息。在学校思想政治教育活动中，为了更高效地处理数据信息，部分学生放弃了对数据信息真实性、可靠性的求证，只知道"是什么""怎么办"，并没有深究"为什么"，导致他们在常常用相关关系代替因果关系，以期利用相关关系在短暂时间内找到每个问题对应的答案，只是想快速弄清楚"是什么"，却难以将更多注意力集中到问题的来龙去脉，即并未不断追问"为什么"。这种做法缺乏对因果关系的深层次思考，导致他们难以养成深度注意力。当学生注意力无法高度集中，就极其容易被历史虚无主义等有害信息所吸引，进而很可能造成教育者思想上出现混乱、理论上陷入困惑、对复杂社会现实进行不正确的判断。

另一方面，大数据时代不断涌现出大量引人注目的数据，这些数据很大程度上分散着学生的注意力。碎片化数据信息不仅获取方式更加便捷、高效，阅读起来也比较轻松、随意，相比之下，学校思想政治教育的内容略显单调枯燥，阅读理解起来稍显晦涩难懂，导致吸引力相对不足。再加之部分学校在推进大数据与思想政治教育两者融合时，如果采取的融合方式比较机械、僵硬，就只能暂时性地将学生的注意力吸引过来，一段时间过后学生的注意力水平又会降至以往水平。总之，在学校思想政治教育大数据化的进程中，如果学生注意力无法高度集中，势必会影响到学校思想政治教育的实效性。

（三）垃圾数据识别素养培养环境有待优化

在大数据与学校思想政治进一步融合的过程中，不仅要求学生具备良好的注意力素养，还需要养成一定的垃圾数据识别素养。目前，部分学生垃圾数据识别素养比较缺乏，归根结底是因为他们尚未树立正确的大数据观念。由于缺乏正确的大数据观念，导致学生面对眼花缭乱的庞杂数据无法做到取其精华、去其糟粕；无法采取正确的检索信息方式，快速搜索到有价值的所需数据，同时有效规避负面数据信息。而当学生缺乏数据素养意识时，他们就不能在面对整体数据信息时持有怀疑态度，无法用批判性思维对数据信息进行合理的分析，最终通常是全盘吸收。另外，从外部客观环境来看，学生周围充斥着无处不在的垃圾信息，一定程度上对学生垃圾信息识别素养的形成造成一定阻碍。

（四）沉溺虚拟弱化了学生现实协作能力

学生在大数据时代缺乏协作素养的根本原因在于，协作活动的无序性以及学生淡化现实与虚拟两者之间的边界。首先，马克思、恩格斯强调，自然的必然性是连接人与社会的唯一桥梁，有助于保护他们的财产以及利己主义个人[①]。由于协作具有无序性，导致学生不能深刻意识到融入大数据社群的重要意义，而社群内协作活动的无序性，又非常容易导致学生很难从中有所收获，进而很难使学生对大数据社群产生幸福感、归属感、荣誉感。其次，由于缺乏正确的大数据观念，再加之自制力有限，部分学生极易沉溺于大数据技术，进而参与现实协作的时间与次数日益减少，最终陷入技术异化的困境。虚拟交往作为一种新的社会交往形式，具有自由性、匿名性、虚拟性，从根本上突破了传统的人与人面对面交往的方式，这使得部分不擅长在现实生活中进行协作交往的学生沉迷于虚拟交往，甚至将希望过多地寄托在虚拟交往协作中。在虚拟的网络世界中，这些人可以更轻松地找到现实生活中不曾有过的社群归属感、获得感、幸福感，进而将越来越多的感情付诸虚拟世界中，这就容易造成他们更加忽视线下的、真实的、面对面的协作，逐渐弱化其自身的现实协作能力，并逐渐远离人群和大数据社群，最终有可能恶性循环。由于现实与虚拟之间边界的淡化，导致学生不能厘清现实世界和虚拟世界，很难与他人展开有效、高效的协作，进而引发出一系列的焦虑问题，置使他们很难真正融入社群当中。其实，对于大数据时代中的现实协作来说，线上协作是它的拓展与补充，是在空间与时间两个层面上对它的延续，两者存在着相辅相成、相互促进的关系，大数据发挥的作用在于打破物理条件如空间、时间的局限性，使越来越多的人能够随时随地进行有效的联系，为群体智慧、群体决策的实现奠定基础。

一言以蔽之，大数据时代的部分学生之所以难以形成四种相应的数据素养，进而不能成为合格的"网络智慧人"，是因为这些学生对自身的定

---

① 中共中央马克思恩格斯列宁斯大林著作编译局. 马克思恩格斯文集：第 1 卷 [M]. 北京：人民出版社，2009：42.

位不够准确。对于广大学生来说，在他们参加高考之前，在学习过程中主要采取的是接受式学习方式，即便是在日新月异的大数据时代，部分学生也主要扮演技术设备消费者的角色。面对层出不穷的新技术，部分学生只是将自己视为产品体验者，并未持有主动接纳新技术、积极迎合时代新要求的态度。事实上，作为新式工具的大数据，就其本性而言，它对所有人都是平等的。而学生是否形成了满足其自身发展需求的数据素养，对大数据积极作用的发挥起着决定性作用，这也是影响学生应对负面信息干扰从而成长为真正的"网络智慧人"的重要因素。

四、大数据时代学校思想政治教育客体数据素养的养成策略

在大数据时代，纵使学校思想政治教育的开展面临着诸多挑战，尤其是学生数据素养的养成受阻。但也不能因此"因噎废食"，而是应该根据学生数据素养面临挑战的原因，在充分发挥大数据正面、积极作用的同时，有针对性地培养学生的数据素养，促进大数据时代学校思想政治教育有条不紊地推进。大数据时代学校思想政治教育客体数据素养的养成策略有：①通过精细化、持续化宣传，引导学生有序参与；②培养学生大数据思维方式，促进深度注意力的养成；③加强内外联动，提升学生的垃圾数据识别能力；④引导学生回归现实，促进协作素养的提升。（图 2-2）

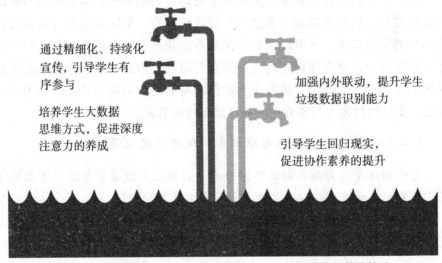

图 2-2　大数据时代学校思想政治教育客体数据素养的养成策略

（一）通过精细化、持续化宣传，引导学生有序参与

只有学生从内心深处真正认识到参与素养的重要性，其自身的数据参与素养才能得到持续性提升，进而积极、健康地投身于大数据参与活动中。加强对学生的引导教育需要建立在相关大数据参与理论的基础之上，以及颁布相关法律法规对学生行为进行规范。

首先，马克思认为，只有保证理论的说服性，才能有效掌握群众；而理论只要彻底，就可以说服人。[①]只有用理论武装教育主体即教育者，才可以确保教育者有能力加强对受教育者的引导与宣传教育，以防教育者陷入"巧妇难为无米之炊"的困境。

其次，根据学生大数据参与的实际情况，各级各类学校也应该制定具有针对性的规章制度，除了要规范学生的行为，还要进一步明确虚拟参与活动场域的界限。通过发挥规章制度的引导和教育作用，帮助学生更加全面、详细地了解与掌握大数据参与的活动规则。与此同时，各级各类学校还要充分发挥校园环境对学生的熏陶作用，让规范成为一种习惯，让规则意识不知不觉地深入人心，进而在学生群体中约定俗成，消除学生的抵触、排斥情绪。这样一来，学生就能在进行大数据参与活动时对相关规则有一个全面的了解，并在具体参与过程中严格遵守相关规格。

最后，要想从真正意义上扭转学生被动参与的局面，学校需要不断加强宣传教育，只有多渠道、多途径开展宣传教育，帮助学生充分认识大数据参与的深层含义，才可以让学生深刻意识到自己与大数据参与之间的关系，以及如何正确有序地进行大数据参与活动。由此一来，才能不断强化学生的大数据参与意识，进而在大数据参与活动中由被动状态转变为主动状态，良好的数据参与素养也就能自然而然地养成。

（二）培养学生大数据思维方式，促进深度注意力的养成

要想帮助学生养成良好的数据素养，首要任务就是要帮助学生养成注意力素养，从而实现由过度注意力向深度注意力的转变。

首先，加强对学生大数据思维方式的教育，这也是一种直接有效的方法。从一定意义和层面来看，大数据更多地使用相关关系对问题进行分析，

[①]中共中央马克思恩格斯列宁斯大林著作编译局.马克思恩格斯选集：第 1 卷 [M].北京：人民出版社，2012：10.

忽视了对因果关系的发现与检验。这就要求学生寻找相关关系和因果关系之间的内在张力，不仅要保持深层次思考，还要与大数据时代发展要求相符。在大数据与学校思想政治教育融合发展过程中，教师引导学生端正态度，使学生充分认识到深度注意力的重要性。与此同时，还要让学生深刻意识到：想做一个摆脱低级趣味的人，必须要在大数据时代拥有深度注意力，学会正确运用大数据工具促进自我的完善与提升，从"短、快、浅思考"的低效无用的信息中解脱出来。

其次，学校还要不断优化与改进思想政治教育内容，从而更好地吸引学生的注意力。要想从真正意义上实现大数据时代学校思想政治教育的个性化，就必须让思想政治教育内容与大数据进行不断融合。因此，学校可以合理运用大数据分析预测，及时、全面掌握学生思维动态，促进显性教育与隐性教育协同发展，将当前阶段彰显时代特色、喜闻乐见的内容与思想政治教育内容相结合，切实增强大数据时代下思想政治教育活动的感召力、吸引力。同时，在思想政治教育活动进行中，学校要对学生的思想变化进行全过程、持续性跟踪，做出即时性反馈，坚持因人而异的原则确定动态指标，使学生获得更多的幸福感、愉悦感、满足感，提升思想政治教育的时代性。由此一来，就能切实提升学生在大数据时代中的注意力素养。

（三）加强内外联动，提升学生的垃圾数据识别能力

学生数据素养的养成与提升不能单纯地依靠学校，对学生进行大数据观念的教育需要从小抓起，通过内外联动的方式，逐步提升学生的垃圾数据识别能力。

首先，在大数据观念的教育中，学校要不断强化马克思主义的"三观"教育，帮助学生全面、系统地认识与掌握马克思主义的基本立场、观点及方法。以此为基础，不断地锻炼学生在解决现实问题的过程中对马克思主义世界观和方法论的运用，使学生思想认识提升一个层次。由此一来，学生的垃圾数据识别素养就能得到有效的培养和提升。

其次，学校还应该利用大数据技术的优势，依托互联网，搭建大数据搜索识别联想数据库，根据学生搜索率比较高的关键词，经过科学分析对学生需要解决的问题进行预测，并通过大数据预警，在学生搜索过程中精准推送出关键词，这类关键词有助于学生避免垃圾信息检索，从而大大降低垃圾信息对学生造成危害的风险。

最后，对于整个社会来说，积极构建出一个有助于学生发展的健康、积极的大数据时代思想政治教育环境是不可推卸的责任。习近平总书记强调，要加强网络内容建设，积极建设积极健康的网络文化，努力让社会主义核心价值观落地生根滋养社会，本着对人民群众高度负责的态度，积极打造线上思想文化阵地。[①]对此，官方主流媒体要积极迎合大数据时代发展的要求，力争在大数据场域中重拾话语权，唱响时代主旋律，帮助广大学生学会有效分辨垃圾信息，自觉抵御外来意识形态的隐蔽性渗透，积极引导学生步入正道。

（四）引导学生回归现实，促进协作素养的提升

要想提升学生在大数据时代的协作素养，帮助学生真正理解大数据协作的概念，以及提升学生的协作意识是关键所在。首先，在日常学校思想政治教育过程中，要让学生充分认识"人是最名副其实的社会动物"这一事实，让学生从内心深处意识到现实交往与协作活动是社会人生活、学习及工作中不可或缺的重要环节。为此，学校可以结合具体案例分析，同时加强适时干预教育，引导学生对大数据技术树立正确态度，并明白应该将更多的协作参与放到现实生活中。不仅如此，学校还应该教会学生如何正确运用大数据技术，避免出现技术异化的问题。其次，学校要积极引导学生探索与感受群体协作、社群学习的优势，让学生真切体会到社会协作具备的正面作用，激发学生参与协作活动的热情与积极性，唤醒学生内心深处的协作意识，借助于真实的存在对学生进行感染与激励，进而持续提高大数据思想政治教育社群的黏性，鼓励学生自主、积极地提升自身的协作素养。最后，探寻现实世界与虚拟世界之间平衡与和谐。虚拟数据协作的缺点并不可以掩盖大数据协作决策的优点，所以需要将虚拟协作和现实协作结合起来，以缓解虚拟协作的负面影响。学校可以借助于大数据监测系统，对沉迷于大数据技术的受教育者进行及时的监测，尤其是长时间使用通信设备的，发现之后要对相关人员进行及时的教育，使其充分认识到沉溺于虚拟世界的危害，并回归现实。通过全面检测与及时引导，让学生深入了解大数据时代协作的真实含义，并为了迎合大数据时代的发展要求自

①谢俊，胡歌子.习近平关于网络空间治理重要论述的研究综述 [J].重庆邮电大学学报（社会科学版），2022，34（2）：16-23.

觉、主动地提升自身的协作素养。

　　基于大数据时代背景，学生数据素养的养成，不仅决定着学生能否跟得上时代发展的步伐，还关乎着国家发展的主动权。学校思想政治教育工作的开展，不只是为了提升学生的思想道德素养，促进学生的自由全面发展，也是为了激励学生树立共产主义理想，并为之努力奋斗。因此，培养学生的数据素养更是题中应有之义。总之，学生数据素养的养成与提升，转变观念是关键所在，现阶段诸多挑战产生的原因都是持续更新的大数据硬件技术与大数据观念、思维方式不匹配所引发的矛盾。因此，要想快速地解决大数据时代学校思想政治教育客体面临的挑战，重中之重就在于及时转变与更新教育客体的观念和思维方式，从而使其逐渐成为"网络智慧人"。

第三节　教育环境面临的机遇、挑战及应对策略

　　马克思提出："人创造环境，同样环境也创造人。"[①]马克思的这一观点在肯定人对环境的创造作用的同时，也强调了环境对人起着润物细无声的塑造作用。在任何一个时代，学校思想政治教育主体与客体之间进行交往活动都需要依托特定的环境，而且环境还是影响交往活动效果的重要因素。大数据时代学校思想政治教育工作的开展，必须重视环境的作用，通过营造良好的环境对受教育者进行塑造。在学校思想政治教育数据化的进程中，大数据技术被赋予了双重身份，不仅是思想政治教育工作的载体工具，还是思想政治教育环境，对思想政治教育的实际效果产生着重要影响。同时，随着大数据技术的快速更新与发展，给整个社会带来从生活到思维上革命性的变化，一些人往往会因为过度依赖于大数据技术带来的数据便利，导致对诸多异化现象的忽视，即纷繁复杂的数据信息对人们正确价值观念的树立带来了负面影响。因此，除了教育主体和教育客体面临着诸多挑战，

----

① 中共中央马克思恩格斯列宁斯大林著作编译局.马克思恩格斯选集：第3卷 [M].北京：人民出版社，2012：43.

学校思想政治教育环境也面临着严峻的挑战，即如何利用合理应用大数据技术营造良好的教育环境。下面主要分析大数据普及与应用所产生的新环境对学校思想政治教育可能带来的挑战，并提出具有针对性的优化路径，以克服因环境变化带来的各种挑战。

一、大数据时代学校思想政治教育环境面临的机遇

大数据时代不仅丰富了学校思想政治教育环境的类型，还使学校思想政治教育环境表现出不同特点。首先，在大数据时代，形成了学校思想政治教育的大数据环境，使得学校思想政治教育环境的类型变得更加丰富与充实。所谓学校思想政治教育的大数据环境，指的是学校思想政治教育的各种信息以大数据为手段得以大范围收集与传播，形成影响学生思想品德形成和发展的教育环境。大数据环境可以通过多样化的形式为学生推送健康、积极的信息，刺激学生的视觉与听觉，加强对学生理想信念、价值观的正向引导，帮助学生形成良好的思想品德。其次，大数据时代改变了学校思想政治教育的环境，使其表现出不同的特点。其一是开放性。大数据时代学校思想政治教育的实施越来越全面地运用高端科技形式来呈现，如电子教科书、智慧书桌、微格教室，在环境的影响下，信息的获取变得更加便捷，所获取的信息也变得更加开放。教育环境的变化，使得以往封闭的环境被海量信息环境所打破，并呈现出开放性特征。其二是虚拟性。在大数据时代，很多教育活动不再局限于现实环境，可以放到数字环境中进行，打破了学生参与社会实践的局限性，能够更好地满足学生个性发展的需求。

二、大数据时代学校思想政治教育环境面临的挑战

早在 20 世纪末，美国著名学者尼古拉·尼葛洛庞帝就对 21 世纪的数字化生存方式做出了预测。[1] 而据中国互联网络信息中心发布的第 50 次《中国互联网络发展状况统计报告》显示，截至 2022 年 6 月，我国网民规模为

---

① 尼葛洛庞蒂. 数字化生存 [M]. 胡泳，范海燕，译. 海口：海南出版社，1997：191—200.

10.51 亿，使用手机上网的比例达 99.6%。[①] 近些年来，大数据技术普及率迅速提升，在此基础上数字虚拟空间得到了持续扩张，促使"万物皆可数据化"由理想转变为现实，现如今"元宇宙"引起了各行各业的广泛关注就是典型表现。因此，在大数据时代的推动下，学校思想政治教育、学生的生活学习方式与思想观念等都向数字虚拟空间转型，数字化生存已然成为当下人类一种全新的社会生存状态。而这也给学校思想政治教育环境造成了一定程度的冲击。

（一）思政课教学环境面临着新挑战

在大数据与学校思想政治教育深度融合发展的过程中，课堂教学环境的改善是极其突出的重大挑战，也是亟待解决的一大问题。习近平总书记强调，思想政治教育要利用好课堂教学这一主渠道，应不断优化与加强思想政治理论课，让思想政治教育更具有亲和力，更好地满足学生成长发展需求和期待。[②] 学校思想政治教育亲和力、实效性、针对性的不断提升，还需要充分发挥思政课教学的主渠道作用，立足于课堂之中，让学校思想政治教育更有力量、温度。最近几年，随着大数据技术在教育领域中的广泛应用，使得课堂教学环境发生了一系列显著的变化。在传统思政课教学过程中，教师的主要任务是简明扼要、通俗易懂地讲解好教材内容，教师教学是学生获取新知识的主要方式，学生获取知识的方式较为单一。而随着大数据技术在教育领域的迅速普及，庞大繁杂的数据如潮水般涌入学校思想政治教学，学生身边每时每刻都充斥着各种非文字符号形式的数据信息，虚拟空间作为一种新型数字生活空间对学生产生较强的诱惑，容易拉开学生与实体课堂空间之间的距离。再加之各种线上学习方式如云课堂、学习通、慕课、雨课堂的出现，使得学生在课堂教学中与手机的接触机会与时间更多，有可能个别学生美其名曰在进行互动学习，实际上却在数据空间游弋。长此以往，这些学生就无法满足于思政课课堂教学内容，而是片面地享受大数据带来的好处与便利，进而很难回归现实中的课堂和教室。这无形之中加大了大数据时代学校思政课教学秩序的维持难度，教师也有可

---

① 张晓娜 . 第 50 次《中国互联网络发展状况统计报告》发布 [N]. 民主与法制时报，2022-09-02（1）.
② 刘治军，马文杉 . 习近平关于思想政治工作重要论述的原创性贡献 [J]. 学校党建与思想教育，2022（17）：27-30.

能变成课堂教学中唱独角戏的"演员"。

（二）学校校园环境面临着新挑战

大数据与学校思想政治教育的融合，不仅使课堂教学环境面临着新挑战，也给学校校园环境带来了新挑战，新挑战主要来源于两个层面，即物质层面和精神层面。从物质层面来看，思想政治教育对大数据技术的应用，最初是为了通过对大数据预测功能的充分利用，研究与预判学生的思想动态变化，为提升思想政治教育的针对性提供科学依据。但是，在具体操作过程中，大数据技术设备的投入与应用是一个闭环流程，从数据样本的收集开始，经过对所收集数据的分析预测，到反馈干预，这并不能实现即查即用。目前，由于同一所学校内不同部门之间存在数据分享的壁垒，再加之学校借助于信息化技术进行教育管理的水平还处于提升阶段，影响到学校校园环境、协同育人的数据化。从精神层面来看，大数据时代给学校校园文化的建设带来了新挑战。大数据技术具有精准推送功能，精准推送更加全面，数据更准确，范围更加广泛，以此为契机，推动自媒体短视频 App 迅速兴起并步入"黄金时代"。但是其中传播的文化既有精华也有糟粕，对学校校园文化的建设产生着重要影响。短视频借助于抖音、快手、火山、西瓜视频等平台，广泛传播夹带着享乐主义、"佛系"文化、"丧"文化的信息，对学校校园环境蕴含的优秀精神品质如艰苦奋斗、吃苦耐劳、乐于奉献造成了极其严重的影响。质量参差不齐的短视频遍布在抖音等各大平台，学生在这些平台上浏览短视频的过程中，其价值观势必会在不知不觉中受到短视频的侵蚀。[①]

（三）学校思想政治教育虚拟空间面临着新挑战

未来学大师、世界著名未来学家阿尔文·托夫勒曾认为，未来拥有信息强权的人将控制世界政治的魔方，这些人通过所掌握的信息发布权以及网络控制权，可以达到暴力、金钱不能征服的目的。[②]随着大数据时代的来临，阿尔文·托夫勒预言的未来如今大多正在逐渐变为现实。以往意识形态舆论环境的主阵地在线下，大数据时代的主阵地则延伸至线上。虚拟空

---

① 赵楠. 对短视频中负面价值观涵化的反思：以抖音为例 [J]. 声屏世界，2022（8）：90-92.

② 托夫勒. 权力的转移 [M]. 吴迎春，傅凌，译. 北京：中信出版社，2006：208.

间的构建以互联网技术为中心，其中同时存在着内涵与立场不一样的多种意识形态信息。而随着大数据技术的发展与应用，为不同种类的意识形态、多元价值文化的共存创造了有利条件；依托大数据技术的快速精准推动，使得学生无差别地接受各种各样的信息，这为非主流意识形态在学生生活的虚拟空间内的大范围扩散提供了极大的便捷。随着学生接触与接受的非主流意识形态的数据信息日益增加，主流意识形态的权威也会随之逐渐下降，最终其在虚拟空间中的主导地位也会受到严重冲击。主流与非主流意识形态话语权的音量出现两极反转，虚拟空间内的思想政治教育阵地的主导地位受到了严峻挑战，网络意识形态安全屏障也将随之减色许多。再加之大数据技术具有较强的储存功能，使得富含多种不同的文化元素的数据信息可以长久地留存于虚拟空间，并变得越来越透明。[①]由此可见，在学校思想政治教育环境大数据化的进程中，如何警惕主流意识形态话语权弱化、多元价值并存等问题是较为突出的新挑战。

（四）社会大环境面临着新挑战

习近平总书记强调："将学校教育与社会大环境隔离，难以造就服务伟大复兴的教育环境。"[②]学校思想政治教育环境与社会环境密不可分，两者的变化具有一致性。这种一致性在大数据时代表现为社会大环境对学校思想政治教育的影响力逐渐加深。不可否认的是，社会大环境对学校思想政治教育带来了积极影响，如使"上学无用论""读书无用论"等错误价值取向慢慢失去市场，这对学校思想政治教育工作的开展起着促进作用。但不容忽视的是，随着大数据时代的进一步发展，逐渐涌现出新的不和谐因素，对社会环境带来了负面影响，进而给学校思想政治教育带来了不小的挑战。在人人皆可发声的大数据时代，唤醒了隐藏于社会主义市场经济复杂环境之下的不和谐因素。对"网红"职业的向往超过了对科学家的向往，将金钱看得比知识更重要等，这些错误的价值观念对学生产生着潜移默化的影响，有可能使学生产生"贪名图利"的潜意识。多种错误的思想存在并传播于社会大环境当中，这与教育所强调的高洁道德品质之间存在矛盾，对

---

① 黄欣荣，罗小燕.从积极伦理看大数据及其透明世界 [J]. 江西财经大学学报，2020（2）：98-106.

② 朱蒙玲.深入学习贯彻习近平新时代思想政治教育工作的重要论述 [J].淮北职业技术学院学报，2022，21（1）：1-5.

学校思想政治教育工作的真实效果的提升带来不利影响。

二、大数据时代学校思想政治教育环境面临挑战的原因

在大数据时代，社会风气出现不良倾向，加之思想政治教育环境受到一定程度的污染，使得思想政治教育的实效性出现各种弱化情况，降低了学生对学校思想政治教育的信任程度与认可程度。这就需要找到大数据时代学校思想政治教育环境所面临挑战产生的原因，以便采取针对性的策略。实际上，因环境变化所面临的新挑战，大多源自过渡阶段的不平顺，小数据时代的旧元素尚未完全被大数据时代的新元素所取代，两者之间出现了不匹配、不同步的情况，导致学校思想政治教育环境频繁出现各种问题。

（一）思政课教学创新与大数据时代发展不完全同步

全面、深入地分析与研究大数据时代学校思想政治教育环境面临的挑战，不难发现，思想政治理论课教学环境之所以面临着新挑战，根源就在于思想政治理论课教学与大数据理念和技术尚未完全适配。大数据技术在学校思想政治教育中的应用，在提升教育针对性、实效性、个性化的同时，也对思想政治理论课的教学环境造成巨大挑战。归根结底，就是因为思想政治理论课的教学环境尚未完全适应时代发展要求。基于大数据时代背景，思想政治理论课课堂为学生传递的知识能否让学生走出虚拟、回归真实是非常关键的一步。一方面，虚拟空间给学生学习插上了自由的翅膀，为学生提供即时性数据反馈，这与理论化的思想政治理论课形成了强烈的反差，部分学生容易沉浸在虚拟空间当中是一件难以避免的事情。在虚拟世界当中，个体要想形成理性支配下的具有自觉意识的自我，必须经过持续性地自觉反思和道德提升，但是现阶段还有不少学生尚未达到这样的要求，这就导致一系列相关社会负面问题的出现。[①]这必然会给思想政治理论课教学的守正创新造成一定的困难，进而影响到教学环境的优化。另一方面，从本质特征上来看，学校思想政治理论课具有政治性特征，所以教材内容相对缺少一定的灵活性。正是因为思想政治理论课的特殊性，导致该教学与大数据的融合难度要高于其他学科，而且还有可能出现思想政治理论课教学脱离现实生活的问题，使得思想政治理论课的教学环境难以完全实现从

---

① 陈焱. 虚拟学习环境下的学习者自我建构 [D]. 长沙：湖南师范大学，2019：10-20.

内到外地适应大数据时代的发展要求。

（二）学校管理者思维与环境变化不相匹配

学校管理者思维的更新是否及时，对校园环境的建设产生着间接性影响。究其本源，与思维理念教育和管理体制有关。一方面，"全数据"模式是大数据赋能学校思想政治教育的重要前提和基础，而要想有效构建出"全数据"模式，离不开共享数据理念这一重要支撑。在大数据与教育融合的过程中，无论是大数据技术的操作者，还是实施对象，如果两者并未树立大数据思维，势必不能有效保障大数据技术顺利应用于思想政治教育领域当中。在大中小学协同育人体系的运行过程中，大数据技术在思想政治教育工作的顺利运用，需要学生的主动参与和自觉配合。如果学生尚不具备大数据思维，就很难自主、积极地提供有效性、真实性的行为数据；如果学校各个部门尚不具备协同育人意识，就会陷入"孤军奋战"的局面，难以通过部门联动形成强大合力更好地应对校园环境在物质层面出现的新挑战。

另一方面，学校数据信息监管体制有待健全，有效消减短视频 App 带来的消极影响。从某种意义上来看，学校可以将短视频 App 作为思想政治教育的载体，这能够为思想政治教育工作的有序推进提供一定帮助，所以，针对短视频 App 在校园中日益流行的情况，不可以简单地采取"一刀切"方式，而是应该加强对短视频内容的全面管理和监控，第一时间过滤负面信息，缓解负面信息对校园精神文化的侵蚀。但在实际校园管理工作中，部分学校对短视频 App 内容的审核方面仍然需要进一步加强，才能充分发挥学校数据信息监管体系的效能。

（三）主流意识形态信息在大数据环境中吸引力不足

毋庸置疑，随着大数据技术的不断应用与发展，势必会增加虚拟空间的出场次数，而主流意识形态吸引力的不足势必导致学校思想政治教育虚拟空间面临着新挑战。在小数据时代，以马克思主义及其中国化理论为核心内容的主流意识形态通过长期的灌输式教育，可以使主流意识形态逐渐扎根于学生心中。但步入大数据时代之后，人们对数据信息的需求呈现持续上升趋势，传统教学中常用的灌输式教育已经不能像过去一样发挥出显著作用。形形色色的非主流意识形态信息隐藏在各种各样的数据信息中进行传播。从一定长度上来看，相比于传统主流意识形态信息，非主流意识形态信息与现代学生习惯特点似乎更加"贴合"，这类信息往往看起来具有更强的趣味性，更容易抓住学生眼球。而且，主流意识形态信息带给学生的满足感不同于非主流意识形态信息，前者带来的满足感具有非常典型的延迟满足的特征，后者带来的满足感是一种即时满足感。正因为如此，一些蕴含着正确舆论导向的主流意识话语由于相对比较单调枯燥，无法满足受众的求新心理，所以难以得到信息发布者的关注，进而使主流意识形态话语陷入了"失语"状态。①

（四）大数据技术运用方式未能完全适应环境变化

在社会大环境中，对大数据技术的不恰当应用使不良社会风气的蔓延有可乘之机。社会存在对社会意识起着决定性作用，而社会风气作为社会意识的组成部分，也对社会实践产生着一定的影响。实际上，社会大环境给学校思想政治教育带来了新挑战，正是学生容易受到社会不良风气影响的具体表现。在大数据浪潮中，各种新媒体、自媒体层出不穷，促使社会风气的传播形式发生了极大改变，可以为每个人精准地推送蕴含社会风气的图片、短视频等形式的数据信息，所传播的社会风气既有正面的也有负面的。现如今，手机已然成为人们生活中必不可少的辅助工具，学生也不例外，学生已经习惯了通过手机查找并获取自己所需的信息，但由于学生信息甄别能力有限，有些时候不能准确辨别屏幕上所呈现信息的真实性，有可能受到不良社会风气的影响。受到不良社会风气的影响，无疑加大了学校"三观"教育的难度。

三、大数据时代学校思想政治教育环境的优化策略

法国社会学家、法国国家科研中心传播研究院客座研究员埃里克·麦格雷曾强调，传播首先应该是政治事实与文化事实，其次才应该是技术事实②。当周围环境中所传播的信息携带着不健康信息时，就需要聚合各方力量，加强统筹协调，积极打造优质的学校思想政治教育环境，降低消极环

---

① 蒋博，李明.人工智能助力意识形态治理现代化建设[J].理论视野，2021（2）：69-74.
② 麦格雷.传播理论史：一种社会学的视角[M].刘芳，译.北京：中国传媒大学出版社，2009：14.

境对思想政治教育带来的影响，全力推动思想政治教育吸引力、实效性的提高。同时，还需要依靠各方力量，合理利用大数据技术，不断改善学校思想政治教育环境。具体优化策略是：①形成合力，改善思政课课堂环境；②更新思维理念，改善校园环境；③加强主流意识形态话语权，改善虚拟环境；④打造"大思政"格局，改善社会大环境。（图 2-3）

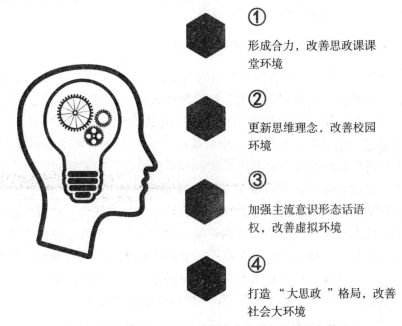

① 形成合力，改善思政课课堂环境

② 更新思维理念，改善校园环境

③ 加强主流意识形态话语权，改善虚拟环境

④ 打造"大思政"格局，改善社会大环境

图 2-3　大数据时代学校思想政治教育环境的优化策略

（一）形成合力，改善思政课课堂环境

基于大数据时代，要想有效改善思想政治理论课课堂教学环境，需要着眼于思想政治理论课课堂教学质量的提升，进而持续增强思想政治理论课教学的吸引力，让学生更愿意、更自觉、更主动地参与课堂教学活动。为此，必须立足于"立德树人"理念，在全面掌握大数据时代特征的基础上实施教学，从而改进思想政治理论课教学质量。首先，将教师和学生作为双主体，营造和谐、平等的课堂交流氛围。如果课堂氛围不活跃，没有落实"以生为本"的教学理念，学生就会沉溺于大数据虚拟空间。通过正确应用大数据技术，可以实现稳态信息与即时数据的有效结合，能够显著提升思想政治理论课课堂教学中的双向互动性。教师与学生、学生与学生

之间平等关系的确立，对于大数据虚拟交往场域的形成起着促进作用，民主、宽松、和谐的开放性课堂氛围，能提升课堂气氛的活跃度，进而提高课堂教学的质量。其次，由于政治性是思政课的根本属性，所以必须积极贯彻课程思政理念，形成大思政格局，结合不同年龄段学生的特点，将思政元素融入各门学科教学中，突破固有理念的束缚，打破学科之间的壁垒，形成强大的合力，进一步强化育人效果。

（二）更新思维理念，改善校园环境

思维理念的转变是改善校园环境的首要任务。在大数据时代，大数据、协同育人的理念更应该引起各大学校的高度关注。学校思想政治教育针对性、实效性的提升，仅仅依靠思想政治理论课教师是万万不行的，而且，在整个思想政治教育过程中，每个组成部分、每个环节都是必不可少的。学校各个部门都应该义不容辞地承担起相应的责任，与此同时，还需要突破原有理念的约束，促进数据的共享，加强与其他部门之间的交流协作，形成良好的协作效应，将信息化硬件优势转变为数据优势，从而营造健康积极的学校思想政治教育的大数据环境。除此之外，学校还应该弄明白短视频盛行背后的本质，即内容丰富化、表达个性化、形式互动化，并积极投身于短视频战场，充分利用大数据赋能搭建官方主流发声平台，通过不间断发出官方声音，从而达到净化学校精神文化环境的目的。

（三）加强主流意识形态话语权，改善虚拟环境

基于虚拟空间的特殊性，使得各种各样的意识形态、多元价值观念并存共生，为了有效改善网络意识形态环境，需要有效应用大数据技术，进而扬长避短，充分发挥新兴技术的优势，坚定不移地持续巩固主流意识形态的绝对主导地位。而为了确保主流意识形态始终占据主导地位，就需要以宣传主流核心价值观为内核的信息占据虚拟空间，利用好大数据教学环境所赋予的技术优势，依托大数据技术这一载体将大量主流意识形态数据不断传播在虚拟空间内，促使主流意识形态信息对学生产生更强的吸引力。除此之外，学校还要立足于学生生活实际，充分发挥大数据、区块链技术、VR的优势，为学生提供切合实际的主流意识形态信息，积极引导学生进行共同参与和亲身体会，增强学生对主流意识形态的认同感，让主流意识形态的信息更有力量。长此以往，通过持续不断的思想政治教育，让学生从

中获得即时满足感，将主流意识形态润物无声地深嵌到学生的头脑中。如此一来，非主流意识形态的受关注程度自然会逐渐下降，并失去市场，这这就保证了主流意识形态在虚拟空间中的绝对主导地位，从而有效改善学校思想政治教育的虚拟空间环境。

（四）打造“大思政”格局，改善社会大环境

不可否认，大数据在推动社会经济发展的同时，也带来了一定程度、一定范围的社会问题。就教育而言，教育的社会环境问题不容忽视。为了降低不良社会环境对学校思想政治教育带来的负面影响，需要从整体上提升全社会、学校、社区以及家庭的责任意识，并形成强大的合力，多维度治理社会风气，不断改善社会大环境，努力构建全方位的“大思政”格局，营造有助于学生健康成长的社会环境。一方面，官方媒体要充分、合理地运用新兴技术，通过多样化的线上渠道大范围宣传正能量，在虚拟空间中树立新风向，促使社会虚拟空间朝着健康的方向发展，以正确的舆论引导破除迷雾，帮助学生正确认识社会现实，营造健康、积极向上的社会风气。另一方面，学校要与学生家庭之间进行无缝对接、高效配合。总体来说，学生人生经验不足，社会阅历不丰富，信息辨别能力差，很难对每天所接收的信息做出正确的价值判断。这就需要学校与学生家庭之间进行良好合作，形成家校良性互动局面，对学生进行有效的教育与引导，提高学生识别不良信息、抵御不良社会风气影响甚至侵害的能力。另外，学校还应借助于大数据技术，鼓励、引导学生家庭传承、保持、形成良好的家教家风，营造积极向上、健康和谐的家庭环境，让学生快乐生活、健康成长。总之，通过“大思政”教育改善社会大环境，就必须做到多管齐下，必须构建社会、家庭、学校三位一体的思想政治育人格局。

第三章　大数据时代学校思想政治教育联动机制构建的理论基础

第一节　大数据时代学校思想政治教育联动机制构建的理论依据

普遍联系观、历史合力论、系统论等诸多观点都充分体现出联动育人理念，为大数据时代学校思想政治教育联动机制的构建与应用提供了重要的理论依据。因此，有必要全面且深入地梳理并解读这些理论，以采取科学的原理和方法探索大数据时代学校思想政治教育联动机制构建与应用的现实意义。

一、普遍联系观和历史合力论

马克思主义的普遍联系观和恩格斯的历史合力论，为大数据时代学校思想政治教育联动机制的构建与应用提供了有力的理论依据和科学的方法指导。

（一）马克思主义的普遍联系观

作为马克思主义哲学的总特征之一，联系具有客观性、多样性及普遍性特征。其中，联系的客观性是指联系是不依赖于人的意识而独立存在的；联系的多样性和普遍性，指的是世界上的一切事物都处于普遍联系之中，联系的方式多种多样，而且无所不在、比比皆是。基于联系的特点，要求我们看待任何问题都需要善于使用联系的观点，坚持全面性。

"联系是一个普遍的哲学范畴，是指一切事物、现象之间以及事物内部诸要素之间的相互依存、相互影响、相互制约和相互作用。它既包括事物之间的各种联系，也包括事物内部诸要素、诸方面的各种联系。"① 由此可见，存在于事物之间的普遍联系主要体现在两个方面：一是事物内部不同要素之间存在着相互牵制、相互依赖、相互影响和相互作用的联系；二是所有事物之间也有着相互牵制、相互依赖、相互影响和相互作用的联系。普遍联系的基本主体是物质世界，根本内容是相互作用。在大数据时代，学校思想政治教育由若干个要素、子系统构成，这些要素和子系统之间又存在着普遍联系性，这是学校思想政治教育的固有属性。无论是思想政治教育内部的教师与教师之间、教师与学生之间、学生与学生之间，还是思想政治教育与其他学科教育之间，都存在着相互作用。联系的普遍性特点，为大数据时代学校思想政治教育联动机制的构建与应用提供了可能性。

学校、家庭、社会与学校思想政治教育之间存在着内部和外部的联系，教师、学生、家长与学校思想政治教育之间有着直接和间接的联系，等等。在学校思想政治教育过程中，如果不懂得用普遍联系的观点看待问题，只注重某一领域、某一部门的发展，势必会对其他方面的发展带来一定程度的影响，甚至影响到整体教育功能的发挥。因此，学校思想政治教育的开展，必须懂得用联系的观点看问题，将思想政治教育工作的各个要素都融入联动机制的建设与应用中，做到通盘考虑、统筹全局，注重各个部门、各个领域之间联系的整体性，形成各个主体要素齐头并进、协同发展的新格局。只有这样，才可以正确处理整体和部分之间的关系，从而促进大数据时代学校思想政治教育联动机制更好地构建、应用、完善与发展。

（二）恩格斯的历史合力论

历史合力论思想是恩格斯于1886年首次提出的。恩格斯认为，历史的创造，通常是产生于很多单个意志的相互冲突，而单个意志的形成又受到很多特殊生活条件的影响，这样一来，就能产生无数个相互交错的力量，产生无数个力的平行四边形，最终形成一个合力，即历史结果②。

---

① 王锐生，薛文华. 马克思主义哲学原理 [M]. 北京：高等教育出版社，1993：105.
② 袁慧. 恩格斯"历史合力论"研究 [J]. 学理论，2021（5）：19-21.

在恩格斯的历史合力论中，蕴含着整体性思想、合力思想、交互作用等，这些思想对大数据时代学校思想政治教育联动机制的构建具有重要的指导意义。首先，历史合力论启发我们要树立整体性思维。其次，在大数据时代，学校思想政治教育工作的开展，要重视各个主体之间的合力，积极构建全员育人、全过程育人、全方位育人新格局，充分发挥各个主体的优势，使不同主体相互配合、相互联动，并朝着共同的目标努力奋斗。最后，要重视各个主体之间的交互作用。恩格斯历史合力论强调交互作用，不同主体之间并非处于静止、割裂状态，而是可以相互影响、相互促进，这启发大数据时代学校思想政治教育联动机制在构建与应用过程中，要通过有效的调控与引导，让不同主体相互联动合作，尽可能避免或减少各要素之间产生不必要的内耗。

二、人的本质论与人的全面发展理论

（一）马克思关于人的本质论

马克思强调，人的本质并不是独立个体本身就有的抽象物，实际上，它是所有社会关系的总和[①]。正如我们所知，人的成长往往是以现实的社会关系为出发点，在大数据时代，学校在组织思想政治教育活动时，教育者从思想、行为等方面入手，对学生进行恰到好处的引导，并创设和谐、开放的教育环境，经过改变人的本质，使之与社会生产方式变革的要求相符，并与社会进步与发展的方向保持一致。基于马克思主义人的本质论的指导，学校在开展思想政治教育工作的过程中，切不可"闭门造车"，必须与社会历史现实相结合，使学生置身于现实生活当中，从社会关系的角度出发，正确理解人的需要、利益和价值。

（二）马克思主义关于人的全面发展理论

人的全面发展理论是马克思毕生研究的核心内容，贯穿于马克思主义的始终。人的全面发展理论强调，人的发展并非单指智力发展，还包括其他许多方面的多角度、全方位发展，如道德品质、各方面才能、志向与兴

---

① 张青青. 新时代重温经典：深刻解读马克思关于人的本质学说 [J]. 品位·经典，2021（24）：29-32.

趣、体力、社会关系以及自由个性。人的全面发展理论为大数据时代学校思想政治教育工作的过程和规律提供了重要的理论依据，它所揭示的人的全面发展的历史必然性为认识思想政治教育的复杂性提供了理论依据。基于此，学校在开展思想政治教育工作时，始终遵循这些科学理论的正确指引，对不同社会关系对人产生的影响进行考察，有效掌握人思想形成的物质原因；认识到在思想政治教育活动中，随着信息的增加与交往越发广泛，更容易使学生形成与社会与时代发展要求相符的思想政治品德；要将联动育人理念渗透于思想政治教育工作的全过程，有组织、有计划地落实思想政治教育的目标。

三、系统论与协同理论

（一）系统论

系统论作为一门新兴学科，研究的内容是原则、特点、规律、动态、结构、行为以及系统间存在的联系，并对其功能做出数学描述。系统论的任务之一是把系统作为研究对象，从整体角度出发，对系统整体和系统内部各要素之间存在的内在联系，从本质上对其行为、结构、功能及动态做出具体的说明，从而更好地把握系统整体，以实现最优的目标。贝塔朗菲作为系统论的创立者，其认为系统是由若干个不同的要素共同构成的集，而且各个要素和集在一定程度上始终处于相互关系当中，并受到周围环境的影响[1]。由此可知，系统是一种不少于两个组成要素的有机整体，而且这些组成要素总是以一定的方式进行相互影响、相互作用，每个要素都具有特定的结构和功能，任何事物都无法脱离系统而独立存在。

系统论认为，任何一个系统都具有以下几个基本特征，即动态平衡性、开放性、时序性、自组织性、整体性、复杂性、关联性等。这些特点不仅是系统的基本思想观点，也是系统方法的基本原则，这意味着系统论并不只是对反映客观规律的科学理论，还被赋予了科学方法论的含义。系统的整体观念是系统论的核心思想。贝塔朗菲提出，每一个系统都可以看成是一个综合体，它并非多个部分的简单组合，如果这些组成要素都处于孤立

---

[1] 韦永琼．贝塔朗菲复杂性一般系统论教育观探析 [J]．南阳师范学院学报，2008（2）：80-82.

状态，则无法发挥系统的整体功能①。由此可知，要素是有机整体中的要素，脱离系统整体而存在的要素将失去应有的作用。

大数据时代学校思想政治教育工作的开展，要认真学习并全面把握系统论的科学原理，善于调整系统结构，处理好各个要素之间的关系，促使系统实现最优目标。

（二）协同理论

协同理论是一门系统科学的分支理论，也被称为"协和学""协同学"，该理论最初是由联邦德国斯图加特大学教授、著名物理学家哈肯所创立。哈肯强调，自然界是由不同系统组织起来的有机整体，有机整体被视为大系统，其中的各个系统被视为小系统，大系统中的小系统有着相对平衡的结构，通过不同系统之间的相互影响、相互作用，这些系统按照一定的规律实现了旧结构到新结构的转变，无序到有序的转变，而研究其中规律的科学就被称为协同理论②。协同理论的核心思想是"协同导致有序"，其中蕴含着许多复杂、严密的原理，如自组织原理、绝热消去原理、协同效应原理。

基于协同理论的指导，大数据时代学校思想政治教育工作是一个由诸多要素构成的有机整体，这项工作的开展要以把握协同理论科学原理为基础，树立全局性、整体性的理念，进一步明确这一机制内部的子系统，以及不同子系统之间的协同机理，促使各个子系统之间联动起来，使这些子系统由无序转变为有序，避免子系统之间出现割裂、分离等情况，构建运行顺畅、有力的思想政治教育联动机制，从而有效提升大数据时代学校思想政治教育的实效性。

---

① 霍绍周. 系统论 [M]. 北京：科学技术文献出版社，1988：19-24.
② 朱志刚. 协同理论简介 [J]. 系统工程，1990（3）：72.

第二节　大数据时代学校思想政治教育联动机制构建的思想资源

　　大数据时代，学校思想政治教育联动机制的构建是一个具有复杂性的系统，为了提升系统的整体功能，有必要充分合理地借鉴前人的智慧。中华民族在漫长的历史长河当中，一点一滴地积淀了很多与联动育人有关的思想，这是非常重要的思想资源。而且，中国共产党作为世界上最大的执政党，一直都非常重视团结协作，其中也蕴含着"联动"元素。另外，西方教育非常注重量化，其中的统计思想与大数据有很大的关联性，对学校思想政治教育联动机制的构建有一定的借鉴价值。秉承博采众长的传统，本节内容主要介绍了国内外优秀思想资源（图 3-1），以提升大数据时代学校思想政治教育联动机制的有效性。

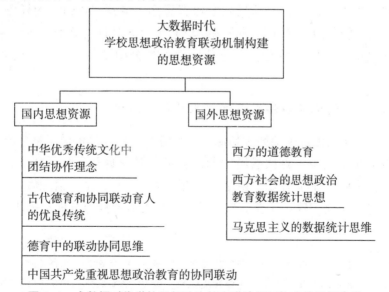

图 3-1　大数据时代学校思想政治教育联动机制构建的思想资源

一、大数据时代学校思想政治教育联动机制的国内思想资源

（一）中华优秀传统文化中的团结协作理念

中华优秀传统文化中蕴含着丰富的团结协作理念，团结协作的理念一直扎根在中国人民的心中。团结协作原本属于一种职业道德，最早将其理论化的是儒家，如孟子提出："天时不如地利，地利不如人和。"[1]其中，"人和"指的是人与人之间友好和谐相处，进行团结协作。荀子也提出："（人）力不若牛，走不若马，而牛马为用，何也？曰：人能群，彼不能群。"[2]虽然孟子和荀子对人与人之间团结协作的解读角度所有不同，前者是从必然性角度入手，后者是从可能性角度入手，但是二人都揭示了同一主题，即个体、群体、人类要想实现生存与延续，必须进行团结协作。秦朝著名政治家、文学家和书法家李斯作为荀子的学生，在《谏逐客书》中首次站在国家兴亡的角度，着重阐述了人才团结协作的重要性，秦国也正是因为采纳了李斯的这一建议，汇聚了各界杰出人才，最终成功灭掉六国实现统一。[3]为了方便后代的出行，已经到达90岁的愚公主张移山，这虽然属于个人的想法，但是愚公采取了率先垂范、召开家庭会议等多种方法，尽最大的努力得到身边人的认可，并动员家庭和邻居都参与到"移山"的任务当中，使这项任务转化成了子子孙孙无穷尽的行为。通过移山这项伟大事业，不仅彰显出愚公的巨大智慧，还充分体现出愚公团结协作、依赖集体的大局观。

（二）古代德育和协同联动育人的优良传统

中华民族的传统美德博大精深、源远流长，它深深植根于悠悠5000多年的历史沃土当中。春秋战国时期，儒家学派创始人、思想家、政治家、教育家孔子倡导统治者要"德治"，他所提出"恭、宽、信、敏、惠"的思想就充分体现了这一主张。[4]孔子针对个人道德修养方面也提出了相应

---

① 周海涛.愚公移山精神对中华优秀传统文化的弘扬 [J].河南农业，2018（36）：57.

② 周海涛.愚公移山精神对中华优秀传统文化的弘扬 [J].河南农业，2018（36）：57.

③ 路成文.课程思政视角下的李斯《谏逐客书》解读：兼谈才华的施展和为人的底线 [M]// 董尚文.课程思政教学研究.武汉：华中科技大学出版社，2021：177-187.

④ 袁永飞.《论语》中孔子言德及其德治理想 [J].儒学与文明，2021（1）：123-135.

的主张，即"修身、齐家、治国、平天下"。①孔子向来看重教育，其认为"仁"在教育中发挥着重要的作用，并提出："夫仁者，己欲立而立人，己欲达而达人。"②这句话的意思是：至于仁人，就是要想自己站得住，也要帮助人家一同站得住；要想自己过得好，也要帮助人家一同过得好。这一观点强调要想通向"仁"，必须乐于助人才行，而"仁"指的就是我们所说的"德育"。

西汉思想家、政治家、教育家董仲舒在继承孔子德育思想的基础上，又继续完善与发展，提出"知、情、意、行"四个阶段，其中，"行"指的是践行、实践儒家的"仁、义、礼、智、信"。此外，董仲舒还强调要想提升个人的德行，必须坚持"重义轻利"的原则。在儒家经典著作《大学》当中，预见性、前瞻性地指出学校思想政治教育的重点，即明德、亲民、至善。③

南宋时期理学家、思想家、哲学家、教育家朱熹认为，教育的主要目的并不是"钓声名取利禄""记览词章"，而是"修身""明理""推以及人"。与之观点类似的还有明朝思想家、文学家、教育家王守仁，他认为教育在于教育是教人做人，即《论语·学而》中提到的"孝悌忠信礼义廉耻"。④

（三）古代德育中的联动协同思维

在中国古代，德育在大多数情况下都与智育联系在一起。所谓智育，指的是促进学生智力发展的教育。孔子提出："知及之，仁不能守之；虽得之，必失之。"⑤这句话的意思是：凭借聪明才智能够获得它，但是仁德不可以保持它，即便可以获得，也终将会丧失。孔子的这一观点强调教育的首要问题是做好德育工作，只注重才华而忽视品德的教育是毫无价值可言的。

三国时期曹魏大臣、思想家和政治家刘劭认为，德需要依靠智育来

① 张翔.孔子仁学的现代价值初探：修身、齐家、治国、平天下 [J].湖北经济学院学报（人文社会科学版），2016，13（8）：24-25.

② 李俊逸，陈文城.孔子的"礼仁"思想及其对当代教育的启示 [J].汉字文化，2021（18）：194-196.

③ 马丽君.论儒家经典《大学》的"三维至善"教育观 [J].安徽广播电视大学学报，2020（2）：87-91.

④ 周浩翔，别金花.从孝悌忠信到礼义廉耻：儒家伦理与社会主义核心价值观的培育和涵养 [J].保定学院学报，2015，28（3）：9-13.

⑤ 邓剑华.《论语》修身论 [M].济南：山东大学出版社，2015：131.

推动。北宋政治家、史学家、文学家司马光提出了不同于刘劭的观点，即"德者，才之帅；才者，德之资。"① 这句话的意思是：才能是德行的凭借，德行是才能的统帅。这一观点强调德才兼备，以德为主。

儒家经典著作《礼记》中提道："礼乐刑政，四达而不悖，则王道备矣。"② 这句话的意思是：礼、乐、刑、政四个方面，如果能够互相沟通而不矛盾，王道就完备了。这一观点强调的是礼、乐、刑、政，虽然治理方式有所不同，但是都有着相同的终极目标，只要互相通达而不违逆，就可以将民心凝聚到一起，这就是治国之道，体现出协同教化的思想。

战国中期思想家、哲学家和文学家庄子提出"天人合一"，强调人与自然要友好和谐相处，只有这样才能实现人类社会和自然界的协同发展。与此类似，王守仁提出"知行合一"，强调良知的认识和实践的协同发展。古人主张家国天下，社会理想大于个人理想，实现"平天下"的终极目标，这实际上体现出系统、联动的思想。"读四书、通五经、学六艺"，强调的是协同学习内容，实现联动育人的效果。

（四）中国共产党重视思想政治教育协同联动的传统

中国共产党既有思想政治教育的政治优势，也有重视思想政治教育协同联动的光荣传统。中国共产党创立和土地革命战争时期，为了推动革命事业的发展，中国共产党开展了教育对象层次多、教育载体较为丰富、教育方式、途径较为多样的思想政治教育工作。其中，教育对象涵盖了党员干部、军队、农民以及其他各阶层；教育载体包括积极创办相关刊物，不同时期成立的教育机构等；教育途径主要有理论宣传、会议学习、歌曲激励、榜样示范；等等。正是通过这种受众多样、方式多元、针对性强的思想政治教育工作，最大限度地调动了广大党员和人民群众的革命积极性。抗日战争时期，中国共产党高度认识到开展全民思想政治教育的重大意义，一方面重视军队的思想政治工作；另一方面，积极组织抗日根据地干部与广大群众参加政治教育，形成思想政治全员覆盖局面。解放战争时期，中国共产党广泛宣传党的政策主张，不断强化军队反抗国民党反动派的宣传教育，组织农民参加阶级教育，在全社会范围内开展反内战、反独裁的教

---

① 闫秀红，王安吉. 从成语典故中探析司马光思想及其德育意义 [J]. 山西能源学院学报，2019，32（6）：71-74.

② 罗诗媛.《礼记·乐记》论"礼"与"乐"的关系 [J]. 汉字文化，2019（S1）：65-67.

育活动，为解放战争的胜利奠定了基础。中华人民共和国成立后，中国共产党根据当时国际国内情况，持续开展了以"爱国主义教育、马列主义教育以及社会主义教育"为主要内容的思想政治教育，为新中国的巩固、社会主义制度的确立和发展做出了巨大贡献。百年来，中国共产党领导思想政治教育的宝贵经验是：坚持以革命、建设、发展需要为根本出发点，通过有效协同各个阶层、各级组织、各个部门联合行动，采取多途径、多方式形成强大的教育合力，织就立体式教育网络，紧紧依靠思想政治教育，对广大人民群众的思想进行引领、道德进行教化。中国共产党领导思想政治教育所积累的经验，对于大数据时代的学校思想政治教育的开展具有一定的借鉴意义。当前，学校思想政治教育应该充分吸收和借鉴中国共产党重视思想政治教育联动协同的宝贵经验，通过大数据技术赋能思想政治教育，改变过去思想政治教育单打独斗的局面，更好地推动思想政治教育时代性变革。

二、大数据时代学校思想政治教育联动机制的国外思想资源

（一）西方的道德教育

西方"德育"思维起源于古希腊。希腊哲学的创始人之一苏格拉底认为，美德是知识的重要来源；古希腊哲学家柏拉图认为，教育有助于提升个人美德修养；希腊哲学的集大成者亚里士多德认为，"道德德性"的基础是"理智德性"，"理智"对"德育"具有重要的引导性作用。[①]古罗马时期的教育家、修辞学教授昆体良提出，道德教育应该是儿童教育的重要组成部分。启蒙思想家约翰·洛克主张绅士教育，他认为德行教育是绅士教育的首重，德行教育主要由德育、智育和体育三部分构成，其中，德育是关键所在。德国哲学家、心理学家和教育家赫尔巴特认为，教育的终极理想是道德，"管理"和"训育"是应有之义。上述思想从不同角度出发，阐述了德育的重要性，为思想政治教育的有效开展提供了深厚的思想资源。

通常情况下，现代西方的思想、政治、国民教育都隐藏于道德教育过程中。西方的道德教育注重理论深化、政治自由，而且还善于从日常生活

---

① 陈淑萍. 亚里士多德及休谟诠释架构下的孔子德行思想 [J]. 时代教育，2017（22）：75，81.

着手来逐步提升公民的整体道德素养。学校教育非常重视教师在教育中的主导地位，侧重于学生良好道德习惯的养成；家庭教育突出家长对学龄前儿童的影响，强调用家长行为培育孩子情感和社会能力；职业教育注重通过良好的道德教育引导学生选择职业，提升学生的职业能力。在教师职能、教学内容、教育主体等方面，西方的道德教育对我国学校思想政治教育工作的开展具有重要指导意义。西方的道德教育一般会与政治、经济、法律、文化等融合在一起，并不是完全独立于其他教育，这种教学思想对我国学校思想政治教育与其他学科的交叉融合具有十分重要的借鉴意义。

（二）西方社会的思想政治教育数据统计思想

西方社会的统计研究方法，为我国学校思想政治教育统计具有十分重要的方法论指导意义。英国经济学者统计学创始人威廉·配第著有《政治算术》一书，随着书的问世，标志着统计学的正式诞生，这本书主要服务于英国资产阶级的思想工作，其中出现了很多科学的数据统计方法，对我国学校思想政治教育的数据统计工作具有一定的参考价值。法国律师格雷提出"犯罪统计""道德统计"，主张法律要建立在数据的基础之上，这与我国学校思想政治教育工作的开展注重数据的要求具有较高的契合度。比利时统计学家、数学家凯特勒提出了著名的"平均人"思想，强调不应该关注个别的人，应该将个别的人看成是种族的组成部分进行考察，这为用统计数据思想研究社会问题如学校思想政治教育提供了可能性。社会统计学派的创始人、德国统计学家梅尔主张将统计规律进行分类，可以分成频度规律、发展规律、状态规律以及相关规律等，我们可以结合学校思想政治教育所处的大数据时代背景对这些方法论进行改造，在批判与继承的基础上为我所用。

第三节 大数据时代学校思想政治教育联动机制构建的内容体系

一、大数据时代学校思想政治教育联动机制构成要素

大数据时代，学校思想政治教育机制的基本要素决定着学校思想政治教育联动机制的基本内容。根据学术界现有研究，大数据时代学校思想政治教育联动机制主要包括四个构成要素，分别为主导性要素、主体性要素、基础性要素必要性要素（图3-2）。其中，主导性要素其实就是教育主体，除了包括教育者，还包括管理者、服务者等；主体性要素其实就是教育客体，主要指的是受教育者，即学生；基础性要素其实就是教育介体，主要包括教育内容、方式、手段等；必要性要素其实就是教育环体，主要是指教育所处的大环境，包括教育家庭、社会以及网络等。联动机制的构建需要从大数据技术特点出发，充分发挥大数据技术的优势，采取各种各样卓有成效的手段，促进学校思想政治教育系统内部各种要素之间的联合行动。

图3-2 大数据时代学校思想政治教育联动机制构成要素

第一，主导性要素之间的联动。在大数据时代的学校思想政治教育中，

主导性要素在思想政治教育中始终占据重要地位，对于思想政治教育实效性、针对性的提升起着不可替代的作用。要实现主导性要素之间的联动，就需要拉近教育主体之间的距离，提高管理者、教育者以及服务者等的联动意识，形成育人合力。因此，在主导性要素之间的联动方面，队伍联动机制和沟通机制的构建是关键。

第二，主体性要素之间的联动。实际上，主体性要素不仅包含传统意义上的学生，教师的继续教育也使其转化为教育客体。要实现学生之间的联动，就需要满足学生的成长需求，充分调动学生的学习主动性。要实现教师之间的联动，就需要充分满足广大教师的教学需求，保障教师的深造需求，有效激发教师的职责使命感。因此，在主体性要素之间的联动方面，构建激励机制、保障机制是关键。

第三，基础性要素之间的联动。思想政治教育内容、手段及方式等是有效连接教师和学生的"桥梁"。教育内容主要体现在教材和课程之中，构建一套科学合理、运行有效的课程体系，是保证学校思想政治教育实效性的重要一环。所以，在基础性要素之间的联动方面，内容联动机制的构建是关键。

第四，必要性要素之间的联动。学校思想政治教育的教育环境不仅包含着家庭、学校、社会，还包含着象征新时代特色的互联网络。互联网络是学校开展思想政治教育的全新平台，是连接家庭、学校和社会的重要纽带，对学生思想道德修养的培养与提升具有非常重要的影响。要实现必要性要素之间的有效联动，互联网络是关键所在。大数据作为网络时代的最新代名词，给学校思想政治教育的改革提供了新的思路，构建一套运行顺畅、高效的联动机制是应有之义。

二、大数据时代学校思想政治教育联动机制的运行方式

大数据时代，学校思想政治教育联动机制并不是扁平化、单方面的、单层次的，而是立体化、全覆盖、多层次的，从整体上可以分为纵向联动和横向联动、内部联动和外部联动。

首先，纵向联动指的是不同层级之间进行的联动；横向联动指的是同一层级之间进行的联动。从宏观角度来看，纵向联动指的是不同等级学校之间进行的相互协同联动，主要包括小学、中学、大学等；横向联动指的是同一级别的学校、课程教学等方面进行的相互联动。从微观角度来看，

对于教育主体来说，纵向联动指的是学校、年级、班级等不同级别的管理者、教育者以及服务者之间进行的联动；横向联动指的是相同级别管理者、教育者、服务者之间进行的相互协作与配合。对于教育客体来说，纵向联动指的是不同年级或学历的学生之间进行的相互学习与合作；横向联动指的是同一年级或学历的学生之间进行的交流与互动。对教育介体来说，纵向联动指的是不同教学阶段课程内容之间的层层递进、循序渐进；横向联动指的是同一教学阶段不同课程之间的相互契合。对教育环体来说，联动的方式属于纵向的，指的是学校教育与网络环境之间进行的相互联动。

纵向联动和横向联动之间并不是完全独立存在的，两者存在着相互影响、相辅相成的关系，任何一方联动发生的变化与发展，必定会使另一方产生相应的变化与发展。在大数据时代，给学校思想政治教育带来了新机遇和新挑战，大数据技术所带来的影响是广泛、深刻的，不仅影响着学校思想政治教育的纵向与横向联动，还对学校思想政治教育中各要素之间的联动效果带来了重要影响。学校应该加强对大数据"快、准、全"的合理应用，推动实现学校思想政治教育的高效性、精准性、全面性。

其次，内部联动是指教育主体、教育客体、教育介体等内部要素之间进行的有效联动。内部联动是大数据时代学校思想政治联动机制的核心组成部分，也是大数据时代学校思想政治教育联动育人的动力之源，对学校思想政治教育联动育人系统的整体性、有序性提供着重要支撑。处理好内部联动关系，能够为联动育人的顺利推进奠定良好基础。内部联动主要包括以下几点内容：其一，校级与年级部及相关职能部门之间的联动，协调好三者之间的联动关系，旨在让每个相关部门或成员都拥有一个明确的共同的联动育人目标，并在联动育人实践中同向同行。其二，各年级内部不同班级之间的联动，协同好两者之间的联动关系，有助于促进横向信息的流通，加强教学合作等。其三，思想政治理论课教师、其他学科教师及班主任之间的联动，协调好三者之间的联动关系，能够有效结合日常行为规范教育与课堂教学工作，有助于加强教育内容和场域方面的联动。外部联动指的是学校与外部社会大环境的联动，主要包括学校与学校、学校与社会、学校与网络、学校与家庭、学校与企业等之间的相互配合与联动。外部联动是内部联动的拓展与辐射，对内部联动起着重要的支撑和维护作用。通过外部力量的有效衔接和优势互补，有助于实现预期的学校思想政治教育效果。

　　最后，有了大数据的助力，线上教育变得更加便捷、高效，使得线上教育得到了跨越式发展。线上教育和线下教育都是不可或缺的，在学校思想政治教育中，实现线上与线下的联动是不可逆转的趋势。随着网络不断发达，再加之大数据技术的越发精进，为学校思想政治教育提供了更加广阔的育人空间、全新的载体。联动机制的构建与应用要积极打造网上育人新阵地，善用、会用、用好大数据技术，推动线上教育与线下教育的完美结合、和谐统一。

三、大数据时代学校思想政治教育联动机制的基本特征

　　大数据时代，学校思想政治教育联动机制具有时代性、开放性、系统性三个基本特征。（图 3-3）

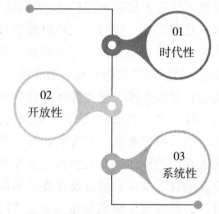

图 3-3　大数据时代学校思想政治教育联动机制的基本特征

（一）时代性

　　所有的人和物都是时代特有的产物，联动机制也同样如此。在大数据时代的今天，教育数据多种多样，教育资源日益丰富，网络教育平台层出不穷，业务精湛、结构合理、充满活力的教育队伍正在形成，如何有效实现联动育人，是学校思想政治教育可持续发展的必经之路。通过构建学校思想政治教育联动机制，善用、精用大数据技术，是破解上述难题的"金钥匙"，联动机制必须迎合大数据时代的浪潮，因而具有显著的时代性特征。

（二）开放性

基于大数据时代的大背景，数据和思维都具有开放性，因此，处于这一背景之下的学校思想政治教育也具有开放性特征。学校思想政治教育联动机制并不是一成不变的，而是需要随着内部要素发生的变化做出相应的调整与变化，才能确保联动机制的平稳运行。因此，学校思想政治教育联动机制具有开放性。

（三）系统性

大数据时代，学校思想政治教育是一个涵盖多主体、多要素、多领域、多环节的有机整体，必须将其视为一个完整和谐的生态系统。学校思想政治教育联动机制是学校思想政治教育内部一个重要的子系统，它是以全面贯彻党的教育方针，通过充分利用大数据技术，促进内部要素之间的高效联动，侧重于育人质量的提升，以造就国之栋梁为重要使命的统一体，具有系统性特征。

四、大数据时代学校思想政治教育联动机制的目标导向

目标对大数据时代学校思想政治教育联动机制的构建与应用起着重要的导向作用，有助于实现预期的效果。

（一）落实好立德树人根本任务

立德树人是教育的根本任务，是学校的立身之本，立德树人的成效是检验学校一切工作的根本标准。2019年，在学校思想政治理论课教师座谈会上，习近平总书记强调，思想政治理论课是立德树人根本任务有效落实的关键课程[1]。新时代，学校思想政治教育乘着互联网、大数据和人工智能的东风，迎来了崭新的机遇。但机遇往往与挑战同时并存。新技术层出不穷，致使信息数据的数量越发庞大、种类越发繁杂，在这些庞大、繁杂的海量网络信息中，许多有害信息不同程度、不同方式影响着学生的思想观念、行为方式，甚至催生出学生的一些负面情绪，削弱着学校思想政治教育的实际效果，制约着学生社会主义核心价值观的理论认同和实践养成。有鉴于此，当下的学校思想政治教育必须正视大数据时代的利害关系，做

---

① 习近平. 思政课是落实立德树人根本任务的关键课程 [J]. 求是，2020（17）4-16.

到趋利避害、扬长避短，充分利用互联网、大数据便于形成高效联动机制的优势，以落实立德树人根本任务为目标导向，尽可能形成多层次、多维度、全覆盖的联动机制。思想观念方面，必须保证多项工作、多个部门的人员思想一致、观念趋同，真正做到心往一处想、力往一处使，步调一致、同向同行；队伍建设方面，需要建设一支具有大局意识、整体观念、职责明确、团结协作、能力出色的专兼职思想政治教育队伍；内容方面，需要不断充实、完善学校思想政治教育内容，用不断创新发展的马克思中国化最新理论成果，武装学生的头脑，指导学生的实践。

（二）着力构建"三全育人"教育新格局

2016 年 12 月，习近平总书记在全国高校思想政治工作会议上的讲话中指出："把思想政治工作贯穿教育教学的全过程，实现全程育人、全方位育人。"[1] "三全育人"强调育人活动要突破主体、时间、空间等各种限制，追求育人主体、时间及空间的全覆盖。学校思想政治教育是一个具有开放性的生态系统，这就意味着育人主体具备多元性、广泛性。林伯海、周至涯两位学者的多元主体观，将思想政治教育的主体进一步细分为导向性主体、主动性主体、受动性主体三种类型。其中，导向性主体主要发挥组织、领导、带头作用；主动性主体承担着实施、指导的职能；受动性主体主要发挥着接受、创造的作用[2]。以"三全育人"教育格局的构建为目标导向，通过多元主体之间联动，最大限度地发挥出每个主体的职能作用，为"三全育人"教育方针的全面贯彻落实提供主体性保障；通过课程之间的联动，促进思想政治理论课与其他课程之间的有效联动，积极践行"全员育人"理念，发挥多门课程的育人功能的合力，为"三全育人"教育方针的全面贯彻落实提供基础性保障。随着大数据时代的到来，学校思想政治教育的空间与之前相比变得更加宽广，无论是学校内外，还是课堂内外，抑或是线上线下，都能看到学校思想政治教育的影子。网络是一种新型教育载体，网络化是教育的新特征。学校思想政治教育联动机制的构建与应用，要充分利用大数据和互联网，促进教育资源的统筹优化，让教育内容进行充分

---

① 习近平在全国高校思想政治工作会议上强调：把思想政治工作贯穿教育教学全过程 开创我国高等教育事业发展新局面 [J]. 实践（思想理论版），2017（2）：30-31.

② 林伯海，周至涯 . 思想政治教育主体及其主体性的要素构成新探 [J]. 思想教育研究，2011（2）：10-14.

的互补，为"三全育人"教育新格局的形成提供技术支撑。

（三）培养德智体美劳全面发展的时代新人

马克思主义的最高价值追求是实现每个人自由而全面的发展，这与学校思想政治教育的终极目标有着高度的契合度。要想使学生真正实现全面发展，不仅需要各门学科课程教育的显性影响，还需要通过开展良好的思想政治教育来提供潜移默化的隐性影响。在学校思想政治教育中，要想促进学生的全面发展，首先要做的是实现自我发展，从而使教育趋于智慧化、创新化、时代化方向发展。基于此，学校思想政治教育联动机制也应该向智能化、创新化、时代化方向发展。依靠大数据技术，不仅学校可以掌握庞大的数据信息，还能实现对这些数据的专业化处理，有助于提升学校思想政治教育的智慧化。大数据技术是 21 世纪的"宠儿"，是这个时代最具时代标志的技术之一，是新时代学校思想政治教育必须把握好的时代命题。联动机制的构建与应用，也需要以大数据技术这一时代命题为中心，在各领域、各环节中普及大数据技术，使大数据技术贯穿于联动机制运行的全过程，以培养德智体美劳全面发展的时代新人为重点。

（四）不断推动思想政治教育向纵深发展

陈义平、王建文两位学者提出，思想政治教育的发展指的是思想政治教育在多方面持续优化与完善的过程，包括目标、任务、内容、价值、方法、模式及载体等，思想政治教育的发展具有时代性、系统性、社会性、过程性和建构性五大特征[①]。（如图3-4）在大数据时代，学校思想政治教育联动机制的构建与应用，为了促进思想政治教育的发展，需要与思想政治教育发展的五大特征相契合。

第一，时代性。学校思想政治教育联动机制的构建与应用，要立足于大数据时代的特征，深深扎根于大数据时代，牢牢抓住时代新发展的契机。联动机制的构建，要将学校思想政治教育的纵深发展看成是目标之一，紧跟时代发展的潮流。

第二，系统性。系统性是指在思想政治发展过程中所体现的整体性特征。学校思想政治教育联动机制应该是一个有机整体，通过主体、内容、

[①] 陈义平，王建文.思想政治教育学原理 [M].合肥：安徽大学出版社，2019：225-230.

载体等多方面的有效协同联动，将学校思想政治教育汇集成综合性的有机体，由此更好地契合思想政治教育发展的系统性特点。

第三，社会性。思想政治教育的发展不仅能带来个人价值，还能带来巨大的国家价值和社会价值。这就要求联动机制不仅要涉及学校，还需要涉及整个社会。例如，从中观角度来看，思想政治教育联动的主体是整个社会。

第四，过程性。由于思想政治教育对人的影响是潜移默化的，教育成效的反馈是一个长期、漫长的过程，这就意味着思想政治教育的发展需要日积月累的积淀。联动机制包含多个领域、多个主体、多个环节等，它的构建、完善与发展并不是一件轻而易举的事情，这是一个十分漫长的过程。

第五，构建性。构建性是指思想政治教育的发展实践并非破坏性、无为性的构建，而是一个正面性、积极性的构建。联动机制的构建与应用，应该是一种以推动思想政治教育进一步发展为目的的正面性、积极性的实践，着眼于思想政治教育协同性、整体性的提升。

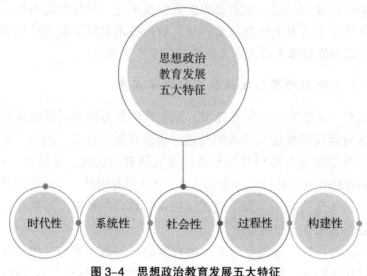

图3-4　思想政治教育发展五大特征

第四节 大数据时代学校思想政治教育联动机制构建的基本原则

所谓原则，指的是在观察和处理问题过程中坚持的准则。在大数据时代，学校思想政治教育联动机制的构建需要坚持的原则主要有方向性原则、实效性原则、制度性原则、整体性原则、时代性原则和协同性原则等。

一、方向性原则

大数据时代，推动构建学校思想政治教育联动机制的过程中，我们必须坚持方向性原则。作为一门具有较强政治性的学科，学校思想政治教育必须始终坚持正确的政治方向，与党中央保持高度的一致，从而培养出更多有用之才、栋梁之材。我国是人民当家作主的社会主义国家，我们兴办的是社会主义教育。坚持方向性原则，就是要坚持社会主义办学方向，坚持为党育人、为国育才的根本要求，坚持把立德树人作为中心环节和根本任务，培养勇于担当民族复兴大任的时代新人。一言蔽之，坚持方向性原则，就是要回答学校思想政治教育"培养什么人、怎样培养人"这一根本问题。大数据赋能学校思想政治教育，就是要利用大数据的优势，通过建立健全同向同行机制，把学校思想政治教育这样一个由学校、社会、家庭多方参与、多部门介入、多层次展开的教育过程，变成各种力量始终坚持社会主义办学方向，始终朝着培养社会主义时代新人的目标共同发力，形成教育最大合力的立德树人过程。

从微观角度来看，学校思想政治教育主要是为了培养学生良好的思想政治修养，帮助学生形成良好的思想观念和高尚的道德情操。从中观角度来看，学校思想政治教育主要是为了培养学生热爱党、热爱祖国、热爱人民、热爱社会主义的情感。从宏观角度来看，学校思想政治教育主要是为了培养能担当时代重任的一代新人。然而，随着时代的发展，人们的思想观念也在时序的更替中悄然发生了变化，一些人开始痴迷于物质生活的追求，陶醉于物欲满足的快感中不能自拔，精神世界逐渐"荒漠化"，加之网络技术的普及与发展带来的便捷，使得一些低俗观念、落后思想、腐朽文化又沉渣泛起，冲击着主流意识形态，削弱了社会主义核心价值观的传播力、影响力，严重影响着包括学生在内的年轻人的价值认同、价值判断、价值养成、价值实践，制约着学校思想政治教育目标的达成。正是基于这样的理由，学校思想政治教育联动机制的构建，必须始终遵循学校思想政治教育教学规律，始终坚持方向性原则，牢牢把握社会主义大方向，坚持立足于中国大地办教育，服务于中国人民兴教育，在此前提下，构建起校校联合、校社合作、家校联动，汇集多方力量、各要素互动良好、符合我国学校教育实际的顺畅、高效的联动体系与机制。

二、实效性原则

学校思想政治教育的成效，不仅关乎国家教育事业的兴衰，还影响着中华民族的伟大复兴和社会主义的发展前景。教育部着重强调，思想政治教育要不断追求提升实践教学实效性[①]。实效性原则是指以取得卓有成效、实实在在的教育效果为原则。总体地讲，思想政治教育效果主要包括三方面内容：其一是学生思想道德建设的效果，其二是学校思想政治教育建设质量的效用，其三是良好和谐社会氛围的效益。具体地讲，要评判思想政治教育是否真正地深入每位学生的心灵深处，以及是否对社会主义现代化建设目标的实现具有实质性作用。在信息技术日新月异的大数据时代，学校思想政治教育更需要迎合时代发展要求，与时代同向而行。联动机制的构建是服务于学校思想政治教育的，育人目标的实现是联动机制构建的价值导向和终极目标。学校思想政治教育联动机制的构建，需要着眼于大数据技术，构建贯穿于学校思想政治教育的教学、管理及服务等全过程的体制机制，收集立体化、可视化、动态化、精准化的学生数据，全方位把控并预测分析学生各方面的发展情况，从而开展卓有成效、供需平衡的学校思想政治教育。只有坚持实效性原则，才能开展自由呼吸的教育、回味无穷的教学、深入人心的教化。

---

① 中央宣传部 教育部关于印发《新时代学校思想政治理论课改革创新实施方案》的通知[J]. 中华人民共和国国务院公报，2021（9）：75—80.

三、制度性原则

制度性原则是以实现学校思想政治教育联动育人目标为目的，力求达到从整体上提升联动育人水平的效果。基于制度性原则的引导下，可以统一规范学校思想政治教育的权利和义务，使思想政治教育具有一定的强制性、稳定性的特点。换句话说，遵循制度性原则，可以让制度始终维持在积极循环的状态，保证思想政治教育相关人员能够严格按照规章制度进行每项工作，提升学校思想政治教育的有序性、规范性。基于制度性原则的指导，要求学校建立健全长效教育机制，为了让长效机制发挥最大效力，还需要学校充分结合社会发展实际情况，有针对性地调整与优化长效机制，从而使系统实现自我优化。

四、整体性原则

学校思想政治教育联动机制并非封闭的，而是开放的，这不仅意味着系统内部不同要素之间进行有效联动与配合，还要求系统内部的要素与系统外部要素进行协调联动，以促进各个子系统之间的协调性、一致性。系统的内部要素主要包括教育的主体、客体、介体和环体；系统外部要素主要包括社会、家庭、网络等。从本质上讲，整体性原则在于通过不断优化与组合系统内部和外部的各个要素，从而实现"1+1>2"的良好效果。每个要素都被赋予了特定的职责和使命，不同要素之间又存在着千丝万缕的联系。学校思想政治教育联动机制的构建与运行，关键就在于探索并找到不同要素之间联动的方式和机理，遵循整体性原则，让不同要素之间进行有效的协同，步调一致、协力同心，从而切实提升育人的整体性、全面性。

五、时代性原则

任何一个时代都有其自身特定的使命和追求。时代性是中国共产党先进性的具体体现，如果缺乏时代性，就难以保证中国共产党始终保持旺盛生机与活力。因此，只有牢牢抓住时代机遇，才可以实现持续的进步与发展，与时代同行。以往学校思想政治教育的重点是教材知识的讲解，课堂教学水准是决定思想政治教育质量的主要因素。随着网络化、信息化时代的来临，学校思想政治教育的重心也在无形之中发生了转移。与此同时，网络新媒体逐渐出现与兴起，为学校思想政治教育提供了更加丰富的育人载体，进一步拓展了教学空间和教育环境，为学校思想政治教育的发展带来了契机。坚持时代性原则，是学校思想政治教育进一步发展的必经之路。在大数据时代，学校思想政治教育不仅要以社会主义方向和基本原则为指引，还要力争走在时代发展的前沿，不断解放思想，积极吸收大数据时代的精华，力求实现历史性变革。建立健全联动机制是学校思想政治教育迎合时代发展要求的重要课题。

六、协同性原则

以协同促联动，协同性原则是大数据时代学校思想政治教育联动机制构建的一个重要原则。系统通常由若干个子系统构成，基于协同性原则的指导，能够使各子系统及其内部各个要素进行相互协调与配合，从而实现和谐一致、良性循环和健康发展，最终形成协同效应。学校思想政治教育联动机制具有复杂性、开放性，既包括多元化的主体，如学校党委、班主任、行政人员、理论课教师以及其他服务人员，还包括复杂的教育介体和教育环体，如校内校外、线上线下，也涉及复杂多变的运行过程，如教学、管理、服务、评估和保障，这些要素组合与协同效应的形成机理具有高度的契合性。学校思想政治教育联动机制的构建与应用，通过遵循协同性原则，能够很好地实现横纵协同、内外协同、同心同德、同向同行，有助于实现"三全育人"的目标。

第五节　大数据时代学校思想政治教育联动机制
构建的现实意义

学校充分利用大数据技术，建立健全思想政治教育联动机制，具有重要的现实意义，主要体现在有助于促进思想政治教育资源的丰富与共享，有助于探索学校思想政治教育的本质与内涵，有助于促进思想政治教育内容的有效衔接，有助于提升学校思想政治教育育人的针对性，有助于促进学校思想政治教育方式的革新等五个方面。（图 3-5）

有助于促进思想政治教育资源的
丰富与共享

有助于探索学校思想政治教育的
本质与内涵

有助于促进思想政治教育内容的
有效衔接

有助于提升学校思想政治教育育
人的针对性

有助于促进学校思想政治教育方
式的革新

图 3-5　大数据时代学校思想政治教育联动机制构建的现实意义

一、有助于促进思想政治教育资源的丰富与共享

以大数据技术为支撑，学校构建思想政治教育联动机制，使思想政治教育资源共享迎来了新的契机。首先，有助于丰富教育资源共享内容。借助于大数据技术，能够有效收集与储存海量数据，再将其与互联网进行耦合，能够将学校内外、线上线下、课堂内外等方面的教育数据有效联合起来，从而使学校思想政治教育资源内容越来越丰富，由此教育资源共享内容也趋于多样性、丰富性发展。同时，依托大数据技术、人工智能等新兴技术，可以使教育空间更加广阔，为教育资源的共享提供更加丰富的平台。对于学校思想政治教育联动机制而言，各个子系统的正常有序运转也建立在教育资源共享的基础之上。其次，有助于提升教育资源共享的效率。大数据技术具有高效处理数据的优势，通过对大数据技术的合理运用，能够极大地提升学校思想政治教育相关数据的处理效率，进而使教育数据更高效地共享于不同教育主体之间。最后，有助于提升教育资源共享的价值。在大数据技术的支撑下，消除了资源共享的壁垒，为不同国家、不同城市、不同学校之间思想政治教育资源的共享提供了可能性。通过利用大数据技术的分析、预测功能，可以关联分析学生平时生活和学习的数据，对学生的兴趣爱好和思想变化做出预测，为教育资源的配置提供科学依据。学校思想政治教育联动机制的构建，通过加强教育资源的联动，能够切实提升

教育资源配置的合理性、有效性，有助于提升教育资源共享的价值。

二、有助于探索学校思想政治教育的本质与内涵

作为学校育人工作的重中之重，学校思想政治教育内涵和本质始终是学界和教育工作者关注的重点课题。但是由于其构成要素、工作内容以及工作体系都具有不同程度的复杂性，针对其内容、目标、评价等相关问题，学界和教育工作者至今尚未形成共识。归根究底，主要是对学校思想政治教育本质与内涵的认识有所不同。通过构建学校思想政治教育联动机制，尤其是以联动理论引导学校思想政治教育联动机制的创新发展，再利用大数据技术的优势，能够帮助学界和相关教育工作者充分且深入地认识学校思想政治教育的本质与内涵。究其原因，主要是学校思想政治教育系统的机制的建设，需要深层次地考察与分析系统的构成要素、目标体系、职能分配、评价体系等，由此才能从更高维度认识系统运行的应然范式，进而为联动机制的构建与应用提供创新基础，这就为探索和了解系统的本质与内涵创造了可能。以学校思想政治教育目标为引导，为了产生联动效应，在享受大数据技术带来便利的基础上，考察与分析系统内部的运行机理，进而使学者和教育工作者更好地认识学校思想政治教育的本质与内涵。

三、有助于促进思想政治教育内容的有效衔接

思想政治教育内容，指的是传递给学生的政治观点、思想观念以及道德规范等方面的信息[①]。思想政治教育内容的设计与挑选，对思想政治教育效果产生着关键性的影响，必须保证教育内容的整体性、连贯性，这就需要对教育内容进行有重点、有层次、合理性的规划。首先，以"预见"促"衔接"，学校思想政治教育的教育对象具有多样化，教育对象在年龄、学历、心理特征、生理特征、社会角色、社会经历等方面各不相同，这就导致了学校思想政治教育的教育内容有所差异。借助于大数据技术，教师可以实现对学生日常生活和学习的相关行为数据的全面采集，并以此为依据对学生学习偏好和思想动态进行分析和预测，这样一来，教师就能选择满足学生思想需求的教育内容，有助于实现教育内容的有效衔接。其次，以

---

① 郑敬斌. 思想政治教育内容衔接：一个亟待深入研究的重要问题 [J]. 思想理论教育，2013（9）：28-32.

"协同"促"衔接"。对于学校思想政治教育来说，党中央、教育部以及相关机构是其领头羊，这些主体共同决定着学校思想政治教育的内容。通过构建联动机制，对主体协同、管理协同格局的形成起着促进作用，能够避免部门与部门之间出现"各自为政"的情况，为思想政治教育内容的有效衔接创造有利条件。最后，以"联动"促"衔接"。教材内容是学校思想政治教育内容的主要载体，教材内容的有效衔接涉及纵向衔接和横向衔接两方面，其中，纵向衔接指的是不同教学阶段教材内容的衔接性；横向衔接指的是不同课程之间教材内容的衔接性。通过构建学校思想政治教育联动机制，可以更好地实现教育内容的纵向衔接；通过教育内容的联动，促进教育内容的横向衔接。在纵向衔接和横向衔接双向发力的基础上，有助于促进学校思想政治教育内容的有效性衔接。

四、有助于提升学校思想政治教育育人的针对性

习近平总书记不止一次强调教育要积极引入新兴技术，以切实提升育人的针对性[1]。要想切实提升育人的针对性，不仅要有计划、有步骤地组织好教学，培训高素质教师队伍，充分利用教材，关键还在于保证教师与学生之间的供需动态平衡。首先，以数据为支撑，有助于更好地组织教学，满足学生需求。马克思强调，人与动物之间的区别之一，就在于人的需求具有广泛性和无限性[2]。为了提升学校思想政治教育的针对性，非常关键的一点就在于满足学生的需求，学生的需求具有广泛性和无限性，他们的需求无时无刻不在变化，而且无处不在。基于此，为了有效应对学生需求出现的变化，学校思想政治教育的开展，需要以学生实际需求为中心，选择合适的教育内容，采取恰当的教学形式，以便更好地迎合学生需求的变化。借助于大数据技术，能够全面收集、高效处理、科学预测有关学生需求的数据，并将数据信息及时反馈给教育者，为教育者改变教育内容和形式提供依据和参考。

其次，联动机制的构建有助于培养高素质教师，为学校思想政治教育

---

① 李瑞德，潘玉腾. 习近平关于培养时代新人重要论述：生成逻辑、主要贡献和践行路径 [J]. 思想教育研究，2022（5）：31-36.

② 王钦民. 这样的发现值得我们正视吗？评汪济生《必须正视马克思恩格斯在人与动物界定问题上的区别》[J]. 理论观察，2014（6）：12-16.

满足学生需求提供"度"的支撑。任何事情都是有限度的，事情做得过头，就跟做得不够一样，都是不合适的。如果过分满足学生的需求，将会使学校思想政治教育失去应有的意义。受到网络带来的负面影响，部分学生的民族意识和理想信念受到巨大的冲击，不仅信仰出现了危机，他们的爱国意识也发生了动摇。如果不通过思想政治教育对这些学生思想进行及时的干预和引导，只会助长学生需求的"异化"，导致学生出现一系列心理问题。通过教育主体之间的有效联动，能够将不同队伍有效协同起来，形成强大的教育合力，有助于产生事半功倍的教育效果。同时，利用大数据技术的预测功能，学校可以实现对学生扭曲需求的提前预测，由此教育队伍就能采取针对性、有效性的处理措施，及时地引导学生形成正确的价值观念，避免学生出现"异化"需求。

最后，通过构建联动机制，有助于化解技术应用和教育针对性提升之间的矛盾。基于新时代背景，学校思想政治教育的改革与创新，离不开新技术的支持，现如今，学校思想政治教育中随处可见大数据、人工智能、云计算以及互联网等的身影。量的积累达到一定程度必然会引起质变，对新技术的过分推崇与应用，容易使教育掉进"技术至上"的陷阱中。学校思想政治教育针对性的提升，原本是关乎师生之间供需平衡的问题，如果教育陷入"技术至上论"的怪圈，就会将供需平衡问题扭曲成技术应用和学生需求之间的平衡。爱因斯坦曾提出："只懂得应用科学本身是不够的，关心人的本身应当始终成为一切技术上奋斗的主要目标。"因此，教育中不能过分推崇技术，而忽视人的创造能力。依托大数据技术构建的联动机制，不能忽视教师队伍的建设，要将其作为重点内容，以凝聚"人"的力量，真正实现学校思想政治教育针对性的提升。

五、有助于促进学校思想政治教育方式的革新

科学技术是第一生产力，也是创新发展的重要引擎，大数据技术为学校思想政治教育的改革与创新提供了新的思路。首先，大数据技术给学生学习提供了极大的便利。大数据时代，学生可以利用网络获取满足自身需求的各种知识信息。功能多样的学习软件，超大规模的学习数据，催生了学习方式的改革，为学校思想政治教育方式的创新奠定了基础。其次，大数据技术的应用为学校思想政治教育方式的革新提供了指引。在传统教学中，育人方式以灌输法、示范法及实践法等为主，这些育人方式将重点放

到了理论的指导上，一定程度上抑制了数据作用的发挥。在这种育人方式下，忽视了学生主体性，学生的成长需求难以得到充分满足，育人方式的革新势在必行。智能教育是中国教育未来发展的主流方向之一，它为学校思想政治教育方式的革新带来了新启示。智能教育作为一种数字化教育方式，主要服务于教师教学、学生学习及学校管理。随着大数据技术越发广泛与深入，为智能教育的推进创造了有利条件。学校思想政治教育联动机制的构建与应用，正是基于大数据技术的指引，革新思想政治教育的一种体现。得益于大数据技术在教学、学习、管理等方面拥有的巨大功能，促进了教学数字化，为教师队伍之间的有效联动提供了更多可能性；促进了学习数字化，为学生之间的有效联动提供了更多可能性；促进了管理数字化，为管理队伍之间的有效联动提供了更多可能性。

第四章 大数据时代学校思想政治教育纵向联动机制的构建

第一节 大中小学一体化的人才培养目标确立机制

人才培养目标是大中小学思想政治教育工作的出发点和落脚点，对教学内容、教学方法及教学评价的选择起着引导性作用。科学合理的人才培养目标，需要紧紧围绕立德树人总目标和不同年龄段学生的身心发展需要，不仅要从整体上保证各个学段人才培养目标和人才培养总目标的协调性，还要保证不同学段人才培养目标的层次性、衔接性。

一、大中小学一体化的人才培养目标确立的原则

大中小学一体化的人才培养目标的确立，需要遵循整体相关原则、全面发展原则和切合实际原则三大原则。（图 4-1）

图 4-1 大中小学一体化的人才培养目标确立的原则

（一）整体相关原则

整体相关原则指的是大中小学一体化人才培养目标的确立，不仅要立足于社会大系统的整体视角，还需要从教育结构和人才结构两方面进行考虑。首先，从教育学意义上讲，教育作为社会大系统的一个子系统而存在，而大中小学思想政治教育又是教育系统的重要组成部分，所以，大中小学思想政治教育也是社会大系统的子系统之一。因此，思想政治教育人才培养目标的确立，不能仅从局部审视自身所处环境，而是要从社会经济、教育和科技的变迁的整体性视角出发，在全面分析的基础上定位人才培养目标。其次，不同学校之间是一种分工协作的关系，共同为国家、社会和时代的发展培养不同的人才，从而为社会大系统的正常运转提供良好的人才保障。因而，学校在确立思想政治教育人才培养目标时，要充分考虑其他不同类型学校的人才培养状况，从而准确定位自身在教育系统中所处的层级位置，对本校人才培养目标做出科学的定位。

（二）全面发展原则

马克思关于人的全面发展学说为我国教育目的的确立奠定了理论基础，它对各级各类学校人才培养目标的定位起着统摄作用。因此，学校思想政治教育人才培养目标的确立，还需要充分考虑学生的身心健康发展，促进学生的全面发展。

（三）切合实际原则

切合实际原则指的是不同学校在确立思想政治教育人才培养目标时，不仅要从社会需求、学生实际情况等方面出发，还需要充分审视学校自身当下的发展状况，如教学设备、师资水平、信息技术配置等。切实可行的人才培养目标，是目标得以有效实现的前提条件，所以，人才培养目标的定位既不能盲目拔高，也不能随意降低，必须结合现有的资源条件量力而行，促使教育资源的配置达到最优化，同时使不同教育阶段的目标呈现出层级性、渐进性。

二、大数据时代人才需求的转变

随着5G、大数据、人工智能等数字技术的日新月异，促进了生产方式的变革，对人才的需求也产生了一定变化，这样就对大中小学人才培养提出了新的要求，促使大中小学适当调整人才培养目标，以满足新时代的现实需要。

（一）需要具有大数据思维的人才

相比于工业时期的思维模式，大数据思维十分注重用户的实际需求。基于大数据时代背景，大中小学所培养的人才还应当具备大数据思维，而非只是掌握单一的知识和技能。大数据思维主要包括全样思维、容错思维和相关思维。（图4-2）

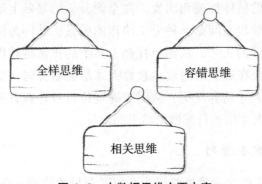

图4-2 大数据思维主要内容

1.全样思维

"大数据"与"小数据"之间的根本区别在于："大数据"采取的是全样思维方式，"小数据"主要采取的是抽样思维方式。抽样思维方式是成本远超于预期情况下所采取的权宜之计。随着技术的更新迭代，以往无法获取、储存及分析全样数据的情况将一去不复返。大数据时代是一个全样的时代，有助于企业深入挖掘用户的个性化需求，并结合用户需求完善产品。对用户个性化需求的挖掘，需要各行各业人才具备全样思维。

2.容错思维

在小数据时代，由于技术手段有限，人们主要采取抽样调查方式。通常来讲，相比于抽样样本，全样的样本数量要高出很多倍，再加之抽样是从理论上讲结论的，所以只要抽样出现一点错误，就会导致结论出现很大的误差。而通过大数据技术采集全样数据，数据中出现的错误、异常、纰漏等都属于数据的实际情况，不需要像抽样数据那样追求精益求精，其结果是最接近客观事实的。企业为了实现进一步的发展，需要大批具有容错思维的技能型人才。

3.相关思维

在步入大数据时代之前，人们更加看重因果关系，主要是因为数据比较有限，没有合适的方法预测出一系列相关关系。当进入大数据时代后，人们可以通过相关思维，更加全面、精准地掌握更多的相关信息，自然也就不再局限于对因果关系的追求。企业为了更加精准地分析用户消费行为，需要大批具备相关思维的人才。

（二）需要大数据应用型人才

过去信息不对称的局面随着大数据的到来也逐渐被打破，不仅现有资源得到了全面、充分的整合与利用，资源利用率也得到了显著提升。这就要求大数据时代下的人才知道如何辨别有价值的信息，并学会应用大数据分析来源多样、数量庞大的数据信息，并结合分析结果做出恰当的优化与调整。

所谓大数据应用型人才，指的是能够促进大数据技术与传统产业的深度融合，促进传统产业转型升级的人才。这种人才需要具备良好的学习能力，并具备较高水平的学以致用的能力，进而将所学知识灵活运用到实际工作中，同时，还要深刻地理解所处行业总体的发展模式，并结合采集的实时数据制定新的策略。在大数据时代，由于社会创新活动水平的持续性提高，行业发展步伐不断加快，企业必会争相竞争集专业知识和信息技术技能于一体的人才。因此，学生不仅需要打好牢固的知识基础，具备对专业知识深刻理解和熟练运用的能力，同时，还需要加强大数据相关知识的学习、掌握与运用。

三、大中小学思想政治教育人才培养目标及侧重点

大中小学思想政治教育的推进，应该以立德树人为宗旨，统整不同教育阶段的人才培养目标。换言之，小学、中学、大学思想政治教育人才培养目标的确立，要充分体现上升性、渐进性的基本特征，并以此为基础，将人才培养目标贯穿于大中小学思想政治教育发展过程中，致力于将不同教育阶段的学生都培育成全面发展的时代新人。大中小学思想政治教育人才培养目标一体化的总体要求在于：必须一以贯之立德树人总目标的落实，

不同教育阶段的目标要层层递进。

对于大中小学思想政治教育的目标，中共中央办公厅、国务院办公厅《关于深化新时代学校思想政治理论课改革创新的若干意见》文件中做出了明确阐述，即"小学阶段重在启蒙道德情感""初中阶段重在打牢思想基础""高中阶段重在提升政治素养""大学阶段重在增强使命担当"。[1]该文件明确提出了思想政治理论课一体化的新课题，并科学统筹布局了不同教育阶段的课程目标，具体目标的设置各有侧重，充分体现出思想政治理论课课程目标具有循序渐进、螺旋上升的基本特征。分层设计思想政治教育的阶段性人才培养目标，是大中小学思想政治教育一体化建设的重要内容之一，能够帮助我们进一步明确各层级教育任务，促进大中小学思想政治的协同发展。

（一）小学教育阶段侧重于启蒙道德情感

在小学教育阶段，思想政治教育人才培养目标的重点在于启蒙学生道德情感。具体表现为：小学生通过接受思想政治教育，产生对中国共产党、祖国、社会主义、人民、集体的热爱之情，并逐渐充分地认识到成为社会主义建设者和接班人的重要性，并将此作为自己的美好愿望。小学阶段是人才培养目标一体化的起步阶段，小学思想政治教育人才培养目标的确立必须立足于小学生的身心特点、实际生活、现实需求以及社会期望。小学教育阶段的思想政治教育要将立德树人作为总目标，侧重于对小学生道德情感的体验与启蒙。

小学教育阶段思想政治教育人才培养目标具体细化为以下几点：其一，引导小学生形成和增强同所获得的道德认识相一致的道德情感；其二，引导小学生改变与应有的道德认识相抵触的道德情感，并形成和增强健康的、正当的道德情感；其三，引导小学生形成基本的道德情感，主要包括爱祖国、爱家乡、爱父母以及爱他人等。

另外，在大数据时代，基于大数据时代人才需求的转变，小学教育阶段思想政治教育人才培养目标中还需要充分体现时代要求，加强对小学生大数据思维的启蒙，以及小学生对大数据思维的体验，使小学生意识到树

---

① 新华社.中共中央办公厅 国务院办公厅印发《关于深化新时代学校思想政治理论课改革创新的若干意见》[EB/OL].（2019-08-14）[2022-11-10].http://www.gov.cn/gongbao/content/2019/content_5425326.htm.

立大数据思维的重要性，促使小学生初步形成数据素养。

（二）中学教育阶段侧重于道德常识学习和道德准则内化

中学教育阶段，思想政治教育人才培养目标的重点在于加强学生对道德常识的学习和掌握，以及学生对道德准则的吸收与内化。中学思想政治教育包括两个组成部分，分别为初中思想政治教育和高中思想政治教育。初中思想政治教育人才培养目标要侧重于夯实初中生的思想基础，确保初中生通过接受思想政治教育能够每时每刻深刻铭记中国共产党、伟大祖国和人民，这有助于增强初中生争做时代新人的积极性和思想意识。高中思想政治教育人才培养的目标的重点在于提升高中生的政治素养，让高中生通过接受思想政治教育全力支持党的领导，增强对成为社会主义建设者和接班人的政治认同感。在大中小学思想政治教育中，中学教育阶段起着重要的承上启下的作用，这一阶段不仅是人才培养目标一体化的发展阶段，也是人才培养目标一体化的关键阶段，需要做好与小学教育阶段以及大学教育阶段的有效衔接。

中学教育阶段思想政治教育人才培养目标的确立，需要从中学生的认知水平、知识体验、学习实际状况入手，充分结合国家、社会、时代对中学生提出的具体要求，紧紧围绕立德树人的总目标，侧重于道德常识的学习以及道德准则的内化。

中学教育阶段思想政治教育人才培养目标具体细化为以下几点：其一，要求中学生学习并掌握相关政治常识，尤其是党和国家的方针、政策及路线等，从而引导中学生形成强大的民族自尊心、民族自信心和民族自豪感；其二，要求学生树立良好的社会公德，增强遵纪守法的自觉性和主动性；其三，要求中学生形成良好的公民意识、法律意识以及科学意识，并将公民意识升华为对国家和社会的情感。

另外，基于大数据时代人才需求的转变，中学教育阶段思想政治教育人才培养目标也要积极迎合时代发展的要求，加强对中学生对大数据的认知与理解，提升中学生的数据素养。

（三）大学教育阶段侧重于道德观念的形成和道德品格的塑造

大学阶段重在增强使命担当，引导大学生矢志不渝听党话、跟党走，争做社会主义合格建设者和可靠接班人。

大学思想政治教育人才培养目标应该侧重于：增强大学生使命担当，引导大学生坚定不移、矢志不渝听党话、跟党走，努力成为社会主义合格建设者和可靠接班人。大学教育阶段是人才培养目标一体化的深入发展阶段，也是人才培养目标一体化的核心阶段。大学思想政治教育人才培养目标的确立，应该结合大学生成长发展的需求，紧紧围绕立德树人的总目标，侧重于增强大学生的使命担当。

大学教育阶段思想政治教育人才培养目标具体细化为以下几点：其一，引导大学生肩负国家富强、民族振兴和人民幸福的历史使命；其二，引导大学生肩负为世界谋和平与发展的神圣职责；其三，让大学生牢牢记住自己的使命和职责，并将其外化为实际行动。

另外，基于大数据时代人才需求的转变，大学教育阶段思想政治教育人才培养目标也要与大数据时代同行，加强对大学生大数据思维的培养，提升大学生良好的大数据应用能力，学会灵活运用大数据技术，一定程度上帮助大学生发挥专业技能，创造出更加优异的成绩。

四、大数据赋能大中小学一体化的人才培养目标确立机制的构建路径

（一）借助大数据提升人才培养目标的连续性、层次性

首先，大中小学思想政治教育可以借助于大数据技术，精准定位人才培养目标，并保证不同学段的目标相互关联、层层递进。大数据的概率预测指的是在收集与分析全体数据的基础上，对未来可能出现的趋势做出的一种预测。立足于当前教育阶段，对学生思想品德发展趋势进行预测，可以及时找到学生思想品德发展中有可能出现的问题，并重新定位人才培养目标。下一教育阶段也可以根据趋势预测结果，提前制订人才培养目标的方案，让思想政治教育工作更有侧重性，提升大中小学思想政治教育人才培养目标的连续性。

其次，教育部门可以搭建贯穿于大中小学思想政治教育的教学平台，使不同教育阶段的教师共同交流教学经验，进而深层次研究不同学段的人才培养目标，力争在不同的教学目标寻找共性，确保思想政治教育的连续性。这样一来，就能在层次性的教学中形成强大的教育合力，促使大中小

学思想政治教育一体化教学连绵不断地发挥育人作用。现如今，已经有不少地区搭建了思政教师相互交流经验的教学平台，如上海市思政课教学研讨基地搭建了"大中小幼教师专业一体化建设总部"，基于立德树人总目标的指导，激发不同教育阶段思政教师的创造性、主动性，为不同阶段教学目标的制定建言献策。再如，上海师范大学组建了"长三角地区学校教师思政工作联盟"，以邻近阶段的思政课教学为研究点，促进教师之间的交流与学习，进而找到共同的发力点，齐心协力推动思政课一体化教学的开展。其他地区可以借鉴上述地区的优秀成果和经验，结合本地区实际情况，积极搭建思政教育一体化教学平台，为人才培养目标的研究与确立提供有效平台。

（二）大数据赋能精准化人才培养目标的确立

各个教育阶段的思想政治教学活动繁多，其中涉及诸多因素，教学活动过程具有复杂性、多变性，无形之中增加了人才培养目标制定的难度，有可能使人才培养目标的设定处于比较模糊的状态，更多是描述大部分学生能够或需要达到的普遍性目标，容易忽视面向个别学生的差异化目标，或者是主要描述能够量化的知识技能目标，忽视确立有关情感、技能等方面难以量化的目标。而通过大数据技术的应用，能够大大提升人才培养目标的精准度。

首先，大数据可以对所有学生学习行为进行数据化处理，系统地分析所有学生的学习水平、学习需求以及学习风格等，为每位学生提供属于自己的学习状态综合指数，同时还能找出这一综合指数与预设目标之间存在的差距，并对班级中每位学生的差距范围跨度进行统计分析从而大幅度提升人才培养目标的差异化、具体化及精确化。其次，大数据可以捕捉学生的情感态度变化，对学生情感态度变化状态的趋向性以及稳定性进行量化分析，并探寻教学环境的变化与学生情感态度养成之间存在的内在联系，从而相对准确地提出在学生情感态度发展方面的人才培养目标。

（三）利用大数据分析人才需求，为人才培养目标的确立提供依据

学校借助大数据技术，采集各大招聘平台的数据，从地域、行业以及特征等多角度入手，对组合条件进行数据分析，有助于快速全面地了解各岗位人才需求特征，为人才培养目标的确立提供参考依据。首先，薪酬调查数据能够帮助学校直观地了解与掌握薪酬的变化趋势，如根据薪酬调查数据及时掌握各个岗位薪酬高低的分布情况，以及哪些岗位在今后的发展中富有挑战性和良好的发展前景，这些数据信息能够帮助学校在人才培养目标的方向定位上提供一定的参考性指引。因此，学校可以利用大数据技术，从国内各大地域性、校招性、综合性、行业垂直性等招聘平台上采集近一年的薪资分布数据，了解哪些行业人才的薪资水平较高，为人才培养目标精准提供数据支撑。其次，借助产业人才大数据分析平台，实时采集行业人才需求数据、产业链数据，深层次挖掘与分析人才发展的趋势，呈现出动态化、可视化的人才需求特征。基于此，学校就能理清人才链与产业链之间的内部数据逻辑，为思想政治建设发展提供数据分析、数据决策。学校也能根据本校条件和特点，制定切实可行的人才培养目标，从而提升人才培养质量。

第二节 大中小学一体化的教材编写机制

一、大中小学思想政治教育一体化教材编写机制的理论基础

理论对实践具有反作用，科学的理论对实践具有积极的促进作用，错误的理论对实践具有消极的阻碍作用[1]。课程发展规律、人的身心发展规律对大中小学思想政治教育一体化教材编写机制的构建奠定了理论基础。

（一）课程发展规律理论

作为教材的一种，思想政治教育教材虽然具有其自身的独特性，但是其本身必须始终遵循课程发展规律。关于课程设置的阐述，在《礼记·学记》中就能够找到简单的记载，即"比年入学，中年考校：一年视离经辨志，三年视敬业乐群，五年视博习亲师，七年视论学取友，谓之小成。九

---

[1] 张晓玉. 马克思实践观的发展研究 [J]. 经济研究导刊，2022（20）：145-147.

年知类通达强立而不返，谓之大成"①。而从现代意义上讲，"课程"的含义可以分为三类：其一指的是学科或一类学科；其二指的是教材结构的基本单位；其三指的是课堂教学的简称。作为课程重要的一部分，教材也应该紧紧跟随课程发展的规律做出相应的改变与调整。

学校是课程实施的重要场所，学校课程的愿景并非仅仅是让学生获取纯粹的知识，更重要的是实现学生的全面发展。课程与教材的改革不仅仅是单纯的知识化改革，教材改革除了关注知识的学习，还重视学生素质的提升。知识的学习是件终身的事情，而素质的培养却是相对比较容易定型的，如果早期人格素质有所缺陷，就会导致个体生命有所残缺。因此，以素质培养为主要内容的思想政治教育教材的编写，必须注重整体人、全面人的育化。

（二）人的身心发展规律理论

人的身心发展指的是个体由出生到死亡的整个生命进程中所出现的一系列生理和心理的变化。在这个过程中，人的生理和心理不仅会产生积极、进步的变化，也会产生消极、衰退的变化。在学校思想政治教育过程中，要想推动学生身心朝着积极、进步的方向发展，并妥善处理学生身心出现的消极、衰退的变化，就必须遵循学生身心发展的规律。

人的身心发展有两个显著的发展规律，其是阶段性，在一个人的成长过程中，其身心发展在不同年龄段表现出不一样的特点，心理学家按照不同时期具有的普遍心理特点和主导活动，将个体的身心发展划分为八个阶段，分别为乳儿期、婴儿期、幼儿期、童年期、少年期、青年期、成年期、老年期。其二是整体性，从乳儿期到老年期，一个人的一生会经历很多个不一样的阶段，但是人身心发展是一个有机整体，不同阶段的发展有着十分紧密的联系，不能割裂开来，个体在前期阶段接受的教育会对其自身后期的发展带来非常重要的影响。

根据人身心发展的阶段性和整体性规律，不难发现，人的身心发展的过程具有复杂性。因此，为了有效促进学生的健康全面发展，学校思想政治教育必须遵循人的身心发展的规律，对不同阶段的学生实施差异化的思想政治教育，还要有效把握学生发展的系统性，在完成阶段任务的同时，

---

① 王红娟. 礼记 [M]. 长春：吉林大学出版社，2021：146-155.

也不能忽视学生的全面发展。总而言之，人的身心发展与思想政治教育密切相关，为了更好地发挥出学校思想政治教育的效力，要求我们编写出与人的身心发展规律相符的思想政治教育教材。

二、大中小学思想政治教育一体化教材编写机制遵循的原则

大中小学思想政治教育一体化教材编写机制的构建，应该遵循历史性与时代性相结合的原则、整体性与阶段性相结合的原则、政治性与教育性相结合的原则三个基本原则。（图4-3）

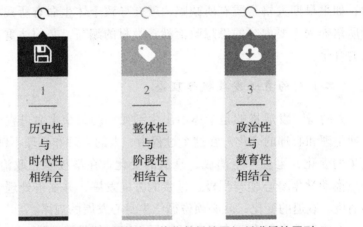

图4-3　大中小学思想政治教育一体化教材编写机制遵循的原则

（一）历史性与时代性相结合

时代在进步，社会在发展，思想政治教育与时代早就已经不可分割。从培养目标的角度来看，思想政治教育是一门培养合格公民的课程，这就要求学生了解祖国更多的历史，把握当下，开拓未来。因此，随着时代的变化与发展，思想政治教育的教材内容也应该不断更新与完善，彰显出先进性、时代性。所以，思想政治教育教材内容的编写，应该增加一些社会实时案例，紧跟时代节奏，使教材内容与时代相结合，保持学生对教材内容的新鲜感，激发学生学习的激情。

（二）整体性与阶段性相结合

思想政治教育是一门有关人与社会的学科，思想政治教育教材也是针对人与社会而编制的学科教材，人的特殊性决定了思想政治教育教材具有

特殊性。人作为一个完整的个体，其成长是一个连续不断的过程，从本质上来看，针对人的教育也应该是一个连续不断的过程。同时，又因为人具有特殊性，其生理和心理机能在不同成长阶段存在着差异，具有阶段性特点，并随着时间的推移逐渐成熟。因此，从本质上来看，针对人的教育也应该是一个循序渐进的过程。在大中小学思想政治教育一体化教材编写机制的运行中，必须遵循个体整体性与阶段性发展的科学原理，以保证不同教育阶段的教材内容满足不同阶段个体的发展需求，同时让不同教育阶段的教材完美衔接、连续统一。

（三）政治性与教育性相结合

思想政治教育的核心与重点是政治思想教育，所以思想政治教育首先必须体现自身的政治性，要清醒地认识到思想政治教育使用的教材是中国思想政治教育的教材，并非其他国家思想政治教育的教材；是中国共产党执政下的思想政治教育教材，而非其他党派执政的思想政治教育教材。思想政治教育的教材内容，要充分体现出显著的政治性，积极传播中国特色社会主义政治，力争使中国特色社会主义思想深入每位学生的心中，持续提升学生的政治觉悟。

其次，思想政治教育教材具有鲜明的教育性。任何一门课程，如果缺乏教育性都将无法进行。因此，思想政治教育教材的编写，要遵循教材编制原理和教育学原理，充分体现趣味性、政治性和学理性，不仅要充分调动学生的主动性，还需要具备鲜明的教育性。只有有机结合思想政治教育教材的政治性和教育性，才能保证思想政治教育教材"名符其实"，从而真正发挥出思政效力。

三、大数据赋能大中小学思想政治教育一体化教材编写的特征

大数据技术的应用，为大中小学思想政治教育一体化教材的编写注入了新的活力，主要具有以下几点特征：教材资源、动态更新；教材设计：立体交互；教材编写：多方协同。（图4-4）

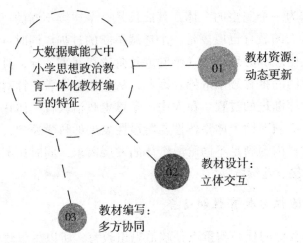

（一）教材资源：动态更新

教材资源是教材编写的重要基础，为教材编写的顺利开展提供了源源不断的资源保障。在大数据时代，依托互联网平台，以大数据技术为支撑，将电子书作为媒介，就可以保证教材资源的收集和内容的编写始终处于动态更新状态。以大数据技术为支撑的数字化教材，具有诸多传统纸质教材无法企及的优势，如借助大数据技术对相关知识理论进行分析与预测，能够生成具有超前性、预见性的知识体系和价值理念。这对于思想政治教育教材的建设来说也非常重要，因为数字化教材可以更好、更快、更及时、更便捷地实现动态更新，可以轻而易举地修改、更正、补充、完善。

（二）教材设计：立体交互

思想政治教育教材是思想政治教育有条不紊推进的根本依据，经济社会进步、信息技术革新、教学模式改革等因素都会对思想政治教育教材形态的变迁产生重要影响。进入大数据时代之后，教学模式发生了巨大的改变，在线教育、混合教学、直播课程等教学模式逐渐出现并迅速盛行，不仅拓展了思想政治理论教学活动的发展空间，还丰富了学生获取思想政治理论知识的渠道。基于此背景，为了更好地适应大数据时代知识获取渠道多样化的态势，思想政治教育教材的编写也要积极跟进，加强对教材设计环节的创新。一方面，设计立体化教材。在大数据时代，思想政治教育教材不再局限于单一的文字表述，而是以严格遵循纸质统编教材精神为基础，将数字产品全方位应用到思想政治教育教材编写的每一个环节，利用音视频、虚拟仿真、动漫画面、电影集锦等展现方式，构建出更具质感、更具厚度的立体化教材，让学生依托多元化载体更好地掌握知识体系和价值理念。另一方面，设计交互式教材。基于互联网、融媒体、大数据等的推动，教材形态由单一形态转变为复合形态，更为注重和强化学生在学习过程中的交互体验，着眼于构建出可以支持师生之间进行实时对话和交流的课程载体，切实提升学生的参与度和互动感。

（三）教材编写：多方协同

教材编写质量的高低，是影响教学效果的直接因素，是潜移默化影响学生一生的深层次力量。编写高质量、富有特色的思想政治教育教材，无疑能够为思想政治教育效果的提升打下牢固基础，是促进学生全面发展的重要教学资源。这就要求在思想政治教育教材的编写过程中严把质量关，不仅要严格按照教材编写体例要求进行，还要充分体现思想政治教材的思想性、政治性，也要充分考虑教师和学生的反馈和需求。在大数据时代，思想政治教育教材编写主管部门借助大数据技术，可以实现对教材使用者反馈信息的实时动态收集，主要包括教师使用意见、学生需求期待，并将反馈信息作为教材编写的重要参考，这样有助于实现教材编写主体的多元化。让教师和学生作为思想政治教育教材编写的主体，有助于教材编写主管部门精准把握教材使用者的关注重心、兴趣偏好、期望值等，并以此作为筛选思想政治教育教材资源的重要参考依据，由此就能保证所编写的教材内容更容易受到师生的欢迎和认可。总之，将大数据技术应用于思想政治教育教材建设中，能够有效协调多方力量，提升教材内容的吸引力、可读性和针对性，为思想政治教育质量的全面提升提供有力保障。

四、大数据赋能大中小学思想政治教育一体化教材编写机制的构建路径

大数据时代，大中小学思想政治教育一体化教材编写机制的构建，可以通过建立健全组织管理机构、加强大中小学思想政治教育教材编写团队之间的协作、深入了解各年龄段学生的身心特点三种路径实现。（图4-5）

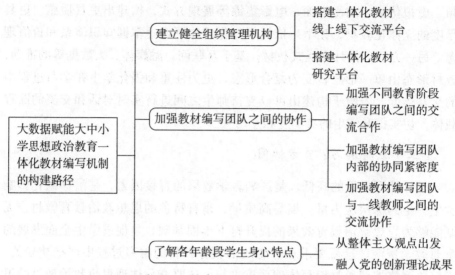

图 4-5 大数据赋能大、中、小学一体化教材编写机制的构建路径

（一）建立健全组织管理机构

1. 搭建一体化教材线上线下交流平台

大数据时代，大中小学思想政治教育一体化教材的编写，必须建立健全思想政治教育一体化教材组织管理机构，依托互联网、大数据等搭建一体化教材线上线下交流平台。

首先，重视线下沟通交流，通过国家教材委和教育部教材局组织，设立线下定期交流会。例如，为了更好地体现大中小学思政课一体化设计，于 2019 年 10 月 25—26 日在北京召开了"第三届全国思政课教师教学能力建设发展论坛暨新时代大中小学思政课一体化建设高端研讨会"，与会人员包括教材编写组专家、中小学教师、大学教师等，他们针对思想政治教育教学、教材、理论等进行相互交流与沟通，为思政课教材一体化建设出谋划策，在大中小学引起热烈反响，也让大中小学教师真切地体会到国家政策的优秀，很好地激励了大中小学思政课教师工作的主动性和积极性。[①]线下沟通交流的重要性显而易见，这为其他地区大中小学思想政治教育一

---

① 光明网. 第三届全国思政课教师教学能力建设发展论坛举行 [EB/OL].（2019-10-28）[2022-11-15].https://edu.gmw.cn/2019-10/28/content_33272502.htm.

体化教材编写机制的构建具有一定的借鉴意义。通过组织线下交流会，加强了教材编写组、不同教育阶段教师之间的交流与学习，不仅有助于教材编写组人员、教师群体形成一体化意识，提升所编写教材内容的时效性、针对性、连贯性。

其次，充分利用大数据、互联网带来的便利，依托线上交流平台进行交流与合作。线上交流是以网络媒体为核心，将教材编写组、不同教育阶段教师紧密联系在一起，构建及时沟通机制，同时，借助于大数据分析工具，深度挖掘教师和学生在使用教材过程中的教与学行为等各种数据，对教材适切性做出评价，进而找到教材、教学中存在的问题，再通过互帮互助的方式及时解决问题，从而为教材、教学、学生服务。教材编写组、大中小学教师还能创建沟通交流群，在群内针对教材教学问题进行及时询问与沟通，互通建议，教师也能及时通过交流群向编写组反馈与教材内容有关的问题，为编写组提供足够的时间进行分析与研究，从而在新批次的教材更新中有效解决相应的问题。

2.搭建一体化教材研究平台

思想政治教育教材组织管理机构的健全，还需要搭建面向全学段的思想政治教育一体化教材研究平台。

首先，搭建面向全学段的思想政治教育教材一体化研究平台，组织相关教材研究专家、一线思想政治教育教学名师，立足于理论与实践两个维度，深层次分析与研究大中小学思想政治教育一体化教材，筑牢思想政治教育教材编写与建设的基础理论，为思想政治教育教材改革奠定良好的理论基础，促使教材改革沿着正确方向迈进。

其次，由教材建设指导委员会牵头，面向大中小学思想政治理论课教师构建定期培训机制，邀请不同教育阶段教学名师定期分享经验，邀请研究平台专家传达思想政治教育教材设计意图及指导思想，帮助大中小学思想政治理论课教师深刻领会教材深意，确保教学方向的正确性，为教学目标的实现提供保障。通过不同学段教学名师分享教学经验，能够使教材体系的优势转变为教学体系的优势，从而最大限度地发挥思想政治教育教材的效力，与此同时，通过研究平台可以传导当代学生的身心特点，为教材内容的编写与改革提供合理化、建设性的意见。

（二）加强大中小学思想政治教育教材编写团队之间的协作

思想政治教育作为贯穿于学生整个学习阶段的学科，对学生价值观念的形成、人格的完善具有重要影响，其教材内容的选择要求不同于其他学科的教材，加强大中小学思想政治教育一体化教材的建设，必须保证教材编写团队之间进行及时有效的交流与合作，为思想政治教育教材机制的系统性提供保障。

1. 加强不同教育阶段编写团队之间的交流合作

为了不断提高思想政治教育教材内容的科学化，不同教育阶段教材编写团队不仅要熟知自己所负责的教育阶段的教材，还必须熟悉其他教育阶段的教材内容，并及时发现与商榷教材中的重复内容，在沟通协同的基础上制订编写方案，避免不同教育阶段的教材中出现不合理的重复内容。为此，可以建立大中小学思想政治教育教材数据库，其中包含各地区、各教育阶段使用的教科书转化为 PDF 格式的电子版教材，以及教辅、音像教材、数字教材等，以方便各教育阶段教材编写团队随时下载与查看，降低交流成本，提高交流效率。

2. 加强教材编写团队内部的协同紧密度

要想保证同一教育阶段的教材内容顺畅衔接、去除不必要的重复，就必须加强教材编写团队内部的沟通协作，仔细、深入研究同一教育阶段的教材内容，在做好教材内容更新工作的同时，还要及时消除不合理的重复内容。

3. 加强教材编写团队与一线教师之间的交流协作

在教学实践中，一线教师可以借助大数据感知技术获取学生使用纸质教材的数据，同时利用 XAPI（新一代学习技术规范）获取学生使用数字教材的数据，通过所获取的学生动作状态、表情状态、学习行为结果、学习情境等数据，以此为依据把握教材的兴趣点、疑难点、动情点等。一线教师可以将教学实践经验分享给教材编写团队，教材编写团队要充分听取来自一线教师的意见和建议，以实践维度的经验弥补理论设计的不足，促进理论与实践相融合，不断完善思想政治教育教材。

（三）深入了解各年龄段学生的身心特点

1.从整体主义观点出发编写

从童年期开始，学生便开始接触思想政治教育教材，思想政治教育教材对学生的影响重大而深远。促进人的全面发展是大中小学思想政治教育教材编写的价值导向，所以在教材编写过程中，不能只是注重学生单方面的发展而忽视整体发展。要真正促进人的全面发展，就必须将教材编写置于整个社会中进行考虑，教材并不是脱离社会而存在，而是在政治、经济、文化的相互作用之下形成的"社会构成物"。教材体系只有从整体主义观点出发，贯彻自然、社会与自我有机统一的原则，才有可能实现从整体上实现人的全面发展目标。因此，只有保证教育的完整性、连贯性，才能塑造学生完整的人格，教育的割裂或缺失都将对学生成长带来不可磨灭的伤害。因此，思想政治教育一体化教材的建设，要求教材编写成员精准把握不同学段学生的身心特点，这种身心特点不只是包括学生呈现在校园中的形象特点，还包括学生在社会中的形象特征。教育的影响范围十分广泛，不仅仅局限于校园内，还渗透于自然和社会当中，影响学生的一生。因此，思想政治教育教材的编写不只是要注重在学校对学生的影响，还要充分考虑对学生一生身心发展的熏陶，这就要求教材编写成员了解各学段学生身心发展的新特点。

2.教材融入党的创新理论成果

大数据技术的介入，不仅实现了对学生在校学习数据的收集，还能采集学生户外学习、网络社交活动、成长经历等方面的数据。这些多方面、多渠道的信息数据，有助于教材编写成员掌握学生在校园和社会中的特征，以及不同学段学生的身心发展特点，分析各学段学生在学习与生活中存在的共性问题、个性问题，理性决策下一阶段所编写的教材内容，为学生的个性化、全面发展奠定基础。同时，借助于大数据技术的全样本处理能力，可以及时分析和动态预判党的创新理论成果及各学段学生思想动态的变化，有助于教材编写成员深入领悟党的最新创新理论精髓，并实现对各学段学生思想动向、心理发展情况的精准预判。以此为依据，教材编写成员就能从海量数据资源中准确挑选出体现党的创新理论成果与学生身心发展特点相适应的教材资源，更好地完成思想政治教育教材的动态组织和编写。

第三节　大中小学一体化的教师培养机制

一、大数据时代大中小学思政课教师的角色定位

大数据时代，思政课教师的角色定位和职能作用也发生了一定变化，为了更好地顺应时代发展，教师首先要明确自身所扮演的角色，以便出色地完成时代赋予的重任。大数据时代，思政课教师主要扮演着立德树人的践行者、思政课教学的改革者、团队合作者等三种角色。（图4-6）

思政课教学的改革者

立德树人的践行者

团队合作者

图4-6　大数据时代大中小学思政课教师的角色定位

（一）立德树人的践行者

立德树人不仅是对中华教育优良传统的继承与弘扬，也是对新时代教育现实的真切关注与回应。古代学人阐述了对立德树人的真知灼见，如在《左传·襄公二十四年》中："太上有立德，其次有立功，其次有立言，虽久不废，此之谓不朽。"《管子·权修》中"十年之计，莫如树木；终身之计，莫如树人。"新时代中国教育发展的根本任务就是"立什么德，树什么人，如何立德树人"。思想政治理论课作为落实立德树人根本任务的关键课程，对立德树人根本任务的落实、落细起着至关重要的作用。作为立德

树人践行者的思政课教师，需要做到以下几点。

1.德育为先

对于思政课教师而言，首先要清醒地认识到思政课在学生学习与成长过程中的不可替代性，并时刻谨记思想政治教育的关键性任务，即不断加强对学生基本思想道德素养的培养力度，引导学生形成良好的价值观、人生观和世界观，塑造学生完善的人格，将学生培养成遵纪守法、知行合一的好公民。大数据时代，思想政治理论课教学的开展要追求时效性、实效性。认识决定思维，思路决定出路，要想提升思想政治理论课教学的时效性、实效性，就必须坚持德育为先，牢牢把握思想政治教育在立德树人中的关键地位。

2.突出教学

科技的振兴关键在于教育，教育的振兴关键在于教师。教学工作是学校培养高素质人才、专业化人才的主渠道，而作为教学工作主体的教师，是确保教学工作有步骤、有计划开展的实施者，教学质量的优劣与教师精力投入、教学水平的高低存在着十分紧密的联系。因此，教师要将主要精力投入教学工作中，刻苦钻研业务，不断提升自身的教学水平，营造良好的教风、学风，以身作则，为人师表，进一步提升教育教学质量。

（二）思政课教学的改革者

对于每一位思政课教师来说，不断深化改革，加强管理力度，全力以赴提升人才培养质量均是不可推卸的责任与义务。为了跟上时代变化，同时适应社会要求，思政课教学改革势在必行。

首先，各个教育阶段的思政课教师必须更新传统教学理念，正确、深入、透彻地解读教育大纲。在教学实践过程中，思政课教师要充分结合本职工作，深层次学习教育理论，积极探索与研究教育规律，切实提升教学工作的科学性、前瞻性和预见性。同时，思政课教师还要及时转变教育思想观念，积极进取、开拓创新，全身心投入实践教学的改革当中。

其次，思政课教师要加强与其他教师的深入学习与讨论，树立良好的教学观、人才观和质量观。良好的教学观要求教师改变"重知识、轻能力"的教学模式；良好的人才观要求教师侧重于对学生创新精神、实践、创新能力的培养；良好的质量观要求教师牢牢把握人才培养目标，彰显办学特色。

最后，扮演好思政课教学的改革者，还需要积极推进课程体系、教学内容、教学方法的改革。思政课教师要加强对现代教育技术的推广与应用，借助互联网、大数据、云计算等数字技术，以及多媒体教学手段，探索与研究新型教学模式，拓展教学时空，进一步拓展学生学习的时间与空间，致力于教育质量的提升。

（三）团队合作者

思政课教学工作本身具有长期性、反复性、生成性和不确定性等特征，这无疑增加了思政课教学工作的难度，而大数据时代来临，更是让思政课教学工作难上加难。一方面，思政课教学面临的整个外部环境发生了巨大变化，另一方面，学生的思想状态和需求呈现出多元化、易变性特点，而且思政课教学的工作方式也将从传统的经验主义转向基于数据的科学决策。教师如果想制订出一个不仅与思想品德发展规律相符，又满足学生学习需求和兴趣爱好的个性化思政课教学方案，其前提条件在于采集和挖掘可以充分反映学生多方面发展的数据，包括知识基础、认知风格、性格特点、价值倾向和思想品德发展等，这一过程涉及诸多复杂的环节，如数据的收集存储、清洗整合和分析预测，仅仅依靠单个教师的力量很难胜任。

大量的教学实践充分证明，思想政治理论课教学是一项需要多方参与、相互协作才能取得预期教学效果的系统工程。实际上，从微观层面来看，教师之间的合作更容易实现，也更容易取得更显著的效果，究其原因，主要是他们之间的共同点要远远超过家庭、学校和社会之间的一致性，这会极大地减少合作的阻力、冲突。在大数据时代，教学将从教师个人的工作转化为运用信息技术来支持团队的形成。因此，思政课教师必须转变单打独斗、各自为政的工作方式，不仅要充分发挥个人创造力，不断积累教学经验，还要以此为基础，抓住一切机会与同事进行合作，在角色定位上实现从"独行侠"到合作者的转变。

二、大数据时代构建大中小学一体化的思政课教师培养机制的必要性

大数据时代构建大中小学一体化的思政课教师培养机制的必要性主要体现在教师自身职业发展的现实需求、教师队伍建设与发展的必然选择、

引导和帮助学生成长成才的重要举措等三方面。（图4-7）

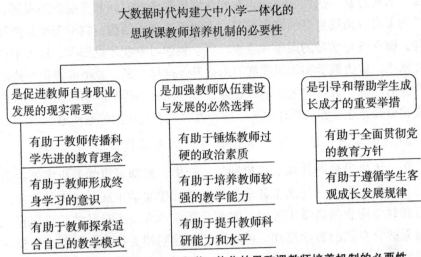

图4-7　大数据时代构建大中小学一体化的思政课教师培养机制的必要性

（一）是促进教师自身职业发展的现实需要

教书育人，为人师表，提升师德修养；爱岗敬业，终身学习，提高专业素质；理论与实践相结合，学以致用，创新教育教学方式，这是所有思政课教师坚守的理念，也是所有思政课教师在自身职业发展过程中的目标导向。构建完善的一体化教师培养机制，有助于促进思政课教师自身职业的发展，具体表现在以下四方面。

1.有助于教师传播科学先进的教育理念

建立一体化思政课教师培养机制，可以为不同思政课教师互相学习教育理念提供平台。教师通过学习科学先进的教育理念，进而更加真诚对待自己从事的职业，并将教育教学看成是一项事业，热爱学生，精心育人，用"爱"筑牢教育的基石。不断增长自己的学识，提升自身的人格魅力，以赢得学生的信任，激发学生对思想政治课的兴趣，为学生快乐、健康地成长做好铺垫。

2.有助于教师形成终身学习的意识，不断提升自身专业素质

作为一种人学理论，终身学习在全世界范围内产生了十分深刻及广泛的影响。对于思政课教师来说，要想有效应对当今社会对"培养新人"的

时代要求，必须摒弃"一次学习、终身有用"的落后学习观念，不断加强学习，从而打破一次性学习知识对职业发展带来的时间和空间上的限制。因此，为了有效拓展自身的知识视野，不断更新知识结构，教师需要崇尚科学精神，树立终身学习的态度和意识，科学地学习专业理论知识，致力于自身专业水平、解决教学实际问题能力的提升。这样一来，教师就能更好地承担起自身的职责，秉持"潜心钻研业务，勇于探索创新"的学习态度，出色地完成"提升专业素养和教育水平"这一教师职业发展的神圣使命。

3. 有助于教师学习与探索适合自己的教学模式

在一体化思政课教师培养机制的运行中，教师可以学习更多新的教学理念，进而完善自己的课堂教学，用课堂搭建起学生展示才能的舞台。在践行新教学理念的教学实践中，教师会逐渐形成属于自己的教学风格，积极探索适合自己的教学模式，提高教师大数据相关技能，增强大数据应用分析能力，勇于创新，及时反思，总结经验，不断求索，从而激起学生对思政课学习的探索欲望。

（二）是加强教师队伍建设与发展的必然选择

教师是思政课的核心。教育的改革和高质量发展，离不开一支师德高尚、业务精湛、结构合理、充满活力的高素质教师队伍，而教师队伍的建设需要所有思政课教师的努力，当然，教师队伍的发展需要有效的培养。一体化思政课教师培养机制的构建，为思政课教师队伍的建设与发展带来了新的机遇。由于思政课是一门具有特殊性质的课程，这就意味着要想上好思政课并不是一件轻而易举的事情，需要一支具备较强政治素质、高专业水平、丰富教学经验的教师队伍。因此，大中小学思政课一体化教师培养机制的构建非常有必要，同时需要多管齐下、多措并举、多方联动。

1. 有助于锤炼教师过硬的政治素质

思想政治理论课作为一门具有特殊性的课程，与其他学科的课程存在明显的不同，其首要属性就是政治性。政治性不仅贯穿于思想政治理论课课程教学的始终，也对思政课教师的政治素质提出高标准的要求，因为思想政治理论课并不只是以传递课本知识为目的，更重要的是引导学生树立正确的信仰。习近平总书记明确要求："让有信仰的人讲信仰。"[①] 强调思政

---

① 张国启. 习近平总书记关于信仰的重要论述及其践行理路 [J]. 高校辅导员, 2022(4): 3-7.

课教师要想承担起"讲信仰"的重要任务，将正确的信仰传递给学生，首先自己就要有正确的信仰。通过构建一体化思政课教师培养机制，能够从整体提升思政课教师队伍的政治性，锤炼教师队伍过硬的政治素质，为思政课教师队伍的后备人才树立好榜样。

2. 有助于培养教师较强的教学能力

任何一门学科的教师缺乏过硬的基本功都是万万不行的，思政课教师也不例外。在实际教学中，思政课教师要在充分把握课程规律、学生成长成才规律的基础上，创新教学模式，并善于利用大数据技术优势，测量与记录学生学习行为数据，优化已有教学模式，实施精准教学。同时，通过与各学段教师之间的双向交流与学习，形成自己的个性化教学模式，激发学生学习兴趣。一体化思政课教师培养机制的构建，有助于各教育阶段的思政课教师在更广阔的空间内与名师及专家进行无障碍信息交流，便于找差距、找对标。

3. 有助于提升教师科研能力和水平

马克思曾强调："理论一经掌握群众，也会变成物质力量。理论只要说服人，就能掌握群众；而理论只要彻底，就能说服人。"[1] 根据马克思这一观点，思政课教师要以透彻的学理分析回应学生，把理论理解得透彻、深刻，将道理讲明白、清楚，用真理的独特魅力与强大力量征服学生。一体化思政课教师培养机制的构建与运行，为教师提升学习、定期开展国内外调研考察活动创造了不可多得的机会，在促进不同教师之间相互学习的同时，也有助于提升教师整体的科研能力。另外，以互联网、大数据等数字技术为支撑，促进了科研信息资源的开放与共享，为思政课教师进行科研提供了丰富的科研资源，使各教育阶段思政课教师在科研中查漏补缺、共同进步。

（三）是引导和帮助学生成长成才的重要举措

大中小学一体化思政课教师培养机制的构建，从学生成长成才的迫切需要出发，思政课教师将自己的学识、思想、情感等化作教育的雨露，滋润每一位学生的心田，扮演着学生成长成才道路上的启蒙者。对于一体化

---

① 马克思，恩格斯. 马克思恩格斯文集：第 1 卷 [M]. 北京：人民出版社，2009：11.

思政课教师培养来说，促进学生成长成才具有一定的紧迫性和必然性。

1.有助于全面贯彻党的教育方针

党的二十大报告指出，要办好人民满意的教育，全面贯彻党的教育方针，落实立德树人根本任务，培养德智体美劳全面发展的社会主义建设者和接班人。中国共产党对未来社会主义建设者和接班人提出了严格的要求，不仅要实现德智体美劳全面均衡发展，还要具备担当民族复兴大任的志向和能力，思想政治理论课就是培养计划中必不可少的重要环节。通过构建一体化思政课教师培养机制，加强对思政课教师的培训，有助于深层次解读与全方位贯彻党的教育方针，同时通过伴随式采集的教育大数据，动态监测学生学习全过程，实时、准确地描述教学场景下的各种情况，捕捉到肉眼不可见的有效数据，以此为依据完善各学段教育目标、教育内容和教育方法，从而全面提升人才培养质量，更好地满足社会快速发展对学生成长成才的要求。

2.有助于遵循学生客观成长发展规律

由于学生在不同学段呈现出不一样的特征，所以需要有重点、针对性地规划差异化的课程体系，体现出各学段学生的发展特点，从而遵循学生客观成长发展规律。现代思想政治教育学认为，思想政治教育应该遵循两个基本规律，分别为社会发展的规律、思想品德形成发展的规律①。而一体化思政课教师培养机制的构建，就是立足于这两大规律的基本点上，进行了充分的考虑与准确的把握，与唯物辩证法的联系观和发展观息息相关。

三、大中小学一体化的思政课教师培养机制构建的现实条件

为了打造一支政治素质坚强、道德品质过硬、职业操守纯正的思政课教师队伍，形成上下联动、通力合作的一体化思政课教师培养新格局，党和政府从系统和整体的角度出发，统筹整体、谋篇布局，高度重视一体化思政课教师的培养，并颁布了相关文件，为大中小学一体化的思政课教师的培养做出了不懈努力。2019年3月，习近平总书记在学校思想政治理论课教师座谈会上强调："要把统筹推进大中小学思政课一体化建设作为一项

---

① 张耀灿.现代思想政治教育学 [M]. 北京：人民出版社，2006：123-125.

重要工程。"①要想办好思想政治理论课，教师是关键之一。推动大中小学思政课一体化建设，同时也要求推动大中小学思政课教师一体化建设，大中小学一体化的思想政治课教师培养机制的构建就显得尤为重要。2019 年 8 月，中共中央办公厅、国务院办公厅印发了《关于深化新时代学校思想政治理论课改革创新的若干意见》，文件中强调要加强培养高水平的专业化思政课教师人才。②2019 年 9 月，教育部颁布了《关于加强新时代中小学思想政治理论课教师队伍建设的意见》，强调要构建并完善大中小学思政课教师的培养机制，文件明确指出要尽快努力建立健全大中小学思政课教师的培养机制，打造一支政治强、情怀深、思维新、视野广、自律严、人格正的高水平教师队伍。③国家对大中小学思政课教师一体化培养高度重视，为大中小学一体化的思政课教师培养机制的构建创造了良好的现实条件。

四、大中小学一体化的思政课教师培养机制的构建路径

大中小学一体化的思政课教师培养机制的构建，需要明确一体化培养目标机制，确立一体化培养实施机制，健全一体化培养保障机制，从而促进大中小学思政课教师的专业化发展。（图 4-8）

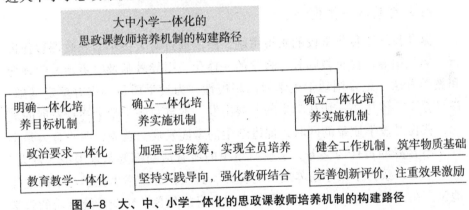

图 4-8　大、中、小学一体化的思政课教师培养机制的构建路径

---

① 习近平主持召开学校思想政治理论课教师座谈会强调用新时代中国特色社会主义思想铸魂育人贯彻党的教育方针落实立德树人根本任务 王沪宁出席 [J]. 时事报告, 2019（4）: 4-12.

② 中共中央办公厅 国务院办公厅印发《关于深化新时代学校思想政治理论课改革创新的若干意见》[J]. 中华人民共和国国务院公报, 2019（24）: 9-15.

③ 教育部等五部门印发《关于加强新时代中小学思想政治理论课教师队伍建设的意见》的通知 [J]. 中华人民共和国教育部公报, 2019（11）: 35-39.

（一）明确一体化培养目标机制

1.政治要求一体化

思政课教师承担着培养社会主义建设者和接班人的重要使命，正人先正己，所以，思政课教师需要不断强化自身的"四个意识"（政治意识、大局意识、核心意识、看齐意识），坚定"四个自信"（道路自信、理论自信、制度自信、文化自信），做到"两个维护"（坚决维护习近平总书记党中央的核心、全党的核心地位，坚决维护党中央权威和集中统一领导），拥有正确的政治立场，勇于肩负起光荣的政治使命。在大数据时代，要求教师严格遵守伦理道德，发挥道德教化作用，同时树立大数据意识，增强对数据信息的敏感度，与时俱进地更新教育理念，促进课程教学改革。除此之外，思政课教师还应该具备大公无私、身体力行、兢兢业业、勤勤恳恳、平等待人、清正廉洁、艰苦奋斗的道德素质。这种素质会通过日常教学行为体现出来，并对学生产生潜移默化的影响，使社会主义逐渐深入学生心中，最终内化为学生的思想，促进学生正确"三观"的形成，同时还能坚定学生的政治立场。

2.教育教学一体化

提升教学质量是学校的永恒主题，所以通过对大中小学思政课教师进行一体化培养，注重教师教育教学的一体化，引导教师及时更新教学理念和教学方法，充分调动学生学习的积极性，为教学质量的提升奠定基础。教育教学一体化要一切从学生的发展出发，本着服务于学生终身发展的理念，在提升教学质量的同时，促进学生的全面发展。首先，明确育人是学校义不容辞的责任与义务，学校所组织的所有活动都要紧紧围绕"育人"这一中心，致力于人才培养质量的提升。其次，尊重学生在学习中的主体地位。在大数据时代，教师要重新审视自身的角色，转变传统落后的教学思维，摒弃传统教学方法，将课堂的主角还给学生，让学生成为课堂真正的主人，让学生主导课程的进度，吸引学生积极主动参与教学过程。在此过程中，教师更多地应该做好学生学习中的合作者、帮助者及引路人，个性化资源的推荐者，心灵的铸造者，采取柔性的手段更好地指导学生的学习，有效回归教育本源。

（二）确立一体化培养实施机制

1.加强三段统筹，实现全员培养

在大中小学一体化的思政课教师培养机制的实施中，必须面向所有教师，统筹安排小学、中学、大学三个学段的教师，做到全员培养，着眼于教师队伍的立体化培养。首先，面向所有思政课教师，广泛、深入开展全员培养，积极组织新老教师参加业务培训、继续教育培训、寒暑假培训、远程研修培训等，全方位提升教师的专业水平。其次，组织全员参加"结对帮扶"活动，由有经验的骨干教师担当"师傅"，每人分别与一位新教师结对，通过师徒结对、互帮互助的方式，发挥各位"师傅"的中坚作用，加强"合格教师—骨干教师—卓越教师""三层次三梯队"建设，帮助新教师快速地提升业务能力，促进思政课教师的内部联动与共同发展，从而壮大思政教师队伍。最后，三段统筹，充分利用大数据技术，收集、整理、分析与评估每位思政课教师的性格特点、生活方式、知识水平、教学方式等方面的数据，搭建教师大数据库，为三个教育阶段的思政课教师量身打造个性化的培养方式，进而提高培养、培训的针对性、有效性，促进思政课教师教育理念的转变、知识结构的更新、业务水平的提升，为教育事业的进步与发展奠定良好基础。

2.坚持实践导向，强化教研结合

教师专业实践能力的高低，对教师的教育质量和效果产生着关键性影响，还在一定程度上影响着教育改革的深入开展。对大中小学思政课教师一体化培养，必须以实践为导向，不断强化教研结合。对思政课教师的实践培养是一个长期而复杂的系统工程，需要每位思政课教师共担责任、共同合作。

首先，健全一体化备课机制。一方面，大学具有非常浓厚的学术氛围，还具有很多与时俱进的教学理念，这些都是得天独厚的教研资源，对中小学思政课教师来说具有十分重要的价值。尤其是大学思政课教师拥有较高的学术能力和学科专业知识，通过数据共享平台共享这些资源，能够为中小学思政课教师的专业发展提供重要的学理支撑。另一方面，中小学思政课教师拥有高水平的授课能力和新颖的教学方式，能够为大学思政课教师提供教学指导。如大学思政课教师可以走进中小学思政课课堂，学习教书

育人的方法，从而提升大学思政课的有效性。

其次，大学思政课教师要做好课程规划工作，积极参加相关教育研究、教育实践等活动。中小学思政课教师要加强与大学教师的沟通与合作，共同参与教育实践活动，加强理论与实践的结合，深化全体教师对大中小学教学问题的认识，充分发挥学科建设和科学研究对思政课学科的支撑作用，进一步提升政治课教学的科学含量。

最后，在大数据时代，学校可以考虑构建教师专业发展个人知识库，形成教师群学习网络，建立相互信任的对话关系，打造教师职业发展共同体，线上线下相结合，并逐渐升级成具有稳定性的教师成长管理平台，为教师提供便于获取知识、相互协作和创新的良好环境，实现高学段教师向"后"的知识回顾，低学段教师向"前"的知识延伸，不断提升教师专业成长水平。

（三）健全一体化培养保障机制

1.健全工作机制，筑牢物质基础

大中小学一体化的思政课教师培养机制的完善，需要专门制定具有针对性的工作机制，要不断加强必要性投入力度，创造积极、有利的外在环境。首先，建立健全一体化工作机制。教育部门可以充分利用大数据、互联网等建立大中小学思政课教师相互沟通交流平台，大力推动教师教育网络联盟等的建立，更好地保障思政课教师一体化培养，激活联动机制。其次，加强资源共建共享。在互联网与大数据并存的时代，学校要运用好新技术、新手段，积极探索大中小学思政课教师纵向衔接的网络资源共享模式，突破教育资源壁垒。同时，学校还要适当调整校园布局，不断改善基础设施环境，为大中小学思政课教师的相互交流与协作提供专门场所，保证教师一体化培养工作的按计划顺利进行，为不同教育阶段思想政治教育工作的深入融合、共同进步提供良好环境。

2.完善创新评价，注重效果激励

大中小学一体化的思政课教师培养工作的有序开展，离开了评价保障是万万不行的，科学性、有效性、客观性的评价机制，能够为大中小学一体化的思政课教师培养工作的高效开展提供保障。首先，坚持以人为本的公正化。以教师为本，秉承公平公正、实事求是的原则，充分发挥评价机

制的激励功能，激发教师参与相关一体化培养工作的主动性、积极性。其次，坚持考核评价的多样化。在大数据时代，对一体化培养工作的评价趋于精细化、多元化方向发展。通过大数据技术收集一体化教师培养工作的相关数据，能够全方位、细致地了解各项工作的开展状况，根据所反馈的一体化培养效果，对这项工作做出客观、合理的评价，早发现、早处理工作中存在或隐藏的问题。

第四节　大中小学一体化的教学效果评价机制

一、教学效果评价的概念界定和理论依据

（一）教学效果评价的概念

教学效果是真实存在的，具有客观性，施教结束之时，就是教学效果开始计量之时。当然效果中有易见的显性效果和难以观察的隐性效果。这种已有的效果是不以人的意志所转移，是客观存在的，而不是靠人的臆想与猜测，尽管凭人的丰富经验或能描述出大概的轮廓，但不能是科学上、逻辑上的结论。教学效果是教师在一定条件或环境下，在一段时间内对学生实施教育行为，促使学生发生某种变化。这种变化的结果就是教学效果，而对这种变化结果所做的价值判定，即教学效果的评价。

教学效果评价主要是对教师教学能力、学生学习情况所做的价值判断，是教学评价的重要组成部分。严格地说，对课堂教学的评估实际上就是对教学效果的评估。

对教师教学能力的评价内容主要包括以下两方面：一方面，突出综合素质，高度重视个体差异。在评价教师教学能力的过程中，需要着重体现教师的综合素质，不同教师在教学中所采取的教学方法和手段不尽相同，所以要重视个体之间存在的差异，特别是对教师的教学态度、教学目标、教学成绩等具体情况进行全面、综合的评定，在此基础上综合考量教师的

教学能力。另一方面，个性化规范标准。对教师教学能力的评价也要设置个性化的规范标准，如充分尊重不同教师的个性特征，关注不同教师的教学特长和教学风格，有助于培养更多充满个性、善于创新的优秀教师。

对学生学习情况的评价内容主要包括以下几点：学生对所学课程知识的掌握程度、情感价值观、学习参与度、学习投入度、知识拓展情况、知识迁移应用情况等。

（二）教学效果评价的理论依据

1.教学评价理论

教学评价最早是由美国教育家泰勒在 1929 年提出的。教学评价是以教育目标为导向，采取科学有效的方式，全面收集、整理和分析相关信息，对教学活动、教学结果进行评价，以达到提升教学质量的目的的过程。根据教学评价理论，教学评价可以划分为三种类型，即诊断性评价、形成性评价及终结性评价。其中，诊断性评价指的是教师为了准确掌握学生当下学习水平和学习状态，在正式授课前对学生进行的测试；形成性评价指的是教师为了掌握学生当下的学习状况，在教学过程中对学生进行的随机测试；终结性评价指的是教师为了了解学生对所学知识的掌握水平，在教学结束后对学生进行的评价。因此，在对学生学习情况进行评价时，要以教学目标为基础，采取合适的评价方法，以便更准确、全面地了解学生现阶段的学习状况。

2.多元评价理论

世界著名教育心理学家霍华德·加德纳提出了多元智能理论，强调人类思维和认识方式呈现多元化的特点。[1]基于多元智能理论的指导，对教师和学生的评价也应该具有多元化特点，从而更好地激发教师教学、学生学习的热情。思想政治教育是一门综合性很强的学科，所以对思想政治教育教学效果的评价，不仅要注重对教师教学效果的评价，还要注重对教师工作态度、教学过程等方面的评价；不仅要注重评价学生对相关知识与技能的掌握程度，还要注重评价学生的学习能力、自主探索、创新思维等方面发展情况。教师在多元评价中起着至关重要的作用，可以引导学生进行有

---

[1] 福里萨姆.多元智能教学法 [M].北京：中国青年出版社，2020：27.

效的自我评价、相互评价，使学生意识到关键问题所在，由此一来，不仅能帮助学生更加高效地学习，还能逐渐提升教师各方面能力的发展。因此，在教学效果评价过程中，要注重对教师与学生各方面能力的评价，注重两者思维的易变性、多元化，促进教师与学生的共同发展。

二、大数据驱动下学校思想政治教育教学效果评价的发展趋势

基于大数据技术实施的教学评价，通过数据挖掘与分析，能够持续、全面、客观地评价学校思想政治教育教学效果，促使教学效果评价结果趋于专业化、合理化、科学化发展，具体发展趋势体现在从经验主义走向数据主义、从因果分析走向相关研究、从单一封闭走向多元开放、从总结评价走向发展评价等四个方面。（如图 4-9）

图 4-9　大数据驱动下学校思想政治教育教学效果评价的发展趋势

（一）从经验主义走向数据主义

传统教学受到技术的限制，教学效果评价活动的开展，通常是以学校、上级主管部门进行听课活动以及分析学生考试成绩为基础，对教师做出评价，或者是教师依据学生的课堂表现、作业成绩以及考试成绩等方面的情况来评价学生。这种评价的定位主要在于学生对知识、技能的掌握水平方面，而对于学生的实际问题解决能力、自主探究能力、学习状态、交流能力等方面的评价则主要依据教师教学经验进行判断。这种评价具有一定的主观性，会随着教师的喜好和标准的变化而发生相应改变，一般表现在不

同教师对同一学生所反馈的信息截然不同。而大数据技术的引入，可以改变以经验主义为主要依据进行教学评价的局面，教师利用先进的大数据设备，可以不间断地记录和保存学生的言谈举止，所有教学活动、学习活动都可以实现量化，极大地提升了教学评价的客观性、权威性。教学效果评价并非简单的依据考试成绩和教师经验所做出的评判，而是通过大范围收集全面的数据，经过归纳、整理与分析，客观评价学生并进行精准预测。学生在思想政治教育活动中的所有信息都能统计成数据，促使教学效果评价的依据由经验主义向数据主义转变。

（二）从因果分析走向相关研究

在日常学习中，部分家长会将孩子试卷中的错误都归因于孩子没有掌握正确的解题方法、对知识点的理解出现偏差等，这种由果导因的评判方式具有一定的局限和狭隘性，很可能会出现误判的情况。实际上，学生之所以会做错题，不能完全归因于不会做，粗心、马虎等其他问题也是司空见惯，但是这种数据不容易被试卷捕捉到。而借助于大数据技术，可以将学生试卷通过电脑扫描的方式转化为电子文档形式，经过系统收集、分类、整理、统计之后，对知识的相关关系进行分析，生成专属于每位学生的学习报告。通过对数据的挖掘，能够准确分析出学生对知识点的掌握情况，并着重关注学生的易错问题、模糊领域，不仅有助于改善学生学习效果，还便于教师因材施教。

（三）从单一封闭走向多元开放

长期以来，传统教学效果评价主体以教师为主，评价主体的封闭单一，很可能会影响到评价结果的准确度。而通过引入大数据技术，为多方主体参与教学效果评价提供了可能性，能够多领域、多渠道获取来自参与或影响学生发展的多种人群的评价，使得教学效果评价由封闭单一走向多元开放。另外，与教师掌握学生学习数据的方式做比较会发现，慕课等第三方评价主体通过对学生视频观看时间、作业完成时间、关注点及发帖数量等进行数据化分析，可以多维度考查学生对知识点的掌握程度、学习情况、思想道德素质，这些数据都是以往不容易捕捉到的信息，汇集多方数据信息，能够促进教学评价朝着多元开放的方向发展。

（四）从总结评价走向发展评价

传统教学评价通常采取的是总结性评价，主要依据的是日常考试和测试成绩，对于学生学习过程的评价主要是依据教师主观感知和教学经验。而通过引入大数据技术，能够实现对学生学习全过程的记录，通过横纵向对比的方式一目了然地呈现出学生对知识的掌握水平、学习状态、思想道德素质，为教师进行发展性评价提供支持。另外，依托大数据技术，有助于完善对学生综合素质的评价，提供不断优化学习效果的评价目标，体现了评价内容由重认知水平的"总结性评价"转变为重综合素质的"发展性评价"。

三、大数据时代大中小学一体化的教学效果评价机制的特征

在大数据时代，大中小学一体化的思想政治教育教学效果评价机制具有多元性、开放性、人性化三个基本特征。（图4-10）

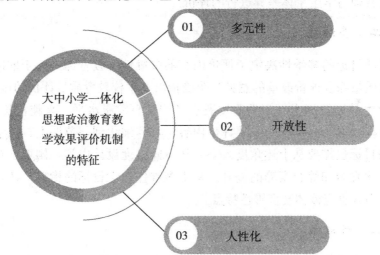

图4-10　大数据时代大中小学一体化的教学效果评价机制的特征

（一）多元性

在以往教学中，通常评价主体是教师，评价对象是学生，评价方式是单一的纸笔测验，并且以终结性评价为主，考试成绩是衡量教师和学生的唯一标准。与传统教学有所不同，基于大数据技术的支撑，大中小学一体化的思想政治教育教学效果评价呈现出多元性特征。

首先，评价主体多元性。一体化的思想政治教育教学效果的评价，评价主体不再仅仅是教师，还包括校内外专家、学生、校友等，有助于教师多渠道了解自身的教学能力和学生学习情况，以便进一步优化教学。

其次，评价对象多元性。多元化的评价主体决定了评价对象的多元性，通过对多元对象的评价，可以从多维度对教学效果做出综合性评价，可靠、真实的评价结果可以为思想政治教育后期的改进与完善提供依据。

再次，评价方式多元性。一方面，相比于传统教学效果评价，大数据时代的评价方式更加丰富，主要有同伴互评、学生自评、机器评价、校友评价等，这些不同评价方式可以交叉使用、优势互补，有助于提升教学效果。另一方面，考核方式多元化，主要包括每周作业、基于视频的嵌入式测试题、期末考试等，弥补单一纸笔测验的局限。

最后，价值取向多元性。教学效果的评价是为了教师与学生的全面发展进行的评价，是为了深入了解教师与学生的实际需求进行的评价，是为了尊重教师与学生个体差异进行的评价。

（二）多维性

教学目标的多维性决定了评价内容的多维性。教育部《关于推进中小学教育质量综合评价改革的意见》明确指出在学校教育质量评价的过程中，要将学生品德发展水平、学业发展水平、身心发展水平、兴趣特长养成、学业负担状况等方面作为主要评价内容。具体细化到一节课上，教学效果评价的目标也需要从上述角度入手，从不同维度设计内容，侧重于对学生的个性化发展和综合素养的提升。基于多维性教学目标的指导，教学效果的评价内容也应该体现多维性特点。

（三）开放性

开放性特征主要体现在两个方面：一方面是评价理念的开放性。思想政治教育的教与学本身是一个具有复杂性、易变性的系统，所以，对思想政治教育教学效果的评价，很难通过单一评价理念对作为独立个体的教师和学生行为进行评判，需要视情况而定。另一方面是评价过程的开放性。从整体上来看，教学效果评价过程大致可以分成四个不同的阶段，分别为评价设计、评价实施、评价分析和评价反馈。不同评价阶段的任务虽然各不相同，但是它们的相同之处在于具有开放性特征。无论是评价目标的制定，还是评价主体的确定，抑或是评价方法的选择，都特别重视评价过程的开放性。

（四）人性化

教育要坚持以人为本，充分体现服务学生的理念。在一体化教学效果评价中，评价标准、评价反馈都必须突出体现人性化特征，为教师与学生提供人性化关怀。第一，评价标准的人性化。大中小学一体化的思想政治教育教学评价标准并非一成不变的，它需要随着课程目标的确定、被评价者的反馈以及教学不断深入而变化，必须结合不同情况进行调整，以保证教学效果评价结果的科学性。第二，评价反馈的人性化。在大数据时代，教学效果评价的内容不仅仅包括学生对知识的掌握水平，还可以借助于智能化评价手段，对学生学习全过程做出及时反馈，通过可视化统计表单直观、清晰地呈现出真实的教学数据，帮助教师与学生及时调整教学与学习现状。反馈是网络教学非常重要的互动环节，及时反馈充分体现了人性化特征，也体现了对教师与学生的情感关怀。

四、大数据时代大中小学一体化的教学效果评价机制的构建路径

（一）将教学衔接纳入教学效果评价体系

从教学效果评价角度促进不同教育阶段思想政治教育一体化建设，主要是要正确处理不同教育阶段之间教学效果评价的衔接问题，做好相邻教育阶段之间的教学反馈工作，并以上一阶段具体教学情况为重要依据，有重点、有针对性地调整下一阶段的教学目标、教学内容和教学进度，促使不同教育阶段的思想政治教育形成一个互为基础、相互依赖、相得益彰、协同发展的动态体系。不同教育阶段之间教学效果评价能否有效衔接，是影响教学效果评价效用的重要直接因素。当前阶段，教学效果评价普遍是以教学目标为指导，对学生知识、能力及情感三个方面的发展情况进行综合考察，最终追求教学目标和教学结果的一致性，这样评价注重当前教育阶段的教学效果。为了让教学效果评价充分体现出不同教育阶段之间的联系，加强大中小学思想政治教育一体化建设，将各个教育阶段思想政治教育之间的教学衔接添加至教学评价体系是非常必要的，同时进一步细化教学效果评价的各项细则，并将相邻教育阶段之间的衔接问题纳入考察指标当中。

对于低学段的思想政治教育教师来说，必须全面掌握高学段的教学特点、教学内容，从整体上大致把握不同教育阶段思想政治教育的走向，在忠于当前教育阶段发展的同时，追求更高教育阶段教学目标的实现，并结合相邻学段的具体教学要求进行适当的拓展与延伸。对于高学段的思想政治教育教师来说，不仅要全面掌握低学段的具体教学要求，还要对当前教育阶段的教学内容做出适当调整，在此过程中，高学段教师要充分了解学生当下的思想政治水平，要特别注意区分学生"应然"和"实然"的状况，从知识、能力以及情感三个维度入手，做好不同教育阶段之间的有效衔接，在教师教学能力的评价标准中纳入"能否妥善处理简单重复和合理重复之间的关系""能否促进各教育阶段教学循序渐进地发展"等标准，促进大中小学一体化的思想政治教育教学效果评价机制的建设。

（二）组织多元化的教学效果评价主体

组织多元化的教学效果评价主体，换言之，思想政治教育教学效果评价主体由单一向多元转变。对学生进行的思想政治教育，不仅仅局限于学校这个特定场域之中，还可以发生在家庭、社会等学校之外的环境当中，这就要求更多人参与思想政治教育教学效果评价中。对大中小学思想政治教育教学效果的评价，参与进来的评价主体不只是包括教师，还应该包括学生、家长等。尤其是大数据时代的来临，通过搭建智慧校园评价系统，为教师、学生、家长等共同参与教学效果评价活动提供了平台，以多主体参与教学效果评价的形式，提高评价的客观性，为教学效果评价提供更加丰富、全面的数据，促使大数据的分析更加精准，让数据点评更有温情。

另外，随着大数据时代的到来，越来越多的学校已经广泛开展线上教学评价活动，但主要是学生对教师的评价，为了充分发挥线上教学评价的效果，有必要进一步拓展与延伸思想政治教育教学评价主体的范围，组织更多人真正参与线上教学评价中。通过组织线上思想政治教育教学评价活动，可以充分发挥大数据技术的优势，向更多评价主体收集更多与教学相关的数据，实现对评价结果的快速分析与处理，从整体上提升思想政治教育教学评价的效率。总之，线上思想政治教育教学评价的开展，要注重评价主体范围的拓展，从多维度入手对学生发展情况进行衡量，以极大地提升评价结果的客观性、公正性，这对于教学效果评价的常态化机制的形成起着促进作用。

（三）构建立体化的教学效果评价内容

立体化的教学效果评价内容强调的是教学效果评价内容由重知识评价转变为重综合素质评价。从本质上来看，综合素质评价是一个由立体化、多方面评价要素构成的有机整体，不仅包括学科知识的学习，还涉及思想道德素质的提升，坚持理论学习和实践活动相结合。

第一，以教师教学为标准评价教学效果。评价指标主要包括日常工作效果、工作前景以及工作满意度（表4-1）。借助大数据技术，能够从教师教学中发现各种隐藏的、有价值的信息，采集教与学多模态、全息数据，自动生成教师能力画像，反映教师教学过程中存在的问题，为教师教学评价提供支持，有助于促进教师的自我认知以及专业化发展。

表4-1 教师教学评价指标

	一级指标	二级指标
教师教学评价指标	日常工作效果	社会主义核心价值观教育
		学生助学励志教育
		学生干部培养
		班团组织管理教育
		职业生涯规划指导教育
		其他各种教育活动
	工作前景	领导重视
		职业价值
		职业发展
教师教学评价指标	工作满意度	受尊重程度
		激励机制
		工作条件及待遇

第二，以学生思想行为变化为标准评价教学效果。在传统教学中，对学生学习情况的评价，通常采取标准化的纸笔考核方式，关注点集中在学生最终的课业表现上。随着信息技术与大数据的广泛应用，可以更轻松地完成对学生总体表现的全面考核，从而更加客观全面地评价学生的学习成效。学校可以利用大数据技术手段挖掘学生的思想行为信息，制定客观的评价指标，为学生进行自我评价提供重要的参考。学生思想行为变化评价指标主要包括对党的各项事业的认识、对国内外形势的认识、对社会主义核心价值观的认识等。（表4-2）

表4-2　学生思想行为变化评价指标

	一级指标	二级指标
学生思想行为变化评价指标	对党的各项事业的认识	党的方针政策
		中国梦
	对国内外形势的认识	国内外时事
		社会发展现状
		社会各项问题
	对社会主义核心价值观的认识	富强、民主、文明、和谐
		自由、平等、公正、法治
		爱国、敬业、诚信、友善
	对学校教育和发展的认识	学校条件和环境
		学校改革和发展
		教师教育水平
	对个人理想信念的认识	个人信仰
		人生理想
	对自身学习生活的认识	学习情况
		情感情况
		心理情况
		身体情况
	对自身道德的认识	人际关系
		实践活动
		自身道德水平
		同学道德水平

　　第三，以课堂整体为标准评价教学效果。主要评价内容包括与课堂教学相关的要素，以及学生通过课堂学习获得的整体感受。利用传感技术和学习分析技术，可以智能化识别并收集传统课堂的教学互动数据，实现对整个教学过程的全记录、全量化；通过数据驱动的方式，可以收集网络教学过程中教学资源的使用情况、师生互动等数据信息，对课堂整体的评价提供数据支撑。

　　教师和学生的成长收获是决定思想政治教育教学效果的两个主要因素，所以，思想政治教育教学效果评价要围绕以下五方面重点展开，分别为教学目标、教学内容、教学过程、教师学科核心素养和学生学习效果。思想政治教育教学效果评价内容的设置，还需要充分体现不同教育阶段之间的相关性、衔接性、连贯性，这就要求大中小学思想政治教育教学效果评价内容体现较强的连续性，必须根据依据不同教育阶段的特点分层递进。而且，每一项评价内容都必须与本学段学生身心发展水平相符，还要与不用教育阶段思想政治教育教学内容充分结合，从而保证评价内容的目的性、规律性。

（四）拓展多样化的教学效果评价方法

教学效果评价方法决定着评价效果的真实性、完整性，影响着整体评价工作的效率。思想政治教育教学效果评价方法应该由单一方式逐渐转变为多样化评价方式。大数据时代，大中小学思政课课程评价一体化要求评价理念要一以贯之，综合运用多样化的评价方法，如图 4-11 所示。

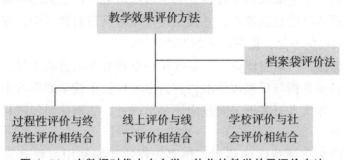

图 4-11　大数据时代大中小学一体化的教学效果评价方法

1.档案袋评价法

档案袋评价法以大中小学思想政治教育教学目标为导向，通过记录学生成长与进步过程的形式，对大中小学生的发展进行质性评价，它不仅是一种具有较高价值的形成性评价方法，也是一种具有重要意义的发展性评价方法，有助于家校互联，也便于各学段教师客观了解学生在其他学段的成长及发展情况。

（1）档案袋评价法的属性。档案袋评价法通过系统收集学生学习过程和结果的作品或资料，包括反映学生学习与进步情况的艺术作品、作业等，并建立专门的档案袋、文件夹，由此作为学生在一段时间内、特定领域中做出的努力与取得的成就的评价方法。档案袋评价法是大数据时代下受社会各界广泛关注的一种教学评价方法，其主要具有以下几个属性。

①目的性与计划性。电子档案袋中所采集的数据信息都是按照教学标准和教学计划有序采集的可以反映学生成长与进步的作品，具有一定的目的性和计划性，并非将一堆资料或作品杂乱无章地堆放到成长记录袋中。这样一来，师生就能快速地整理与分析这些资料或作品，清晰地了解学生的学习状况。

②多元性。档案袋评价法的多元性主要体现在两方面：第一，评价主体的多元性，评价主体不再仅仅局限于教师，学生、同学、家长等都可以

参与到评价活动中。第二，评价内容的多元性，评价内容不仅包括学生的认识水平，还包括学生的非认知能力如学习态度、创新能力及情感价值，为学生的全面评价做好铺垫。

③发展性。与传统评价方法不同的是，档案袋评价法除了关注评价结果，还关注评价的全过程。档案袋评价法中收集的内容不仅包括学生的测验成绩，还有学生成长的全过程，学生通过对电子档案袋的查看，能够真切地感受到自己的点滴进步，并根据评价结果反馈到教学中，在今后的学习中改进自己的不足，促进学生的不断发展。

④反思性。档案袋评价不只是收集与整理数据信息的工具，更重要的是师生要善于分析与反思收集的内容，思考自己在教学和学习中有哪些优势与不足，并认真思考下一阶段应该如何改进，从而达到促进自身可持续发展的目的。

（2）档案袋评价法的使用。档案袋评价法的使用主要分为五个步骤（图 4-12），第一，明确电子档案袋的建立目的，为后期收集数据信息指明方向。第二，根据评价目标设置档案袋的收集内容，同时要充分考虑学科特点。第三，依据评价目标和评价内容，设置评价的指标和维度，最终形成评价标准。第四，教师与学生收集并上传相关资料，为评价提供数据信息。第五，学校内展示具有代表性的电子成长记录袋，并客观评价学生学习状况、取得的成就与进步等，为学生提供具有建设性的评语，为学生今后发展指明方向。

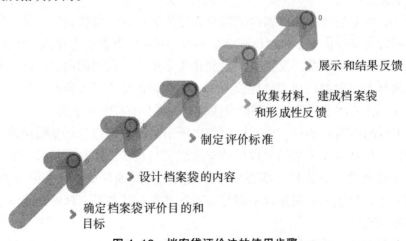

展示和结果反馈

收集材料，建成档案袋和形成性反馈

制定评价标准

设计档案袋的内容

确定档案袋评价目的和目标

图 4-12　档案袋评价法的使用步骤

2.过程性评价与终结性评价相结合的评价方法

（1）过程性评价方法。过程性评价指的是对学生学习行为的全面性、动态性的评价，重点是对学生知识、思维、能力以及素质方面的动态发展进行的价值判断过程。过程性评价的重点在于对学生学习行为表现以及能力发展状况的分析，对学生参加思想政治教育活动的动机、行为、效果等学习全过程做出的评价。通过制作描述性、等级式量表（量表内容主要涉及学生学习自主性、学习投入度、学习参与度、能力发展、自我反思等方面），能够进一步强化过程性评价。借助于课程学习电子记录技术、认知与情感计算、道德行为跟踪技术、识别技术等技术，可以全面采集全过程、全样本学生数据，有助于实施全面性的过程评价。

（2）终结性评价方法。终结性评价主要是对学生学习结果做出的效果评价，侧重于对学生基础知识、认知性内容的掌握程度进行结果评判。终结性评价更加关注学生各方面取得的成绩，如单元测试成绩、期末考试成绩、作业成绩。终结性评价收集的小样本数据普遍具有结构化、片段化，由于数据收集途径较为单一，再加上数据算法比较简单，使得数据类型比较单一，一定程度上影响到其评价功能的发挥，所以，终结性评价方法在评价体系中所占权重不宜过高，尽量与过程性评价方法结合起来共同使用。

3.线上评价与线下评价相结合的评价方法

（1）线上评价方法。线上评价指的是通过对线上教学活动相关数据进行数字化的采集、储存、处理及分析，以此为基础，结合科学的评价标准，对教学目标的完成程度进行价值判断的过程。线上评价的主要内容包括学生访问量、任务点完成率、视频观看情况、参与讨论数、作业平均分等。大数据技术通过在线学习平台，可以实时采集学生学习过程中的全要素、全时空数据，并以此为基础进行数据挖掘分析，对学生学习、能力、品德素质等方面进行"智能化诊断"，同时，通过与线上采集的教师评价、学伴互评以及学生自评信息相结合，最终呈现出科学化、深层次的评价结果。

（2）线下评价方法。线下评价是指教师采取传统方法对线下教学的相关数据进行采集、整理与分析，以科学的评价标准为依据，对教学目标的完成程度进行价值判断的过程。线下评价内容主要包括学生对基础知识的掌握程度、学业水平测试两方面，主要收集的数据包括线下课堂行为观察、期末考试、作业完成情况等。由于线下评价收集的数据具有片段化、结构化特点，所以这种评价方法的应用具有局限性，只能揭示学生对认知性知识的掌握程度。另外，不同学段的思政课教师可以互听互评，有助于不同学段的教师熟悉各个年级的教材和课型。

4.学校评价与社会评价相结合的评价方法

进入大数据时代后，大数据思维由一元思维升级至二元思维，多元化思维为多元主体参与教育评价提供了理念支撑。在大中小学思想政治教育教学效果评价中，多元评价主体由教师、学生、家长、校外专家、社会评价机构、企业、行业等构成，通过全面参与、多方联动的方式，促使评价结果趋于专业化方向发展。特别是社会评价方法的引入，充分体现了教育评价与管办职能的分离，使第三方如行业、校外专家、企业、社会评价机构成为重要的评价主体，这些评价主体具有较强的权威性、专业性，不仅能为评价结果的公正性、准确性提供支持，还可以帮助学校更准确地了解各行各业对人才的需求，以便优化人才培养方案。学校可以借助于智能互动平台、数据共享技术、可视化输出技术等，将与学生学习相关的数据传递给第三方评价。第三方评价在获取到学生的全数据之后，可以将智能互动平台、大数据技术作为载体，将个性化评价结果和发展建议反馈给学校，为思想政治教育的优化提供参考。

第五章　大数据时代学校思想政治教育横向联动机制的构建

第一节　校外联动机制

学校思想政治教育校外联动机制作为一种办学机制，指的是学校通过体制机制创新协同包括其他同类别、同层次学校在内的一切地方组织，以提升思想政治教育实效性为目的，共享更多教育资源如人力、财力、物力，有效突破资源之间的壁垒，实现全方位深度合作，优势相长。联动的主体要素主要包括政府、学校、企业等，联动的关键在于不同主体要素之间利益的共同点。大数据为学校思想政治教育校外联动带来了新的机遇，有助于充分发挥联动主体的主体性和主动性，保证各项相关工作的顺利推进，推动学校思想政治教育校外联动机制的发展。

一、学校思想政治教育校外联动机制中的主体要素及联动要素

校外联动思想政治教育模式是一个规模巨大且复杂的"教育活动体系"，是学校打破原本"单打独斗"局面，与政府、企业等主体要素协同联动以谋求共同利益、探索共同发展的一种组织方式。要想实现多方校外联动主体要素的有效联动，充分释放育人要素活力，首先要进一步明确各主体要素及其在校外联动过程中所扮演的角色，自觉承担各自的责任，从而更高效地完成各自的任务。其次，要明晰不同主体之间的目标、环境、组织等联动要素，从而形成多元主体协同联动的良好局面，推动新时代学

校思想政治教育创新发展，努力培养担当民族复兴大任的时代新人，为党育人，为国育才。

（一）学校是校外联动的倡导着、推动者

学校作为"政校企"联动过程中的倡导着、推动者，应当积极主动联络多方，想方设法增加联动主体的数量和类型。例如，积极争取当地政府的支持，不断深化教育改革和社会服务；多方调研学校思想政治教育校外联动的必要性、可行性；主动与校外联动主体共同完成思想政治教育工作的顶层设计。各级各类学校可以展开市场人才需求调研、专业调研等活动，及时了解各行各业对人才的需求，主动与企业一起完成思想政治教育育人方案的制定，促进思想政治教育改革。学校还能与企业共同完成思想政治教育教学任务，加强思想政治教育实践基地的建设，让学生在参与社会实践过程中接受良好的教育，不断提升适应社会的综合素质与技能。另外，学校需要结合社会现实需求，不断更新办学思路，调整与优化思想政治教育教学内容，采取趣味性教学方法，使思想政治教育与时代同行。

总的来讲，学校在政府教育行政部门的领导下可以组建思想政治教育校外联动组织、执行机构，明确规定联动主体诸如政府、企业的权力与责任，加强组织管理模式的革新，将联动办学的各项规定和考核制度落到实处，扮演好倡导者、推动者、执行者的多重角色，不断优化校外联动模式，真正实现多方共赢。

（二）政府是校外联动的环境保障者

随着社会经济的不断发展以及我国综合国力的增强，我们已经顺利从计划经济时代进入了市场经济时代，教育受其影响日益深刻。政府作为教育的规划者、资助者及认证者，在与市场的博弈过程中一直都占据主心骨地位。故而，在学校思想政治教育的发展进程中，政府的"主控、主导"地位必不可少，这就要求政府积极推动相关主体协同联动，统筹兼顾多方联动利益，全方位监督联动过程，公平公正地评估联动成果，重视并抓好统筹联动育人。从宏观决策层面来看，政府可以针对学校思想政治教育校外联动育人，成立专门的领导机构，及时处理联动过程中遇到的棘手问题。从具体操作层面上来看，政府不仅要发挥协调各方，打破条块分割、形成合力的作用，还要充分发挥自身的监管职能，针对学校思想政治教育校外

联动育人，主动牵头成立联动育人绩效考核机构，定期进行督促检查、监控验收工作，并依据成效进行相应的奖惩。

（三）企业是学校思想政治教育校外联动的参与者

在学校思想政治教育校外联动过程中，企业应当主动扮演好直接参与者角色。从长远发展角度来看，各级各类学校必须加强与企业的合作，因为通过学生走进企业实习，获得切身经历，能够锻炼学生解决问题的能力，激发学生学习的积极性。企业应当参与学校思想政治教育计划的制定、修改、执行等过程中，便于以后招聘到满足自身需求的人才。另外，企业还能通过多种方式为学校思想政治教育的开展投入经费，如与学校共建实践基地、捐赠仪器、购买设备等，积极成为学校思想政治教育校外联动的重要一环，为推进学校思想政治教育校外联动育人的开展，助力思想政治教育效果的提升做出贡献。

二、学校思想政治教育校外联动机制中各主体间的联动要素分析

在学校思想政治教育联动机制中，不同主体间的联动要素主要包括三方面，目标联动是基础，组织联动是平台，制度联动是保障。（图 5-1）。

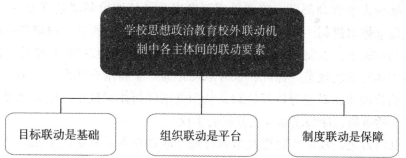

图 5-1 学校思想政治教育校外联动机制中各主体间的联动要素

（一）目标联动是基础

不同联动主体之间的价值认同各不相同，但在学校思想政治教育校外联动过程中，如果各主体都将终极追求设为"利益最大化"，将难以获得最佳结果。例如，学校追求思想政治教育学科的建设与发展，并希望通过校外联动模式提升人才培养质量；政府会以国家战略和社会价值为导向，期望通过校外联动机制推动地方经济的进一步发展，强化学校教育的社会

功能价值；企业则必然以直接利润为导向，希望通过校外联动机制实现利润的最大化。这样一来，不同主体之间价值观会存在分歧，势必会对各主体合作态度和评价产生影响。因此，各主体都需要责无旁贷地营造一种广泛认同与包容的良好教育环境，在不同主体之间的分目标之间找到利益结合点，创建出一个总目标，促使各主体相互认同、相互尊重，继而消除障碍、加强合作，最终形成联动合作共赢局面。

（二）组织联动是平台

学校培养的人才将来是要投身于企业发展中的，这就决定了学校思想政治教育的开展必须得到企业的支持，以确保教育资源的开放性、教学过程的职业化。为此，学校需要构建一个组织结构，将校外联动机制中涉及的结构错位、利益冲突的各主体进行组织联动，建立合作利益共同体，使各主体的资源充分共享、融合、转化，为校外联动效果的提升提供平台。

（三）制度联动是保障

制度建设是学校思想政治教育校外联动育人开展的基础，也是体制机制改革的根本保障。不同于自然生态系统及其他系统，校外联动机制的运行，缺少人事管理制度、监督管理制度以及考核评价制度是万万不行的。通过建立体制机制，进一步明确与细化各主体承担的责任，明确各主体之间的利益关系，以制度充分调动各主体在校外联动过程中的积极性，加强对各主体行为的规范。因此，校外联动作为一个新型合作模式，必须依靠健全的管理体制对资源进行组织，从而全面创新体制机制，极大地提升联动育人的效能，加快联动育人发展的步伐。

总而言之，在学校思想政治教育校外联动育人过程中，多元联动主体参与其中，这里只列举了学校、政府、企业这几个主要的联动主体，而在校外联动实践中势必会有更多的主体。因此，在学校思想政治教育校外联动过程中，明晰各主体在联动系统中所扮演的角色和承担的责任，构建多方合作、互利共赢的长效运行机制，有助于最大限度地发挥出系统功能，对系统内部的平衡也具有积极的影响。

三、大数据时代学校思想政治教育校外联动机制的构建路径

（一）"校政企"联动机制

1. 构建"校政企"联动机制的重要性

（1）有助于实现"校政企"互利共赢。"校政企"联动模式有助于发挥学校、政府、企业多方优势，实现互利共赢。从学校角度来看，"校政企"联动的教育模式是学校思想政治教育发展的现实需要，也是今后学校思想政治教育发展的主流方向之一。基于"校政企"联动模式，学校可以引导学生参观校外实践基地，为学生提供在企业中实习、训练的机会，有助于提升学生的综合实践能力、社会适应能力，为学生未来顺利步入工作岗位打下良好基础。从政府角度来看，可以充分利用思想政治教育、教学与科研资源来促进当地经济的发展。从企业角度来看，科研人员可以充分利用学校实验室、图书馆、教学楼等教学设备，对员工进行市场调研、岗位培训等工作。

学校、政府、企业之间的深度合作，需要三方相互支持、优势互补、资源互用，进而展开全方位的合作，促进思想政治教育与生产的可持续发展。

（2）有助于促进学生就业。通过"校政企"联动模式，学生有更多机会参加校外实践基地的各种活动，能够帮助学生了解工作内容，不断积累实际工作经验。在参加校外实践基地开展的活动时，学生可以进一步了解并体验工作内容，在此过程中有助于培养学生的勤奋、敬业精神。同时，也有助于学校了解企业的实际需求，进而调整教学重点与方向，为学生将来更好地适应社会发展及就业奠定基础。

2. "校政企"联动机制的构建路径

（1）强化校政联动，使学校思想政治教育迈入新阶段。学校思想政治教育以培养优秀人才为己任，随着时代的发展，优秀人才也不断被赋予新的内涵，这就需要学校立足于区域社会经济发展实际，加强与政府的合作，依据国家政策积极探索新型教育模式，借助大数据技术深入整合学校与政府之间的需求，充分发挥学校教育服务区域发展的作用。近些年来，学校教育合作的数据信息日益增加，有效应用大数据技术，可以实现对区域经

济建设发展战略等数据信息的动态整合，并将这些数据信息上传至学校教育计算机系统中，利用数据挖掘技术探寻学校与政府联动育人的立足点，并以此作为学校思想政治教育人才培养的新基点，为统筹学校思想政治教育资源提供便捷条件，促使学校思想政治教育走出封闭的校园，迈入新的阶段。

（2）强化校企联动，实现校企共赢。学生是祖国的未来、民族的希望，让学生接受一系列的思想政治教育，最终目的在于促进学生德智体美劳全面发展，让学生将来可以在社会更有底气、更有能力。学生学业生涯结束之后，会经历有助于他们成长成才的必经之路，即就业。思想政治教育内容与企业人才需求是否匹配，一定程度上影响着学生将来的就业问题。劳动教育中的劳动精神、劳动价值观、劳动技能水准都是思想政治教育中非常重要的载体，是学校思想政治教育的重要内容。要想充分发挥出劳动教育的育人实效，就必须保证劳动教育内容与社会市场需求相适应。通过校企合作联动的方式，为思想政治教育内容的优化提供了重要方向，使之与企业现实需求相匹配。

基于大数据分析，学校可以筛选出具有开放性、持续性需求的企业，进行校企合作，在企业建立实践基地，在学校劳动教育或思想政治教育的内容中引入企业生产技术的相关知识。另外，学校应该利用大数据优势，掌握行业企业发展的趋势以及对人才的需求，并以此为依据完善思想政治教育内容，改革思想政治教育体系，努力发挥校企合作联动育人的优势，提升学生理论联系实际的能力，提高学生的综合素质水平以及劳动技能。

（二）校际联动机制

1.构建校际联动机制的重要性

（1）为思政课教师搭建合作交流的平台。教学研究的内容以教学问题为主，这就要求教研活动分学科进行，而不少学校在组织思想政治教育教学活动时，常常会出现一些尴尬的现象，思政课专职教师比较少，兼职教师比较多。如果学校不注重加强与同一层次或同一类别学校的交流与联动，很可能会导致思想政治教育教学研究无法顺利进行，对思想政治教育的进一步发展造成一定阻碍。而学校通过与同一层次、同一级别学校的交流与合作，为上述问题的解决提供了很好的思路，能够有效解决思想政治教育科研活动无法推进的问题，为广大思政课教师搭建了合作交流的平台。

（2）有助于进一步优化思想政治教育资源。通过加强校级联动，能够打通不同学校之间在教育资源、教学经验等开放性数据壁垒，帮助各学校走出"数据孤岛"，让教育资源在不同学校之间顺畅流动，从而提升数据应用的频率，为数据价值的充分发挥提供平台支撑。另外，在校级合作交流过程中，也会提高智力资源开发与利用的合理性，让思政课教师的潜能在合作交流中得到激发，不仅能实现优势互补，还能保证在教学研究中集中精力。

2.校际联动机制构建的路径

（1）提升教师的信息化教学能力。在"互联网＋"大数据时代，学校思想政治教育校际联动变得更加易于实现。但前提条件是参与校际联动的教师要熟练掌握信息技术，不断提高运用信息技术开展教育教学的能力，同时具备敏锐的信息意识、丰富的信息知识、较高的信息能力和良好的信息道德。教育信息化的发展日新月异，给思政课教师教学工作带来极大便利的同时，也给他们带来更多的挑战。

从单一的演示性课件到交互式电子白板，再到智慧课堂等，从"工具驱动"转变为"数据驱动"，新技术、新设备层出不穷。如果思政课教师不能走在时代发展的前沿，不断加强学习，尽最大努力提升自己的信息技术素养、数据素养，将难以融入教育信息化的洪流中。思政课教师要牢牢抓住校际联动这一机制，在与其他同层次、同类别学校教师交流学习的过程中，学习更多的信息化教学经验，在提高自身信息化水平方面下大功夫，花大力气。

（2）利用网络问卷调查平台，精准定位学生感兴趣的问题。课堂提问在思想政治教育中起着引导性作用，关系到整个教育活动能否达到预期的效果。受到技术水平的限制，传统校际合作在设置课堂提问时，尤其是各所学校在收集学生问题或疑问方面需要花费一定的时间与精力。而依托互联网进行网络问卷平台大数据分析，为上述问题的解决提供了新思路与有效路径。学生可以在"问卷星"等平台发布与教学相关的话题，组织两所或多所学校的学生在网上进行头脑风暴，并利用"问卷星"等平台的投票功能，让学生选出感兴趣的主题，最终将获票最多的主题作为课堂讨论的问题。

借助于"问卷星"等平台，一方面可以随时查看有多少学生按时提交了问题，并有针对性地提醒与督促尚未提交问题的学生，大大提升了收集问题的效率；另一方面，相关学校的教师可以下载分析报告，以便快速筛选出学生探究热情与兴趣最高的问题，有助于提高课堂提问的精准度。

（3）搭建校级联动备课平台。实现思想政治教育教学层面上的联动发展，校际联动备课是不可或缺的重要一环。"互联网＋"大数据为校级联动备课提供了极大的便利，不同学校之间可以搭建网络平台，实施云端联动备课。这样一来，不仅克服了时间和空间上的制约，提升了校际间备课的实效性，还能使校际联动备课的形式、内容、方法变得更加多样化、简易化。

不同学校之间可以建立思想政治教育学科备课组，依托共同的集体备课平台能更高效率、更加轻松地完成集体备课。在联动备课过程中，不同学校之间的教师可以针对思想政治教育的教学理念、教学方法以及教育信息技术等进行深入探讨与交流，同时还能帮助其他学校的教师找到教学中存在的问题，解决教师在教学中存在的困惑。另外，大数据还能提供给教师备课所需的相关教学视频，为教师备课提供指导。

（4）远程同步课堂教学，共享优质教育资源。远程同步课堂教学是实施思想政治教育校际联动的重要方式之一。在"互联网＋"大数据时代背景下，利用网络通信、空中课堂以及云课堂等先进的技术手段能够将思想政治教育教学共享变得更容易实现。实施联动发展的多个项目学校，可以将种子教师的课堂教学通过信息技术手段向本校及其他学校教师进行开放，以达到共享优秀教师课堂教学成果的目的，从而共享优质教育资源。

远程同步课堂教学，一方面将种子教师的优秀课例与其他学校共享，让其他学校的教师可以远程学习，找到自身的差距，并结合本校和学生的实际情况，改善教学模式与教学方法。另一方面，大数据技术可以为远程同步课堂教学提供有力的技术支持，合理地运用大数据技术，能够有效结合互联网与远程教学，教师也能根据自身需求选择相应视频，节省了教师奔波于各学校之间的时间与精力。

（5）线上及时互动交流。"互联网＋"时代下，应用移动客户端、网络平台等通信手段，使不同学校思政课教师之间的互动交流变得更加高效、便捷。校际可以建立形式多样的联动小组，将同一年级思想政治教育学科的教师划分到同一小组中，利用丰富且优质的线上教育资源进行及时交流与学习，从而提升校际联动教育教学的实效性。

实际上，思想政治教育教学研讨活动并非必须通过正式的教研活动才能进行，反而要更加注重平时在任何时间与地点进行交流讨论。在日常教学中的困惑、教学反思、教学随想等，都可以利用线上教学平台这一载体，与不同学校的教师进行随时随地的互动交流。这种及时的交流方式是突破时空限制、常态化的交流。通过全时空、强互动的线上交流，能够让同一类别、同一层次学校思政课教师在日常工作中进行及时交流，潜移默化地受到优秀骨干教师先进教学理念、教学方式等方面的影响，这种无障碍式的交流方式更容易激发校际教师之间的共鸣。

（6）线下重点合作研讨。现如今，线上交流互动成了不同学校教师之间一种常态化的交流方式，这种交流方式具有诸多优点。但是对思想政治教育教学研究而言，它的缺点也是显而易见的。线上交流互动具有一定的随意性，缺乏较强的针对性。为了克服线上交流互动的短板，需要不同学校之间构建常态化的线下教学研讨机制。在日常思想政治教育中，针对重大问题、重大活动、重点项目等必须通过线下合作的方式进行研讨。

例如，在思想政治教育信息化的实施方案、思想政治教育教学计划的制定与实施以及思想政治教育教材的编写等方面，除了需要线上交流互动，还必须进行线下合作研讨。除此之外，不同学校之间还需要围绕思想政治教育教学中存在的共性问题、重难点模块等内容，通过线下互动进行专题研讨。线下合作研讨为思政课教师学习新近重要的研究成果提供了平台，还能诊断思想政治教育中存在的普遍性问题。受到时间和空间的影响，线下合作研讨的频率和效率相对比较低，但是每次开展通常是为了解决重大问题，有助于实现学校间的合作共赢，促进各学校共同进步与发展。因此，参与校际联动的各学校有必要构建长期性、稳定性、多样性的线下交流机制，为线下合作研讨活动的长期有序提供机制保障。

（7）深度共享优质教育资源。实现思想政治教育校际联动，深度共享教育资源是必不可少的一大环节。尤其是对于农村学校而言，由于教育资源比较有限，可以依托城市地区学校比较丰富的教育资源，为学校思想政治教育的发展、教师发展以及学生发展提供充足的资源保障。教育资源共享的程度，对校际联动发展的进程、高度产生着直接的影响。

思想政治教育资源所涵盖的范围和内容较为广泛，不仅包括一般意义上的用于思想政治教育的教材资源以及其他理论学习资源，还包括管理资源、文化资源、活动资源和群众传媒资源等。基于大数据应用的平台建设，可以实现思想政治教育资源的深度共享，各学校要发挥自身在思想政治教育资源上的优势，为其他学校提供实用、丰富的教育资源，各学校要善于利用这些资源来提升思想政治教育教学水平、提高教学质量。

（8）立足本校师生实际。实施思想政治教育校际联动并非要求各学校制定相同的标准，而是各级各类学校立足于本校实际情况，提出切合实际的发展要求，在校际联动过程中实现各校思想政治教育的同步发展与共同提升，以期达到互助共赢的目标。

从教学水平来看，不同学校之间的思想政治教育的教学资源、师资力量、硬件装备等方面都存在着一定差异，所以，在校际联动过程中，先进学校要起到"排头兵""领头雁"的作用，积极分享本校思想政治教育的先进教学经验，带动其他学校思想政治教育水平的提升。其他学校也要进一步明确思想政治教育发展目标，通过扎实开展校际联动活动，不断提升本校思想政治教育的教学水平，通过量变的积累最终实现质变的飞跃。

第二节　校内联动机制

随着经济的发展和社会的进步，我国进入了全面发展的新时代。为了培养适应社会发展需要的现代化优秀人才，国家适时地提出了"三全育人"思政工作指导理念，即全员、全过程、全方位育人，这是新时代学校思想政治教育必须遵循的理念。在大数据时代下，学校思想政治教育校内联动机制的构建，应该以"三全育人"为导向，从全员、全过程、全方位育人新格局的视角出发，充分发挥大数据技术的辅助作用，调动跨部门、跨空间的教育资源，探索加强校内联动的方法与途径，进一步推进学校思想政治教育校内联动机制，力求提升学校思想政治教育的针对性、实效性。

一、"三全育人"的内涵和组成要素

(一)"三全育人"的内涵

"三全育人"不仅是一种教育理念,还是一个系统、全面的育人指导原则和思想。由于"三全育人"理念主要以口号的形式出现在各类文中,所以学者们对"三全育人"理念的界定并未达成一致、统一。在总结学者们对"三全育人"概念的基础上,可以从广义和狭义两个方面去理解"三全育人"的概念,从广义的角度上来讲,"三全育人"作为一种教育理念,并不只是局限于德育范畴,故而不能在它与德育的指导思想之间直接画上等号。学者们之所以经常把"三全育人"与德育联系到一起,主要原因就在于"三全育人"的内容与德育要求十分贴切,将它应用于德育实践中更容易取得显著成效。从狭义的角度上来讲,"三全育人"主要是一种德育理念,它强调将德育看成是一个完整的体系,从"全员""全程""全方位"三个维度入手,充分调动、汇集并发挥德育各方面的力量,同心同德,多路并进,共同协作,形成立体化的德育结构,凝聚强大的德育合力,切实提升德育的实效性。具体包括以下几方面内容。

(1)全员育人。所谓全员育人,指的是人人育人,主要立足于育人主体角度,倡导所有育人主体都要具备较强的育人意识,积极承担与履行育人的责任与义务,在自己本职工作中充分发挥育人的职能,并与其他育人主体密切协作、交叉合作,形成一股来自多方力量的强大育人合力,构成系统、全面、完整的思想政治教育工作体系和格局。这里提到的"人人"主要指的是学校里的全体教职员工。

(2)全程育人。全程育人主要是立足于时间角度,倡导育人要渗透到学生生活、学习及成长的全过程,强调学校要全面、深入地研究与掌握学生从入学到毕业各个阶段的特点与身心发展规律,以及学生在各个阶段遇到的困惑、问题与困难,在此基础上科学、有针对性地规划各个阶段思想政治教育工作的内容、方法与重点,大力推动学校思想政治教育的发展。

(3)全方位育人。全方位育人主要是立足于空间角度,强调将育人贯穿于促进学生全面发展的所有环节与方面,教育工作者要以学生生活和学习实际情况为根本出发点,有机结合显性德育与隐性德育,采取有形或无形的手段,让思想政治教育贯穿于学生生活、学习、成长的每个阶段和环节，渗透到教学、管理、服务的每个层面和维度，使学生形成优秀的思想品质和完善的人格修养，促进学生全方面均衡发展。

（二）"三全育人"的组成要素

"三全育人"的组成要素主要包括三部分，分别为全员要素、空间要素和时间要素。（图5-2）

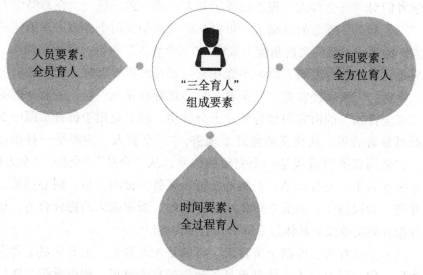

人员要素：
全员育人

"三全育人"
组成要素

空间要素：
全方位育人

时间要素：
全过程育人

图 5-2　"三全育人"的组成要素

1. 人员要素：全员育人

全员育人指的是从人员角度入手进行整合，所有教育工作者都必须自觉、主动地肩负起育人责任，调动所有的育人力量，包括学生本身也应当自发地参加到育人工作中。陈旧落后的育人理念认为，各学科任课教师的主要任务是传授知识、教书育人，德育工作和思想政治教育工作应该只是班主任、辅导员和思政课教师的职责。全员育人理念在育人主体方面有了很大的突破创新，强调扩大育人主体的范围，应该涵盖学校的所有领导干部以及职工团队，要将育人工作重点由注重知识传授延伸至培养学生完善人格、优秀思想道德品质。全员育人主张多方力量的共同参与，除了学校的全体教育工作者，还包括家长、社会等，形成上下联动的效应，加强教育工作者与学生之间的良性互动，营造人人参与的育人氛围，形成开放式育人新格局。

　　在学生的平时生活和学习中，全员育人目标的实现需要依赖科学合理的管理育人和服务育人的方法，如果管理服务人员经常关心、尊重与爱护每位学生，可以起到良好的感化教育作用，同时有助于加强精神文明建设，学生在生活和学习中会获得更多的满足感、幸福感，为"三全育人"总体规划的施行打下坚实基础。

　　2. 时间要素：全过程育人

　　联合国教科文组织发布了《学会生存：教育世界的今天和明天》调查报告书，并提出了发展终身教育的思想，这在教育发展历史中具有重要的里程碑意义。同样，育人工作并非一件轻而易举的事情，这是一场需要多方协调、相互配合的"持久战"，需要有足够的时间才可以看到实质性成效，必须渗透于学生整个学习生涯当中，否则就仅仅是作为一个口号、形式而存在，无法真正地实现育人的目的。

　　"三全育人"所强调的全过程育人充分体现了育人工作具有长期性、连续性特点，很好地填补了育人工作的留白期，有助于提高育人的整体效率。全过程育人作为"三全育人"的重要内容，主要是强调的是从时间维度上进行育人，它以学生学习、成长的发展过程为主线，即从学生入学开始到毕业的整个阶段，在学生整个成长过程都要实施思想政治教育。相比于以往的育人模式，全过程育人在时间要素上进行了一定的拓展，体现出"三全育人"长效性的内涵。另外，全过程育人还强调要结合学生在校期间不同阶段的身心发展水平开展有目的性、指向性的教育活动，设计有针对性的教育内容和教育方法，突出"三全育人"的连续性。

　　3. 空间要素：全方位育人

　　全方位育人指的是从多维度、多角度出发，综合应用多种手段和方法，使育人工作涵盖教学、服务、管理等学校工作的方方面面，不仅要帮助学生学习掌握知识与技能，还要注重激发学生适应社会的才智，引导学生形成社会主义核心价值观，从不同角度、更宽阔的领域、全方位提升学生的综合素质。全方位育人倡导将来自多方面的育人因素汇聚到一个宽阔的育人空间当中，包括教育教学、管理服务、思想文化、网络资源以及实习实践等，所有可以直接或间接影响学生道德品质养成的要素都要包含其中。在学校育人工作中，校园的物质环境、精神文明对学生发展具有双重作用，主要包括治学理念制度、校内基础设施、生活学习场所、科研学术风气以及社团文化活动等，这些要素都可以转变为育人的渠道和手段，根植于全校教师与学生的行为表现中，对育人成效具有双重影响。

二、全员：学校思想政治教育工作者的角色定位

（一）思政课教师、班主任、辅导员仍是思想政治教育的中坚力量

思政课是大中小学生接受思想政治教育的主渠道、主阵地，思政课的教学效果的优劣，对学生思想认知高度具有直接影响。以"三全育人"为导向的思想政治教育，对思政课教师提出了更高标准的要求。由于思政课具有较强的理论性，所以要求思政课教师既要积极了解时事热点并引入教学内容中，灵活运用多样化教学方法进行授课，还要注重课堂实践，加强第一课堂与第二课堂的有机结合，积极带领学生走出教材的限制，从室内课堂状态中抽离出来，以辩证思维认识世界、历史，培养学生树立坚定的理想信念。

班主任、辅导员身处教育工作一线，肩负着非常艰巨的思想政治育人职责。在日常教育过程中，班主任和辅导员必须有信仰、讲立场，在大是大非面前旗帜鲜明，始终保持坚定的政治立场，以清醒的头脑传达良好的思想政治观，这就要求班主任和辅导员全面、系统地掌握思想政治理论。但实际上，大多数班主任和辅导员并不是思想政治相关专业毕业，这就需要他们树立终身学习理念，不断加强学习，逐步提升自身的思想政治理论水平。

（二）职能部门管理人员和其他教职员工应发挥思想政治教育作用

基于"三全育人"新格局，学校内部的职能部门管理人员是思政教育必不可少的重要角色补充，他们也肩负着重要的育人职责。在思想政治教育推进的过程中，学校内部的职能部门提供着重要的组织支撑，职能部门管理人员虽然并未直接参加教学工作，但是他们在管理过程中呈现出的形象潜移默化地影响着学生，包括他们的思想风貌、工作态度以及职业道德等。特别是一些与学生有密切接触的部门，主要包括教务处、学工部、团

委等，这些部门的管理人员更应该意识到自己一言一行对学生的重要影响，不断提升自身的思政水平，在管理工作中展现出高水平的思想与道德修养，积极主动扮演好思想政治教育者的角色。

除了上述人员，学校内部还有一些教职员工影响着学生的思想与道德发展，主要包括教室管理员、图书管理员、宿舍管理员、安保人员、食堂窗口服务员等。这些教育者群体非常容易被忽视，但是他们在学生平时的生活与学习过程中有着较高的出场频率，对学生产生着渗透性的影响。因此，学校要积极引导这些教职员工扮演好教育者角色，使他们深刻意识到服务育人的重要性，并自觉提高自身的职业素养，不断改善自身的服务态度，营造"人人皆育人之人，处处皆育人之地"的育人氛围。

三、全过程：学校思想政治教育的教育阶段划分

（一）新生入学阶段

对于每一名学生来说，新生入学阶段都是一个非常重要的阶段，要想更快速地适应新的校园生活，必须在生活、学习、心理以及实践等方面做出一定改变。以大学生为例，在新生入学阶段，大多数学生会出现多种极端情绪并存的情况，主要包括焦虑、期待、兴奋、迷茫等极端情绪，不仅心理波动比较大，还面临着融入新环境、难以快速转变角色等问题。针对学生的心理情况和身心发展规律，学校可以针对新生开展针对性的思想道德教育、心理健康教育等，以此作为新生入学教育的重要内容。另外，学校还可以开设心理健康课程，组织心理健康讲座等一系列心理健康活动，以课内外相结合的方式，帮助新生调整心态，树立正确的世界观、人生观、价值观，迈好入学的第一步。

（二）中间阶段

中间阶段是学生学习和成长的重要时期。对于处于中间阶段的学生而言，刚刚改变了前一教育阶段的生活习惯、学习习惯，摆脱了新生入学阶段的焦虑，通过参加各种校内外实践活动，"三观"正处于初步形成阶段。学校要将思想政治教育渗透在学生常态化生活与学习中，着眼于学生知识与技能的提升，为学生今后的发展奠定基础。以大学生为例，高校可以抓住中间阶段，针对学生的身心发展特点，开设《毛泽东思想和中国特色社

会主义理论体系概论》《思想道德修养与法律修养》《形势与政策》等思政课，进一步强化思想政治教育，更好地落实全过程育人。同时，高校还能结合学生所在的学科差异，注重对学生的职业规划和学业规划指导，不仅要激发学生求知的渴望，积极进取，还要加强学生的理想信念教育，让学生充分认识到自身承担着建设中国特色社会主义的重任。

（三）毕业阶段

毕业阶段是每个教育阶段全过程育人的最后一个阶段，也是思想政治教育的完善阶段。身处这一阶段的学生往往面临着来自升学、家庭生活以及朋友关系等多方面的心理压力，尤其是大学生，还面临着创业、就业、考研等方向的选择和权衡。在毕业阶段，中小学要关心中小学生的心理变化，帮助学生缓解心理压力，缓解学生紧张焦虑、躁动不安的情绪。高校要关注大学生的就业动态和心理变化，培养学生正确的就业观，将就业困难学生设定为重点帮扶对象；加强对学生的职业道德的提前教育，使学生形成较高的思想政治素质；高校还要关注考研同学的心理状况，为这类学生营造良好的考研环境，组织考研经验交流分享会等活动，及时发现并疏导考研学生的负面心态。

四、全方位：学校思想政治教育的教育场景分析

学校思想政治教育的终极目标是落实立德树人这一根本任务，这项工作应该渗透到学生生活、学习、实践等方方面面。学校思想政治教育的开展，必须坚持"以生为本"，对教育场景进行细致、周密的调查研究，进一步明确学生的心理需求，尽可能打破与学生之间存在的思想隔阂，赢得学生更多的认可，使学生自觉接受思想政治教育内容。同时，学校还需要以学生为核心，根据学生周围的教育场景，设置有重点、有针对性的思想政治教育内容，使思想政治教育真正植根于服务、心理、科研、文化、实践、网络、组织以及资助等育人体系中，使学生在不知不觉中受到思想政治教育的浸润，转变学生思想，有效规范学生的行为。

对于教育场景，学生工作部门的教师和管理人员相比于其他教育者来说认识得更加全面。如果每位教育者都可以清楚地了解教育场景，就能从自身周围的教育场景出发，对思想政治教育的任务形成深层次的感悟，从而更加轻松地在自身所处场景中精准融入思想政治教育。因此，学校要加

强所有教育者对教育场景的了解。通过精细划分教育场景，不仅有助于学生更加充分地接受思想政治教育，还能帮助教育者更加清晰地了解思想政治教育任务，同时助力学校思想政治教育的发展，有效落实全方位育人。

五、大数据与"三全育人"之间的逻辑关联

在大数据的驱动下，给人类社会关系带来了革命性的颠覆，不仅加强了人与资源的关联性，还加快了数据资源的转化，也有助于优化重塑社会关系。在"三全育人"这一实践领域，大数据技术有着十分广阔的应用前景，而且还具有相应的逻辑关联性（图5-3）。首先，大数据技术的引入，能够促进"三全育人"思维方式的革新，即从以往的抽样样本思维转变为如今的全样本思维；从以往的标准化、模式化思维转变为如今的兼容并包的多元化思维。其次，在大数据技术的驱动下，"三全育人"方法论发生了极大的变革，为研究方法与手段的创新提供了新的思路，产生了具有实证性、量化特征的新研究范式，能够对教育效果进行更加精准的修正与评价。最后，大数据延伸了"三全育人"的空间和时间维度，为思想政治教育提供了全新的内容、主题和领域，为思想政治价值的广泛传播提供了有利条件，有助于促进学生更加健康、全面的成长与发展。

图5-3 大数据与"三全育人"之间的逻辑关联

（一）多源异构性：大数据和"三全育人"体系的自然属性

"三全育人"的核心价值在于"人人育人""时时育人""处处育人"，其中，"人""时""处"充分体现了教育的多维特征，而且不同维度之间存在的正相交关系构成了教育的整个面貌。从现实进路角度来看，"三全育人"是一个蕴含着跨界、整合、融合理念的复杂流程，首先需要对多领域、多层次、各学科的教育资源进行梳理与整合，并以此为基础，对教育资源进行融合、激活以及再分配。在理念和进路两个方面，都突出体现了"三全育人"体系的学科交叉性、立体性、多源。而从本质上来看，大数据技术不仅有多个数据源，而且数据储存架构比较多样，即多源异构，体现着数据交叉、知识交叉、学科交叉、方法交叉以及领域交叉。不难看出，在自然属性方面，大数据与"三全育人"两者间保持着高度的一致性。

（二）跨域关联性：大数据和"三全育人"体系的内生动力

"三全育人"作为一个逻辑严密的体系，主要组成要素包括育人主体、育人过程以及育人载体，落脚之处在于全员、全过程、全方位。对于全过程与全方位来说，全员是两者的重要基础与基础保障，全过程必须在全员参与全方位布置的基础上进行，全方位必须全员的自觉参加与全过程的介入。换句话说，"三全育人"体系是一个跨域关联的体系。而大数据则突出体现出万事万物皆有关联，帮助人类更加全面、深入地认识与了解了长时间隐藏于万事万物之间的"关系"，使人类在信息对称的探索中不断发展壮大，从而对存在于世界中的事物形成更加清晰的认知。关联性并非只是大数据的灵魂，也应当成为生活在数据世界中的人类的思维灵魂。大数据所具备的跨域关联的特性，为我们更准确地发现和认知"三全育人"体系中各要素之间间接、错综复杂的非线性关系提供了更多的机会与可能。

（三）同步共享性：大数据和"三全育人"体系的应用趋势

"三全育人"理念的提出，是党和国家对新时期德育工作的要求，也是新时代党和国家站在培养社会主义建设者和接班人的战略高度上，推进育人理念和育人方式变革的重大命题。"三全育人"的出发点是培养人，这为学校落实立德树人根本任务提供了全新的思路和有效的实践路径，并且上升为教育政策方针，与之相关的教育资源都自然而然具备了共享性。因此，"三全育人"体系的长足发展，必须建立在两个基础之上，即教育界形成共识与全社会共享。换句话说，"三全育人"体系的可持续发展需要以开放共享作为保障。大数据的真正含义就是多个不同领域数据之间的交叉融合，不仅能与传统数据、异类信息网络进行交叉融合，还能基于多视图、特征级别、语义等的数据进行交叉融合，具有十分深刻且广泛的内涵。另外，大数据要想为人类带来价值，就必须流动共享的，只有以此为前提才可以有效服务于社会。从某种意义上讲，在大数据技术的应用下，能够将来自不同时空的人汇集到同一个虚拟时空当中，大数据所具备的同步共享性特性，为"三全育人"提供了有力支撑，为形成"横向融通、纵向贯通"大思政格局奠定了基础。

六、大数据时代学校思想政治教育校内联动机制的构建路径

大数据时代，学校思想政治教育校内联动机制的构建，可以从教育要素、教育过程、教育效果三方面入手（图5-4），探索行之有效的路径。

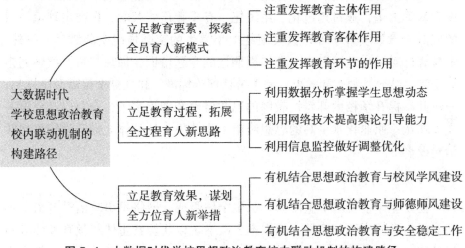

图5-4　大数据时代学校思想政治教育校内联动机制的构建路径

（一）立足教育要素，探索全员育人新模式

习近平总书记指出："做好高校思想政治工作，要因事而化、因时而进、因势而新。"[1]学校思想政治教育要不断突破，积极探索新的全员育人模式。

---

[1] 顾海良．"三因"理念与思想政治理论课教学质量的提升：结合学习习近平总书记"7·26讲话"精神的体会 [J]．思想理论教育导刊，2017（9）：4-8.

大数据思维的基础是互联网，那互联网是否具有思维呢？答案是肯定的。利用互联网思维开展学校思想政治教育，为全员育人提供了新的模式，这就需要立足于教育主体、教育客体、教育环节，加强网络思想政治教育的建设。

1.注重发挥教育主体作用

具体地说，学校思想政治教育主体主要由思想政治教育管理部门和思想政治教育工作者构成，前者主要包括组织部、教务处、团委、学工部、宣传部等，后者主要包括党政领导、思政课教师、党员骨干、班主任以及学生干部等。一方面，学校要统筹规划网络思想政治教育工作，加强对网络思想政治教育工作方向的指引，借助于大数据技术精准定位网络思想政治教育目标，构建完善的网络思想政治教育体系。另一方面，学校要统一设计、组织、实施线上线下教育的具体内容，精心挑选并匹配高素质、高质量一线思想政治教育基层队伍，加强对党（团）员骨干、优秀学生的培养，发挥两者的模范、带动作用。中小学校在开展思想政治教育时，要以课堂教学为主，通过规范化、系统化、有步骤化的教学，在突出理论学习的同时，重视实践学习，紧紧围绕中小学生的实际情况实施教学。另外，学校要针对思想政治教育，开展周期性的专题培训，加强与每位教师的走访交流，结合教师实际需求，完善考核评价标准，建立健全保障激励机制，多措并举提升学校内部每位教师的思政修养和理论水平，全力以赴建设一支专业化、职业化水平高的思想政治工作队伍，从整体上提升学校思想政治建设水平。

2.注重发挥教育客体作用

教育客体主要由学生团体、学生个体组成。网络思想政治教育更加强调双向信息的交流与反馈，从根本上改变了以往教育主体和教育客体之间被动传授与接受的状态，而是始终坚持平等、尊重、互动的原则，教育主体和教育客体依托网络这一载体，可以进行多种形式的内容交流和情感共鸣。在网络思想政治教育过程中，教育主体不仅要加强对学生思想、价值观的引导，以及学生综合素质的提升，还要为学生提供更多展示的机会与舞台，注重激发学生成长发展的主观能动性，了解学生线上学习的真实感受与实际需求，主要包括对网络思想政治教育的接受程度、对教育内容的理解程度、对教学手段的认可程度以及对信息的收集、辨别及应用能力等，从而充分发挥学生主体作用。

3.注重发挥教育环节的作用

网络思想政治教育环节主要由两部分内容构成，即载体建设和内容建设。一方面，载体建设的关键在于充分发挥融媒体的作用，学校要了解当下最受学生欢迎的主流媒体，如微信公众平台、抖音、微博、主流网站以及 QQ 群等，最大限度地挖掘媒体矩阵聚合效应，形成多路径复合传播。另一方面，为了加强内容建设，学校可以借助大数据技术的分析与预判，充分把握当下学生的思想动态和个性诉求，加大力度研究与编写高质量原创网络思想政治教育内容，以及进行品牌驱动，着力提高学生对网络思想政治教育内容的接受程度和认可度，切实提升网络思想政治教育内容的吸引力，充分调动学生在线上学习的主观能动性。学校要高度重视网络思想政治教育建设水平，学习其他学校优秀的网络思想政治教育建设经验，并结合本校实际情况加以优化，着力提升本校网络思想政治教育的关注用户数量和活跃度，从而有目的、有依据地调整网络思想政治教育环节中的组织实施和精准控制。

（二）立足教育过程，拓展全过程育人新思路

学校思想政治教育具有不间断性、长期反复性、复杂性等特点，全过程育人理念的贯彻与践行，要立足于思想政治教育过程，发挥网络信息技术的优势，加强对大数据、人工智能及物联网等网络技术的应用，以不断提升数据分析、舆论覆盖及监控防御水平，在优化网络生态环境的同时，做好先进思想文化的价值引领，拓展全过程育人新思路。

1.利用数据分析掌握学生思想动态

学校可以通过主流媒体、网络平台以及调查问卷等方式，系统、全面地采集学生在生活和学习过程中的学习状况、思想动态、生活需求、心理健康及关注热点等，并借助大数据技术综合分析与预测学生思想动态和需求。由此一来，使得思想政治教育向可量化、可视化、实证性和精准化的方向发展，为有效探索思想政治教育的模式和方法提供有力的数据支撑。在大数据分析结果的引导下，教育主体要有计划、有步骤地做好学生的思想引领工作，让教育客体与教育环节之间进行良性的信息传递，使两者的沟通进入良性轨道，从而大大改善网络思想政治教育面对复杂群体研究对象时的无力感，不断扩大思想政治教育活动的覆盖面与系统性。

2.利用网络技术提高舆论引导能力

学校应当广泛、高效、有质量地运用网络信息技术手段，全面掌握学生对传播于网络平台上的有关党和国家思想政治教育内容的理解和认识，尤其是对时事热点舆论的看法和态度，积极开展及时、有效的舆论引导工作，并落实好后期一系列的反馈、追踪及处理工作。学校应该借助大数据技术分析与预测近期学生思想、立场、观念及行为的动态变化，科学预判学生思想有可能出现的苗头性、倾向性问题，并采取针对性的措施及时预防与解决。

3.利用信息监控做好调整优化

近些年来，我国网络规模不断扩大，无效、杂乱、误发、频发信息伴随而来，为了减少这些信息对学生造成的负面影响，学校需要深入了解网络有害信息的传播方法与渠道，发现有害信息后要第一时间进行拦截与删除，为学生营造相对健康的网络空间。同时，学校还要引入健全的信息反馈机制，充分把握学生思想动态信息的获取与输出的渠道、途径与方法，全面分析有害信息对学生带来的负面影响，及时调整和优化教育教学工作中的偏差。由此，从教育主体层面入手，建立完善的信息监控机制，营造健康有序、文明和谐的价值引领良性网络生态，有助于促进整个思想政治教育系统的和谐运转。

（三）立足教育效果，谋划全方位育人新举措

大数据时代，为教育活动的开展提供了更加丰富的教育载体，促进了思想政治教育载体的极大变革。思想政治教育可以充分发挥自身独有的教育主客体优势，依托各种各样的教育载体加强对学生的引导，将思想政治教育渗透于各个领域和环节当中，从教育效果入手，谋划全方位育人新举措。

1.有机结合思想政治教育与校风学风建设

就目标而言，思想政治教育与校风学风建设具有高度的一致性。积极、健康的校风学风与学生身心健康发展密切相关，有助于培养学生良好的三观。而对学生思想道德等意识层面进行科学有效的教育，是学校思想政治教育的主要目标之一，有助于学生形成勤奋好学的学习态度和高尚的思想道德。因此，在全方位育人过程中，有必要加强思想政治教育与校风学风

建设的融合。为此，学校教育主体要将思想政治教育与校风学风建设系列活动相融合，其中包括社会实践、主题教育、志愿服务、评奖评优、校园文化等，将校风学风建设作为思想政治教育的有效载体。同时，学校要不断扩展网络思想政治宣传教育的广度和深度，充分利用学校权威平台，积极引导广大学生更好地接受思想政治宣传，使学生于内心深处厚植爱党、爱国、爱校情怀。另外，学校要着力打造一批优秀的特色思政品牌，包括思政工作室、名师优生、科研团队等，充分利用网络平台不断提升品牌的知名度、号召力和辐射范围，力争将思想政治教育渗透于学生学习实践的全过程。

2.有机结合思想政治教育与师德师风建设

从静态来看，师德师风为学校思想政治教育提供了充足的环境资源；从动态来看，师德师风为学校思想政治教育提供了良好的交往体验。与传统教育模式相比，以师德师风建设为载体促进学校思想政治教育的全方位育人具有显著的优越性。首先，学校要积极组织支部书记和骨干开展系列党课、团课，不断提升党课、团课的"高度""温度"和"深度"，积极利用红色网站、客户端的优势，开展周期性的集视频、图文、动漫等为一体的微党课，"靓"起党课新风尚，积极发展青年教师入党，抓师德建设，进一步提升学校教育工作者的思想政治素质。其次，学校要加强思想政治工作与人才工作、统战工作的不断融合，搭建互通有无、深化交流的常态化平台，不断提升思想政治建设的凝聚力和影响力。最后，学校要加强引导教师构建在思想政治教育中的话语权，充分发挥网络文化语境下思想政治教育话语的创新，巩固教师在育人工作中的重要地位。

3.有机结合思想政治教育与安全稳定工作

学校安全稳定是学生综合素质提升以及适应社会变化发展的重要基础，只有落实好学生的安全教育问题，才能保证学校思想政治教育取得良性发展。做好学校安全稳定工作也是学校实现进一步发展的必要前提与重要保障，关键就在于维护好校园环境的安全、师生的政治安定团结、师生思想情绪稳定等方面的工作。为此，学校可以构建安全管理的数据平台，让数据赋能学校安全稳定工作，全面压实各重点区域安全主体责任，促进学校安全稳定工作数字化改革，定期检查每个重点区域，并对异常情况进行拍照并上传至小程序，拍照人员可以选择自行处理，或者提交给上级部门人员进行处理，有效落实"闹钟式"巡检巡查预约提醒，加强日常监管、四色赋码，并根据预警等级进行跟踪溯源，全面实现闭环管控。而且，每个重点区域都设有安全二维码，可供相关人员进行扫码查看近期的巡查、维护以及警报情况，提高学校安全稳定工作的便捷性、精准性、高效性。

第三节　思政课程与课程思政联动机制

思想政治教育作为一个规模庞大的系统工程，由思政课程系统、课程思政系统等诸多子系统构成。对于思想政治教育而言，思政课程和课程思政是它的两类不同形式，两者之间存在着主次、显隐的关系，两者只有同向同行、相互依赖、相互补充、相互促进，实现显性教育与隐性教育相统一，才能达到最佳的思想政治教育效果。因此，建立思政课程与课程思政联动机制意义重大，对思想政治教育的发展和学生的健康成长起着积极的作用。

一、思政课程与课程思政的含义及关系

（一）思政课程的含义

思政课程指的是"思想政治理论课"，是立德树人根本任务在学校得以有效落实的关键课程，是必须严格按照国家要求设置与实施的课程。自中华人民共和国成立以来，随着国家建设与改革的不断深化，学校思政课程的发展步伐也不断加快，虽然这是一个迂回曲折的过程，但依然收获了丰硕的成果。尤其是党的十八大以来，党和国家高度重视学校的思政课程建设，运用多样化的形式如颁布文件、调查研究、召开会议来助力思政课程的创新与发展。当前阶段，在思政课程体系建设方面，我国各级各类学校基本形成了系统、完整的思政课程体系，尤其是高等学校，在尊重学生差异的基础上结合学生需要和特点，在专科、本科、硕士研究生以及博士研究生这些教育阶段设置了思想政治理论课，而且还将该课程性质设置为必

修课。思政课程的开展需要依据教育部设置的课程建设标准，具有一定的规范性、科学性，它不仅是学校培养社会主义建设者和接班人、增强思想政治教育工作实效性的重要载体，还是立德树人的关键课程。

（二）课程思政的含义

目前，关于课程思政的概念界定，学术界尚未形成统一的意见。对于课程思政的概念，宗爱东、高德毅两位学者提出的观点受到了学术界广泛的认可，即从本质上来看，课程思政是将学校思想政治教育贯穿于课程教学和改革的每个方面和每个环节，以润物无声的方式落实立德树人。[①] 课程思政作为一种课程观，并非是指一门或多门课程，而是一种综合教育理念。从酝酿到生成，从抽象到具体，课程思政这一教育理念经历了漫长的探索过程。"课程思政"概念于 2014 年在上海首次提出，上海市通过深入挖掘与全面整合各个课程的思想政治教育资源，很好地发挥了相关课程的育人功能，随后国内众多高校也进行了很多探索与尝试，使得课程思政的理念越来越清晰。

课程思政旨在将思想政治教育渗透于各类课程教学全过程，力争充分发挥出所有课程的育人功能，使教育教学的每个环节和过程都突出体现对学生思想、价值观的引领。思政课程以其丰富的内涵，在培养时代新人、立德树人等方面发挥着十分重要的作用，让每一门课程都较好地完成育人职责，让思政课程与各学科课程联动育人是落实课程思政教育理念的必经途径，同时还能很好地回答"培养什么人、怎样培养人、为谁培养人"的问题。

（三）思政课程与课程思政的关系

思政课程与课程思政都是实现立德树人总目标的重要载体，二者不仅有着千丝万缕的联系，是个割舍不断的，同时，二者之间也存在很大的区别。（图 5-5）

---

① 高德毅，宗爱东. 从思政课程到课程思政：从战略高度构建高校思想政治教育课程体系 [J]. 中国高等教育，2017（1）：43-46.

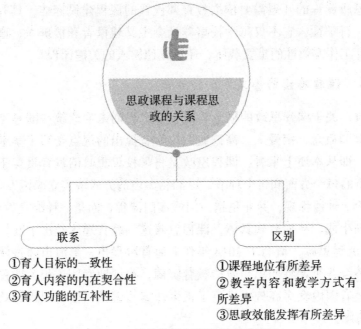

图5-5 思政课程与课程思政的关系

1.思政课程与课程思政之间存在的联系

思政课程与课程思政之间的联系主要体现在育人目标的一致性，两者的育人内容具有内在契合性，育人功能具有互补性。

第一，育人目标的一致性。对于思政课程和课程思政来说，二者育人的载体都是课程，最终目标也都是指向立德树人，为党和国家培育满足时代要求的优秀人才，为伟大中国梦的早日实现注入源源不断的新鲜血液。无论是作为一门具体课程的思政课程，还是作为教育理念的课程思政，两者都是立足于学生成长成才的实际需要，主要从理论学习、实践锻炼等多层面入手，为学生发展提供及时有效的指导，加强对学生的价值引领，采取多种教育手段帮助学生将社会主义核心价值观内化于心、外化于行。

第二，育人内容的内在契合性。从课程内容角度来看，思政课程的主要教育内容是马克思主义理论，课程思政的主要教育内容为"学科知识＋思政教育元素"。因此，二者在育人内容方面存在着一定的内在契合性。

实际上，二者都是思想政治教育内容体系中不可或缺的一部分。①

第三，育人功能的互补性。思政课程和课程思政虽然在性质方面有所差异，但在育人功能方面都具有较强的思想政治教育功能，而且二者相互补充、相互促进、相互影响。思政课程主要传授的知识是思想政治理论，在培育人才方面发挥着重要的价值引领作用，是立德树人根本任务实现的关键载体和课程。课程思政主要是通过深入挖掘各学科课程所蕴含的思想政治教育元素，促进思想政治教育与学科课程的深度融合，在培育人才方面起着春风化雨、润物无声的作用，是对思政课程育人的进一步拓展与延伸。

2.思政课程与课程思政之间的区别

在课程地位、教学内容、教学方式以及思政育人效能等方面，思政课程与课程思政存在着显著的差异性。

第一，课程地位有所差异。在学校思想政治理论课教师座谈会上，习近平总书记着重强调，思想政治理论课是落实立德树人根本任务的关键课程②。由此可知，在学生成长成才过程中，思政课程占据着举足轻重的地位，起着重要的价值引领作用。作为一种课程观的课程思政，力求充分发挥每门课程、每一节课的育人功能，让所有课程都能各门课守好一段渠、种好责任田，实现与思想政治理论课共同携手向同一个方向前进，二者共同发挥联动育人的作用，是增强学校课程育人的有效手段。

第二，教学内容和教学方式有所差异。思政课程具有强烈的意识形态属性，其教学内容以马克思主义理论为主，力求通过向学生讲解与传授系统、完整的理论知识，给学生心灵埋下真善美的种子，引导学生扣好人生第一粒扣子，培养学生良好的价值观念，所采取的教育方式是显性教育。而从教学内容来看，课程思政是让每一门课程知识将所讲解的知识与思想政治教育的相关内容或资源一起融进教育教学，一方面要完成好知识传授任务，另一方面要充分发挥立德树人的实际效用，所采取的教育方式是隐性教育。

---

① 邱仁富.“课程思政”与思政课程同向同行的理论阐释 [J].思想教育研究，2018（4）：109-113.
② 袁银传，史素花.论思想政治理论课是落实立德树人根本任务的关键课程 [J].学校党建与思想教育，2020（7）：37-41.

第三，思政效能发挥有所差异。思政课程在思想政治教育中占据着主渠道地位，其主要是通过体系化的教学内容将显性的理论知识传输给学生。现如今，思政课程成为各个学校的必修课程，范围涵盖学校全体学生，有着十分广泛的影响范围，在育人育才方面所发挥的功效与作用是不可替代的。课程思政所发挥的思政效能体现出分散性特点，其更多是将思想政治教育的相关内容或资源引入各类课程教学中，犹如汤中之盐，而且融入的形式多种多样，由于不同学科课程与思想政治教育资源之间的结合点各有不同，所以所发挥的思政效能也有所差异。

二、构建思政课程与课程思政联动机制的重要意义

思政课程与课程思政联动机制的构建与运行，是思想政治教育高质量发展的必然选择，是有效应对国内外意识形态领域斗争的需要，是实现新时代艰巨而复杂历史任务的需要，是引导学生健康成长的重要举措，有助于利用思政课程与课程思政各自的独特优势弥补教育短板。（图 5-6）

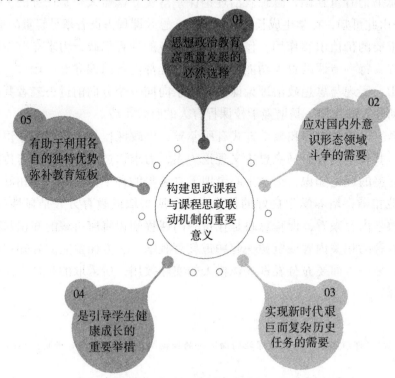

图 5-6　构建思政课程与课程思政联动机制的重要意义

（一）思想政治教育高质量发展的必然选择

一方面，在思想政治理论课教学中，如果教师不充分考虑学生的实际需求，将思想政治理论知识直接灌输给学生，极易引发学生对思想政治理论课的抵触、反感等负面情绪。另一方面，在各个学科教学中，如果任课教师仅仅是注重"教书"却忽视"育人"，就会导致课程内容丧失灵魂、温度、情怀，不容易激起学生对专业课的兴趣，动摇学生对社会主流价值观的高度认同感。正是因为学科教学与思政课教学之间没有进行互补和交叉，才导致无法形成强有力的育人合力。而通过建立思政课程与课程思政联动机制，有助于充分整合思想政治教育资源，一方面能够不断提升思想政治理论课教学的吸引力、趣味性、针对性，培养学生学习思想政治理论课的兴趣；另一方面，能够丰富各学科教学的教学内容，提升教学方法的灵活性、多样性，让课堂充满人文关怀的气氛，为课程建设提供全新的思路与方向，从根本上打破思想政治教育的"孤岛化"状态，构建教育发展共同体，促进思想政治教育高质量发展，充分发挥出立德树人的作用。

（二）应对国内外意识形态领域斗争的需要

从世情来看，当今世界正经历百年未有之大变局，国际形势发生了深刻的变化，国际上不确定、不稳定的因素日益增加。从国内形势来看，近些年来，社会主义市场经济逐渐实现更深层次的发展，社会经济成分、分配方式、组织形式及就业方式等方面都呈现出多样化的特点。社会存在决定社会意识，随着社会的多元化发展，人们思想活动表现出更加显著的选择性、多变性、独立性、差异性。国内外意识形态领域斗争形势异常复杂，给学校思想政治教育带来了严峻挑战。对此，学校要站到国家意识形态安全的高度，积极构建思政课程和课程思政联动育人机制，帮助学生更好地了解与掌握马克思主义观点、立场及方法，从整体上提升学生政治站位，始终坚持中国特色社会主义道路自信、理论自信、制度自信、文化自信，从而在斗争激烈的意识形态领域站稳脚跟，具备较强的明辨是非的能力，把握正确的人生方向，永远保持真正的自我。

（三）实现新时代艰巨而复杂历史任务的需要

新时代国家的建设任务艰巨、责任重大，主要包括以下内容：2035年，我国要基本实现社会主义现代化，大幅提升我国经济实力、科技实力及综合国力；2050 年，我国要实现社会主义现代化强国的宏伟目标，达成第二个百年奋斗目标，全面实现中华民族的繁荣富强。这些艰巨而复杂的历史任务的如期实现，必须坚持和依靠中国共产党的正确领导，还需要全国各族人民长期的开拓创新、艰苦奋斗、积极奉献，当然也需要依靠各行各业的优秀人才。如今拼搏奋斗在学校的学生就是未来推动社会各行各业发展的人才，所以从某种意义上来讲，上述这些历史任务的实现很大程度上取决于在校学生的综合素质。学生的综合素质涉及诸多方面，主要包括文化素质、道德素质、身体素质、思想道德素质、心理素质以及能力素质等。其中道德素质和思想政治素质尤为重要。在管理科学领域流传着这样一句话，即德才兼备是合格品，有德无才是次品，有才无德是危险品，无才无德是废品。德是人之本，国之基，育人是学校的根本任务，这就需要学校勇于担负起"育新人"的时代使命，增强历史责任感，充分认识和准确把握立德树人的内涵，将德育看成是学校育人的首要任务。通过构建思政课程和课程思政联动机制，强化思政课程和课程思政协同育人效果，有助于提升学生的道德素质和思想政治素质，能够为新时代艰巨历史任务的早日实现添砖加瓦。

（四）是引导学生健康成长的重要举措

关于学生在学校里学什么这一问题，现在存在一个误区，即学生在学校里就是读书。其实并不然，学校归根结底是培养人，学生通过学习需要学会做人，学会做事，而学会做人是学会做事的前提。从做人做事角度来看，学生的主流是比较好的，但有个别学生存在着心理素质脆弱、价值取向扭曲、政治信仰迷茫、社会责任感薄弱等不同程度的问题，影响到学生的健康成长。遇到问题要采取针对性的方法及时解决问题，学校的首要功能是培养人，而人才培养的关键需要弄清楚三个问题，即培养什么人、为谁培养人以及如何培养人。中华人民共和国是中国共产党领导的社会主义国家，这就决定了学校教育的根本任务，即为社会主义的发展培养合格的建设者和接班人。为了完成这样的重要使命，单纯地依靠思想政治理论课单兵作战是万万不行的，要不断深化思想政治教育与其他学科教学的融合，实现思政课程和课程思政的联动育人。

（五）有助于利用各自的独特优势弥补教育短板

思想政治理论课主要通过相对固定和程序化的课程教学向学生灌输马克思主义理论，教育方式直接，学生受益面大，教育成效显著，这是基于思想政治理论课在显性教育中的优势。但是思政课程在育人方面存在边界，需要课程思政有效补充。思政课程主要是依托各学科课程，培养和塑造学生的思想、情感、意志和价值观，属于一种系统化、概括性的价值引领，很难做到具体区分和满足不同专业学生的现实需求，因此面临着价值涵纳度较高、课程接受度偏低的困境。而课程思政可以帮助学生解决在国家建设发展和自我成长规划方面的困惑和疑虑，为思政课程所促进的价值引导和思想引导提供较为充足的知识和实践证明，使知识学习与道德提升相得益彰。因此，课程思政在贴近学生专业方面具有独特的优势，能够为其提供适切的案例，充分发挥思想政治教育的渗透性。那么课程思政可以替代思政课程吗？当然不能，课程思政也存在一定的短板，从教学内容、教育目标和实施过程等方面来看，课程思政具有局部性、分散性和间接性的特征，其育德效果远远赶不上思政课程，它还存在许多建设不足的地方，需要思政课程对其发挥示范引领作用。

思政课程要在保持自身特色的基础上，学习其他课程的科学意识，注重科学研究方法和客观评价机制的发展，注重专业性、科学性和学术性。课程思政要在建设和发展过程中校准政治方向、把准价值航标，在进行知识传授和能力培养的过程中，始终将马克思主义理论作为唯一指导思想，与思政课程一起为达成德才兼备的育人目标而服务。思政课程和课程思政能够在实际育人环节实现优势互补与弱势填充，促进教育成果实现由"点"到"面"的覆盖和影响。

三、思政课程与课程思政联动机制构建的基本原则

学校在推进思政课程与课程思政联动育人的过程中，需要坚持四个基本原则，即坚持教育教学与立德树人有机统一、坚持理论学习与实践育人相互贯通、坚持知识传授与价值引领交相辉映、坚持显性育人与隐性育人相辅相成，将育人事业推向新高度。（图5-7）

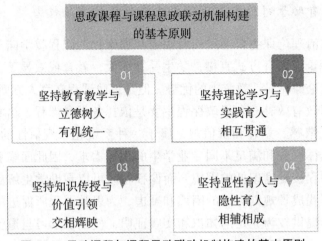

图 5-7　思政课程与课程思政联动机制构建的基本原则

（一）坚持教育教学与立德树人有机统一

教育是国之大计、党之大计。学校作为为党育人、为国育才的摇篮，是为祖国和社会发展培育优秀人才的主阵地。学校教育的第一要务是明确培养什么人，在此基础上制定科学合理的人才培养目标，牢牢掌好教育之舵。习近平总书记提出："人无德不立，育人的根本在于立德。这是人才培养的辩证法。办学就要尊重这个规律，否则就办不好学。"[①]以习近平总书记重要讲话精神为指导，要求学校在开展育人工作时，要自始至终都将"立德树人"作为教育的根本任务和核心，将"立德树人"贯穿于文化知识教育、思想政治教育以及社会实践教育的每一个环节之中。在学校各门课程教学过程中，要最大限度地发挥出各门课程的育人功效，使全体任课教师都完成好育人的重要任务，通过教育教学与立德树人相结合的方式，促使育人事业更上一个台阶。

（二）坚持理论学习与实践育人相互贯通

从总体上来看，我国学校的人才培养通常围绕"理论学习 + 实践操作"这一方式展开，这种人才培养方式具有科学性、系统性。无论是具有规范思想和行为功能的思政课程，还是具有专业化功能的其他各类课程，不仅要为学生讲解好基础理论知识，更重要的是组织学生参加实践活动来检验

[①] 习近平 . 青年要自觉践行社会主义核心价值观——在北京大学师生座谈会上的讲话 [J]. 人民教育，2014（10）：6-9.

所学理论。因此，学校在开展思政课程和课程思政联动育人工作时，要加强理论学习与实践育人的相互贯通，要以原有教育模式为基础积极探索思政课程教学新模式，如增加思想政治理论实践课、开展趣味性强的课堂实践环节；各门课程要有意识将课程思政理念渗透到实践的各个领域、各个环节，加强对学生良好思想道德的熏陶与培养。

（三）坚持知识传授与价值引领交相辉映

思想政治教育并非单行道，知识传授与价值引领缺一不可。无论是思想政治理论课还是其他各类课程，对于教师而言，都需要完成知识传授这一教育教学目标和要求，同时要落实好立德树人根本任务。因此，让知识传授与价值引领交相辉映是教育教学的本质要求。在思想政治理论课教学中，教学内容主要包括中国特色社会主义理论体系、毛泽东思想、中国近代史、理想信念、人生观、法治思维等，为学生讲授这些教育内容的最终目的并非让学生死记硬背这些理论内容，而是让学生透过浅显的表面达到学懂、学通的程度，让学生通过学习马克思主义理论，更深层次、更清晰地了解中国理论、中国道路、中国文化以及中国制度等，并逐渐形成强烈的认同感，进而更加坚定中国特色社会主义道路自信、理论自信、制度自信、文化自信。在各类课程教学中，任课教师所承担的主要教学任务是知识讲授、技能培养，但在实际的教育教学工作中，教师不仅完成好育才任务，更重要的是完成好育人使命，抓住一切机会落实立德树人根本任务。换言之，教师必须充分认识到单纯通过课程知识学习来培养学生是远远不够的，还必须时刻牢记立德树人的初心，以及为党育人、为国育才的使命，充分发挥课程的价值引领功能，不断深入融合知识传授与价值引领功能。在课程教学中，教师要善于运用多样化的方法与形式，将思想政治巧妙地融入进来，在知识传授过程中有意识地加强对学生内在品质的培养，如科学精神、理想信念及道德素养，通过润物细无声的方式达到理想的课程育人效果。

（四）坚持显性育人与隐性育人相辅相成

学校全课程联动育人是一项系统性、整体性的工程，无论是思政课程还是课程思政，终极目标都指向了将立德树人落到实处。作为一门系统性的思想政治教育课程，思想政治理论课是一门有温度的课程，主要讲授的知识是马克思主义的相关理论，采取的主要育人方式是显性育人。除此之外，在课程推进实施的过程中，很多教育资源也都发挥着非常重要的思想政治教育功能，主要包括教学用具、课堂氛围、教师素质以及教育环节等，教师可以发挥这些教育资源的优势，对学生实施比较隐性化的思想政治教育。受到课程内容和课程性质的限制，各类课程在渗透落实课程思政教育理念时，主要采取的是隐性育人方式，通常是将思想政治教育资源适时适当地融入课程中，通过春风化雨、潜移默化的方式引导学生的思想和道德。但是有些课程具有双重属性和双重功能，如高校的历史学、社会学、新闻传播、法学等人文社科类专业课程，与意识形态引领息息相关，这类课程的教育内容应该与政治方向具有更高的契合度。因此，学校在开展思政课程与课程思政联动育人工作时，必须坚持显性教育与隐性教育相结合的育人方式，最大限度地挖掘全课程的教育功效。

四、大数据时代思政课程与课程思政联动机制的构建路径

大数据时代，思政课程与课程思政联动机制的构建，可以从强化教师责任，践行两个意识协同互促；打造资源共享平台；创建网络研讨社区；虚拟现实技术助力沉浸式情境教学；建立思政课程与课程思政育人评估机制等五方面入手（图5-8），以提升思政课程与课程思政联动育人的效果。

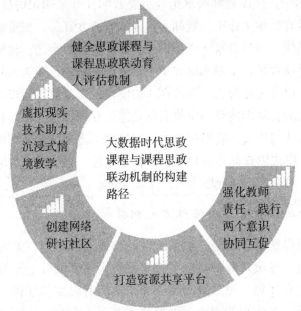

图5-8 大数据时代思政课程与课程思政联动机制的构建路径

（一）强化教师责任，践行两个意识协同互促

教师是教育工作有序推进的中流砥柱，高素质教师是实现高质量教育的重要保障。在思政课程和课程思政同向同行的过程中，教师作为这项工作的中坚力量，必须自觉、积极承担起主体责任，扮演好学生成长成才道路上的引路人和筑梦人的角色。

首先，思政课教师和各课程教师要树立强烈的育人育己意识，在具体的教育教学工作中将育人责任和使命摆到首要位置，充分发挥言传身教的作用，同时善于利用大数据资源库，不断提升自身的思政育人能力，在实践过程中不断提升育人水平，探寻更加新颖、有效的育人方法，促进自身的职业发展。同时，学校可以组织教学观摩、教师培训、学术交流等各种各样的活动，为思政课教师与各课程教师之间的交流与互动提供平台，逐渐拉近二者之间的距离，使二者在沟通中逐渐深化对思想政治教育学科的认识，不断强化全体教师的"课程思政"建设意识。

其次，在大数据时代，思政课教师和各课程教师必须与时俱进，形成良好的大数据观，树立较强的数据意识，不断提升自身的数据素养和数据能力，积极参加校内校外与大数据知识相关的培训讲座，通过自主锻炼、交流学习以及与相关专业教师组建团队等多样化的途径，着力提升自身的数据处理水平，学习和掌握更多数据应用的有效方法和技巧，高度重视数据价值的发挥，加强思政课程与课程思政之间的联系。另外，从数据的关联性入手，探索、发现并总结学生身心发展和学习的规律，并据此实施针对性、个性化教学，从整体上提升育人效果。

（二）打造资源共享平台

在学校思政课程和课程思政联动育人过程中，教育资源发挥着非常关键的作用，搭建开放式、包容性的资源共享平台，对于思政课程和课程思政联动育人的精准化起着促进作用。教师依托课程资源共享平台，能够获取丰富、有价值的资料信息，为思政课程与课程思政的同向同行提供有力支撑，尤其是对于那些有待提升课程资源挖掘深度的教师来说，开放式的课程资源共享平台，对教师带来了更加广阔的拓展空间和灵感启发。对于作为"网络原住民"的学生而言，在线思政课程和课程思政教学为他们提供了更加丰富的图片、视频，这种更具吸引力的教学形式有助于调动学生

学习的积极性。

1. 搭建精品课程思政与思政课程展示平台

课程平台的构建要建立在充分考虑教师和学生现状和需求的基础上，不仅要为教师提供开放、免费的创建与发布课程的渠道，还要方便学生进行学习、推荐、评分、共享，满足教师和学生的个性化教学和学习需求。例如，麻省理工学院推出了"开放课程计划"，最终目标是利用丰富、有价值的知识突破象牙塔的高墙，为世界各地的学习者提供学习资源，让那些渴望学习的人从中受益，这项计划通过构建和推广在线教学资源，彻底改变了知识分享的面貌，是一个具有代表性、成功的案例，对我国开放课程的建设具有重要的参考价值。学校思政课程与课程思政应该抓住互联网、大数据等现代信息技术蓬勃发展的契机，积极打造和推介具有较强吸引力、传播力、影响力的精品在线课程。

2. 搭建课程素材资源共享平台

现如今，越来越多的技术平台研发推出思政课程与课程思政素材资源网站，如光明网与一家信息技术公司相互合作、共同研发了高校课程思政资源数据库，平台主要包括课程思政、全景思政、时政热点、学习阅读等，为高校提供视频、国家发展专题等极其丰富的资源素材，服务于高校课程思政学科资源建设。还有很多学校结合专业特性推出了思政课程与课程思政主题案例库、专业案例库和教学素材库。思政课程和课程思政素材资源库的搭建与使用，需要以课程信息资源的收集整理和信息平台建设为支撑，在此过程中，不仅要发挥信息技术人员和教师端口的功能，还要充分发挥学生端的资源共建作用。为此，学校需要探索更加丰富、开放的途径和渠道以发挥学生端功能，如为学生提供上传、创建、发布思政课程与课程思政素材资源的服务，使学生不再局限于信息消费者的角色，而是拓展到信息生产者。学生上传至资源共享平台的资料信息是学生价值观念的自我认知和建构，这不仅是考验学生综合能力的有效方式，也能检验学生价值观念的正确与否。

（三）创建网络研讨社区

在思政课程与课程思政联动育人的过程中，学校依托特定的教学软件，可以将相关教师和学生有效连接到同一个学习型社区当中，教师和学生根据提示完成实名制注册与登录，并在同一个网络研讨社区中进行交流，这是一种有助于提升价值观念教学效果的创新性途径。当学生处于在线连接状态时，就会拥有同龄人网络，彼此间可以进行联系并获得支持与帮助，学生处于这种相互连接的课堂社区中，通常会将此看作十分宝贵的资源。在线下课堂教学中，参与讨论的学生往往只占少数，大部分学生都选择保持沉默。但在线上研讨过程中，由于线上讨论具有匿名性，再加之异步在线讨论具有延时性、自由性、灵活性特点，使得很多内向、腼腆的学生也在舒适自由的空间中踊跃提问并分享自己的想法，增加了对话的生动性和深度，极大地提升了学生参与线上群互动的主动性、积极性。如今，有一种非常重要的方式在学生群体受到了广泛欢迎，即用充满活力、激情四射的在线辩论、协作小组作业、讨论作业代替纸笔作业。正如图像化思想政治教育方式，通过有机结合思想政治教育与"图像"，充分体现教育方式的形象化、直观性、隐喻性、象征性、现实性与虚拟性，与大数据时代学生图像画的思维方式和认知方式的变化相契合。在日常课程教学中，教师可以设置特定的主题，如中国共产党成立100年的宣传，并在网络上发布一个讨论的话题，要求学生对宣传内容的设计与创作进行客观的讨论与评估。在课堂教学中，教师可以引导学生以小组为单位，创造性地应用各种数据信息，以协作的方式，完成形式多样、主题鲜明、内容新颖、富有感染力的宣传任务。看似简单的课程流程，实际上是教师为课堂上进行对话打基础的重要手段，同时也要保证学生能够自由地在线异步参与。

以社交软件为载体，为学校思政课程与课程思政师生之间、生生之间交流与讨论提供开放式的社区平台。依托开放社区平台，师生、生生之间会在情感与交际层面建立联系，使得教学状态和认知状态共同产生社交状态。社区的有效创建必须遵循信任和互惠两者关键原则，所以有必要制定明确、规范、具体的社区准则，强调组中的帖子必须经过认真思考、深思熟虑，并举例说明合格状况，同时为学生提供特点的模板以供遵循，教师首先要以身作则、身体力行，作为学生的指导者并对学生进行建模，然后学生才会效仿。另外，采取相同的动态学习和交流框架，还能搭建一流的在线会议系统，有机结合视频会议技术如腾讯会议与各种先进工具，构建便捷、智能、富有活力的数字会议和在线活动。

（四）虚拟现实技术助力沉浸式情境教学

随着大数据时代的开启，虚拟现实技术成为推动大数据发展的主要动力。目前，尽管虚拟现实技术在诸多课程与技能训练领域已有范围和深度方面的应用突破，但在思政课程和课程思政中的应用依旧具有较大的开发空间。虚拟现实技术作为一种教学辅助技术，通过利用现实生活中的数据，并利用计算机构建出一种模拟环境，使用户沉浸其中，实现切身参与感。以虚拟现实技术为支撑的教学，可以通过人机交互的方式，为师生营造出沉浸式教学环境和体验，借助于混合现实技术，使学习空间不再局限于教室，而是延伸至教室之外。大中小学思政课教师可以借助于虚拟现实技术，开展"重走长征路"的教学活动，通过视觉修辞再现和交互体验相结合的方式，帮助学生更深入地理解与感知中国革命历史和长征精神的内涵。[①]不仅如此，借助于虚拟现实技术，还能帮助学生更好地感化社会情绪，混合现实可以消除情绪屏障，有助于学生以全新的视角认识和体验生活。而且，使用这种沉浸式技术，能够为学生营造自由和谐、互相协作的良好环境，带给学生更多从未有过的体验。带给学生与众不同的情感体验和价值感知，是思政课程和课程思政联动育人的突破点之一，而虚拟现实技术的合理运用，能够有效突破时间与空间的界限，营造虚拟现实的价值选择与自觉环境，有助于学生深度学习与高度认同教师所传授的价值观念。

在虚拟现实技术与教育教学的深度融合过程中，教师对硬件技术的应用尤为重要，是影响教育与技术融合程度、最终教学效果的决定性因素。因此，要想利用虚拟现实技术促进思政课程和课程思政情景化建设，首先要保证一线教师积极参与虚拟现实产品的研究、开发与设计，进而更加准确、全面地掌握创设虚拟现实情境中所具备的价值教育点。例如，在高中历史《抗日战争》的教学中，考虑到仅凭文字和音视频无法贴切地感受抗日战争时期的真实环境和气氛，所以教师可以为学生构建抗日战争时期的虚拟现实情境，有效打破文字和音视频描述的不可感性，带给学生一种身临其境的感觉，这样更容易激发学生的爱国意识和民族情感。

---

① 周琪. 论思想政治教育图像功能和实现方式 [J]. 思想教育研究，2018（4）：28-32.

（五）健全思政课程与课程思政联动育人评估机制

为了对思政课程和课程思政的联动育人效果进行科学、客观的检验，学校应当构建一套系统性、完备性、可操作性、全面性的评估体系，这不仅是一种可靠的参考体系，也是一种重要的制度保障。

一方面，思政课程与课程思政联动育人成效的评价标准，首先要充分考虑两个衡量指标，分别为科学文化程度和思想政治素质水平。对学生知识掌握水平的评价，不仅要从课上讨论发言、课下作业完成情况以及日常考试成绩等方面入手，还要对学生宿舍生活、日常团体活动以及社会实践等方面的数据信息进行整合，确保考核标准呈现出多元化特点。其次是将实践作为联动育人成效的客观衡量标准。马克思强调，实践是检验人"思维真理性"的重要标准，要想检验思维对客观存在的人或事物的反映是否正确科学，需要将实践作为有效手段，将真理性的认识转变为物质层面上的力量，把理论变成现实。①因此，对思政课程和课程思政联动育人成效的有效评估，应当将重点放在学生所参加的一系列实践活动和行为习惯上，评判学生是否真正做到了知行合一。

另一方面，探索多样化的思政课程和课程思政联动育人效果评估方法。首先，随堂听课制度是切实提升教学质量的主要手段，而且随堂听课的类型和方式多种多样，可选择性比较多，主要包括预约式的汇报课、研究式的示范课以及竞赛式的交流课等。因此，有必要沿袭传统的随堂听课制度，制定"随堂跟踪评价表"，进一步强化教学督导和加快教学创新，之后将评价表数据信息上传至教学质量评估系统，为最终联动育人效果的评估提供重要依据。学校可以组建教学督导专家组，全面、深入地开展随堂听课活动，及时跟进课堂中的教学动态和学习动态，分别从多层次、全方位、多角度评估思想政治理论课和各课程的授课情况，重点围绕"能否巧妙处理知识传授与价值引领之间的关系""课程教学中是否体现出联动育人意识""所设置的教学案例是否蕴含德育元素"等指标进行评分。其次，学校可以充分利用网络通信技术和移动终端设备，搭建微信听评课系统。在系统当中，学校可以针对思政课程与课程思政的联动设置一系列项目，如教师课程思政听课专项评价表、学生对课程思政建设成效评价表，从而收集更多来教师和学生对思政课程与课程思政的真实评价数据。基于微信平台

---

① 张晓玉 . 马克思实践观的发展研究 [J]. 经济研究导刊，2022（20）：145−147.

的听评课系统的构建，彻底打破了传统听评课制度时间和空间两个层面的局限性，不仅能逐渐培养评课教师良好的评课素养，提升授课教师的教学业务水平，还丰富了教研方式，为教学管理提供了更多的便利，促进了教学效益的提高。

第六章　大数据时代学校思想政治教育联动机制的成效

第一节　推动实现多元主体联动，开创全员全域育人新格局

　　学校思想政治教育联动机制的运行，要实现全员全域育人新格局还面临着诸多实践难点。在大数据驱动下，促进了多元主体的全方位联动，为实践难点的突破提供了有利条件，不仅增强了育人主体的联动育人意识，还形成了联动育人队伍，为贯彻践行"三全育人"奠定了良好基础。本节重点论述了构建全员全域育人新格局面临的实践难点，分析了大数据为实践难点的破解所提供的便利条件（图 6-1），并阐述了联动机制应用的具体成效。

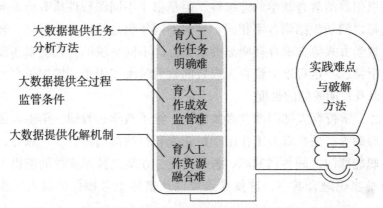

图 6-1　学校开创全员全域育人新格局的实践难点与破解方法

一、学校开创全员全域育人新格局的实践难点

（一）育人主体类型多样，育人工作任务明确难

全员育人的基本要求是所有施教者都能主动、积极地参与到育人工作当中，以创设"人人皆育人之人"的浓厚育人氛围。全员育人不仅是"三全育人"的首要内涵，还是有效推动"三全育人"改革发展的核心目标。对于各级各类学生来说，施教者并非仅仅指向一线教师，是包括一线教师在内的班主任、辅导员、行政管理人员、企业兼职教师等，由于育人主体类型多样，所以难以明确各育人主体在育人过程中的角色定位。

构建全员参与、各尽其责、各施其能以及良性互动的育人体系是实现全员育人的关键，但是，由于学校育人主体类型众多，内部治理体系具有一定的粗放性特点，加之跨界教育的开展，很容易出现组织边界和职责问题，导致全员育人面临着一系列难题，如各主体职责难厘清、岗位类型多样难分工以及事务烦琐杂乱难考核。

（二）学校育人周期较长，育人工作成效监管难

全过程育人要求将立德树人落实到思想政治教育教学、学生学习和成长的全过程，涉及学生从入学到毕业的整个过程。各个学段的学生要参加若干个教学环节，主要包括课堂学习、完成作业、实际操作、社会之间以及社团活动等，整个周期比较长，环节比较多，就容易产生以下两个问题。

第一，在思想政治教育过程中，即便是有人才培养方案进行引导，可以保持思想政治教育教学的连续性，但是由于不同课程性质有所差异，再加之教师之间知识结构各不相同，导致不同年级之间的教学目标、教学内容以及教学方式等方面存在明显的差异性，不同学段的育人要素还没有实现有效衔接，一定程度上给育人成效的检验带来了困难，增加了育人的跟踪管理以及长期效应的难度。

第二，学校育人部门涉及多条线块，除了教学、教辅、学工，还涉及行政、后勤等。虽然育人工作由学校党委和行政部门进行统一领导，但是由于各职能部门之间各司其职、各尽其责，在缺乏技术支撑的前提下数据信息很难实现融合共享，这就导致难以从整体上考核评估育人工作的实效性。

（三）学校育人范围较广，育人工作资源融合难

全方位育人要求不同部门之间进行良好的分割联动，实现资源的深度融合与高效调配。由于学校育人涉及的范围十分广泛，导致育人工作的开展面临着资源难以有机融合的问题，具体表现在以下两方面。

第一，育人信息不畅通。在思想政治教育工作推进过程中，全方位育人需要实现课堂教学与实训教学、教学部门与教辅部门、教务部门与后勤部门之间的资源的有效衔接。但如果各部门只了解自己部门的育人目标、需求、进展、难点等相关情况，不了解前一部门的各项情况，势必会影响到育人资源联动的顺畅性、合作性、高效性。

第二，育人主体视角不同。无论是学校与家庭之间、学校与社会之间，还是学校与企业之前，双方的利益诉求并不完全一致，思考问题的出发点也有所差异，如学校抓知识技能、家庭关注未来就业、企业关注毕业生素养。不同育人主体在育人观念上存在差异，是影响多元育人主体联动主动性、互动性的重要因素。

二、大数据为破解全员全域育人的实践难点提供了便利条件

（一）大数据为破解"任务明确难"提供了任务分析方法

"三全育人"倡导充分、全面融合育人要素，减少或避免工作环节出现的疏漏，采集和掌握学生各个方面的数据。大数据的数据来源渠道多，具有多样化特点，不仅包括结构化数据，还涉及非结构数据，为学校实现分类采集数据提供了可能性。这不仅能为一线思想政治教育工作者落实立德树人提供功能基础，还能实时采集并分析学生的全样本数据，从不同价值维度呈现出学生的"数据模型"。①

大数据能够为育人主体获取所需数据内容提供帮助。教育数据具有一定的特殊性，主要体现在以下几方面：其一，数据类型极其丰富，除了教学、科研、实践方面的数据，还包括后勤、行政、舆情、服务等多种数据。其二，数据来源非常广泛，覆盖音频影像数据、地理位置数据、社会媒体数据以及数字终端浏览数据等。面对类型多、来源广的海量数据，传统的

---

① 李怀杰. 大数据时代思想政治教育研究范式的转型：以电子科技大学为例 [J]. 思想教育研究，2016（12）：17–21.

分析方法不能有效应对。大数据具有强大的集群统计功能，能够为不同育人主体参与思想政治教育奠定分类统计的良好基础。在大数据技术的支撑下，通过创建 MapReduce（一种编程模型，用于大规模数据集的并行运算）任务、关联分类和剪枝分类规则，能够高效率、有效地进行数据挖掘和分类，从而使每一位育人主体都可以及时获取满足自身需要的数据类型和内容，并从中找出与思想政治教育工作相关的信息，为具体工作的进行提供依据。

另外，为了让每一位育人主体都明确自己在思想政治教育工作中的任务，学校可以依托大数据创建"思政育人全员工作日志系统"，让每一位育人主体都成为这个系统的感知器，通过识别模型上传并更新每天的工作日志数据，对问题形成的原因关键字进行采样、特征提取，借助于聚类分析算法，对不同类型存在的隐患问题进行区分，同时对问题做出分类，匹配任务类型及任务完成岗位，最终自动生成专属于每位教育工作者的育人工作任务单，为全员参与育人工作提供技术支撑。

（二）大数据为破解"成效监管难"提供了全过程监管条件

大数据的一大优势就在于可以将学生思想、行为的动态变化实时反映出来。在以往传统教育领域，对数据处理采取的方式比较有限，主要是提供总结性的数据结果，不利于思想政治教育落实"三全育人"理念，因为"三全育人"强调关注对学生思想、行为全时段、动态化的变化。大数据具有强大的动态监测功能，能够有效记录学生从入学到毕业期间的全面数据，有效监管学校"思想价值引领"的实施情况，可以实时反映学生的动态变化，帮助学校有效掌握学生思想动态，以便及时调整思想政治教育内容和方式。

大数据能够为教育决策提供全面数据。相比于传统数据时代，大数据具有突出的实时性、全面性的优势，有助于极大地提升教育决策信息处理能力。学校借助于大数据可以收集存储处理异构数据，根据阶段性报告和预警提示，以此为依据进行科学、合理的教育决策。同时，根据全程画像，学校可以借助于大数据技术分析学生群体思想动态画像，监测学生思想动态，有效应对不良思想趋势。

在思想政治教育过程中，学校可以整理并分类处理学生群体的成长动态状况，创建绿、黄、红三级预警机制，采取分级分类推送、管理以及介人的方法，实时跟踪学生群体思想动态状况，并根据数据加强预判和预测，从而有效实现动态化监测思想政治教育的效果。

（三）大数据为破解"资源融合难"提供了化解机制

依托大数据平台，能够科学配置校内外资源，有助于实现育人资源"一盘棋"。在传统教学领域，由于科学技术相对不发达，所以思想政治教育教学主要依靠经验进行，教师教学经验、教育教学资源对学生管理工作的科学开展造成一定的制约及影响。大数据平台能够推动育人资源"一盘棋"，同时有助于实现多元主体供给，通过相互融合与共享各式各样的教育学习资源平台以及服务系统，搭建起开放性、包容性的教育数据资源空间。通过平台的建设，很好地解决了育人主体沟通不足、管理者被动、业务部门信息不对称等问题，促进了多方面资源的联动与融合，有助于各项工作与思想政治教育工作同频共振、同心同德、同向而行。

大数据为思想政治教育环节提供实践分析数据和总体设计框架。在科学技术极其发达的时代，互联网站能够全面有效地记录学生在每个学习环节的数据，呈现出形式多样的可视化、可统计的信息，这些大量的信息属于实时、详细的微观个体多元异构数据，依据这些数据，思想政治教育教学改革能够进行科学的总体规划。在大量数据以及大数据分析预测功能的支撑下，思想政治教育工作的总体设计能够具有更高的科学性、预见性、超前性，切实提升思想政治教育融入各个环节的实效性。

大数据可以为思想政治教育资源的优化和环节的衔接提供目标跟踪。学校借助于大数据技术，能够客观地了解学生对思想政治教育的真实评价，评价内容涉及思想政治教育的每个环节、方方面面。依托大数据，学校可以精准地分析出这些评价受到哪些因素的影响，还能清晰地判断环节衔接方面存在的不足和问题，以便及时优化与调整思想政治教育工作；同时，还能全方位、全过程跟踪与治理重点群体和样本。

三、"三全育人"视域下学校思想政治教育联动机制的具体成效

（一）思想政治教育主体联动育人意识明显提升

"意识"是人脑对大脑内外表象的觉察，它伴随着客观存在物体状态的变化而变化。随着大数据时代的到来，思想政治教育主体的实践内容和方

式发生了翻天覆地的变化，他们的意识也有了极大的转变。思想政治教育联动育人意识指的是各教育主体科学合理地布局育人战略规划，在各个工作环节中有意识、恰当地运用大数据技术方法，以促进全员、全程、全方位育人新格局形成的一种具有主动性的思维、意愿。在国家大数据战略的推动下，加之中国共产党对人才培养工作提出的高标准要求，各级各类学校积极响应国家号召，越来越重视联动育人理念在大数据时代思想政治教育中的促进作用，尤其重视培养教师在联动育人过程中的数据意识、团队合作意识以及创新意识。

大数据对学校人才培养工作的重要性显而易见，越来越多的学校采取信息化手段投入以大数据为基础的校园智能系统和网络平台，如清华大学创建"大数据研究中心"、青岛大学创建"智慧校园与信息化建设中心"、电子科技大学创建"大数据研究中心"。校园智能系统和网络平台依托各种各样的信息系统，主要包括教务、校园一卡通、学生门户、图书管理、科研管理、邮件、OA 系统等，可以实现对学生各方面数据的有效收集与记录，为每位需要帮助的学生提供及时性的学习干预、精准资助以及心理辅导等服务。

近些年来，因为数据使用不当引发了越来越多的个人隐私泄露和非法侵害问题，给社会带来了不同程度的危害，针对这种情况，数据持有者、使用者以及分享者不断增强了自身的数据安全保护意识，在主观层面上已经树立起保护学校全体师生数据安全的主体意识、责任意识。在数据存储和传输过程中，为了避免一些漏洞的出现，专门构建了算法防护系统，加强数据安全的立法保障，进一步规范了数据版权认证条例。在网络平台，由于数据生产者、输出者以及分享者的身份具有虚拟性，通过设置实名认证程序，建立黑名单制度，形成"数据责任人"负责制度。

校领导、班主任、思政课教师、行政管理人员、各类课程教师等育人主体，在手机、电脑等电子设备的支持下，通过使用 QQ、微信、学习通、易班、蓝墨云班课等软件，自觉主动地加强教学合作、学科交流、管理合作以及科研合作等，不断尝试与探索教师之间、学科之间、部门之间构建联动机制的路径构想，相互配合与协作完成各主体联动参与联动育人方案，这些都充分表明了学校思想政治教育主体联动育人意识得到了显著提升。

（二）学校思想政治教育联动育人队伍基本形成

教师队伍是学校思想政治教育系统有序运转必须依靠的基本力量，也是利用大数据思维和技术提高教育效果、生产力的首要因素。从校内区域来看，思想政治教育育人队伍主要涉及党政干部、班主任队伍、思政课教师、共青团干部、心理咨询教师等，这些育人主体肩负着增强学生的政治觉悟、思想品德、综合能力、心理素质、价值引领等重要使命。各学校充分认识到大数据技术的优势，并纷纷对教师进行"三位一体"的培训，培训重点在于提升教师大数据素养、专业知识理论素养以及思政教育工作素养，力求使教师不仅能做到灵活运用大数据技术，还不断提升对学科知识理论的认知水平，更加注重加强对学生价值引领，从而逐步提升联动育人队伍的综合素养。

思想政治教育联动育人队伍的培育，为学校联动育人实践的全方位、深层次开展储备了强大的有生力量，为思想政治教育过程中的资源共用、数据分析、载体建设以及价值共享等方面奠定了良好的主体基础，为全员全域育人格局的形成打下了基础，有效实现了对思想政治教育所有相关责任人的全覆盖。

思想政治教育作为一种社会实践活动，具有系统性、合作性和社会性，针对学生的政治引导、价值引领方面的工作，不仅仅是学校的职责，更是每一位社会成员不可推卸的责任。近些年来，学校思想政治教育校内联动育人队伍的建设逐渐趋于完善，校际合作、校外合作的育人队伍也在加大力度进行建设。学校通过科学构建和全面推广校企联合培养模式、政企合作模式以及产学研一体化模式等，加强与校外各个育人主体的密切联系，主要包括政府机关、家庭、社会组织、科研院所、文化基地以及爱国主义教育基地等，通过多方通力合作，共同创造出更加广阔的联动育人的环境和空间，探索更加丰富的合作渠道和领域，为学生提供更多亲身体验、实践操作的机会，让学生在解决实际问题的过程中内化知识、塑造人格、认识社会。校内合作是思想政治教育持续发展的内部动力，校外合作是思想政治教育持续发展的外部推力，校内外合作形成了学校思想政治教育的全员队伍。

第二节　促进教育内容整合优化，构建全要素资源协同体系

　　大数据的表现形式多种多样，主要包括推送、在线课程、数据库、在线测试、排行榜、词频、热词等。学校充分利用表现形式多样的大数据，有助于重构思想政治教育内容的生成方式，进一步拓展思想政治教育内容的空间，为学生提供更加精准的思想政治教育内容，创新思想政治教育内容的话语表达形式，进而促进思想政治教育内容的整合与优化，形成全要素资源协同体系。（图 6-2）

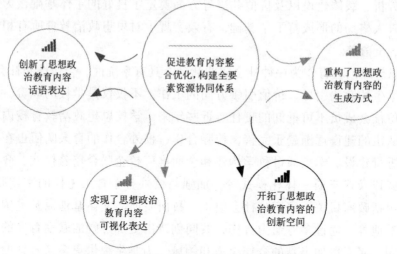

图 6-2　大数据促进思想政治教育内容整合优化

一、重构了思想政治教育内容的生成方式

　　在传统教育领域，无论是内部环境还是外部环境，在思想政治教育内容的生成与创新方面，对数据问题的考虑往往不足。人们的关注点更多放在了对生成内容的要求上，如教育内容的选择要体现历史继承性、要充分

考虑学生的个性特征、要做到与时俱进等。但是，受到技术水平的限制，在对于教育内容获取方面的技术性问题通常比较模糊，尚未形成一个问题域。随着大数据时代的到来，数据在思想政治教育内容生成方面的重要性、价值性日益凸显。基于大数据环境，思想政治教育内容的生成主要可以分成四个环节（数据、信息、知识和智慧）和五个层次（数据层、信息层、知识层、智慧层、信仰层）。

思想政治教育内容的选择与设置，首先是数据的采集。数据采集的方式多样，主要包括数据库、搜索引擎等，进而获取教育资源和教育内容，所采集的数据都可以作为思想政治教育的原始数据。其次是生成有价值的信息。教育工作者通过大数据技术处理第一环节获取的数据，主要包括聚类、关系挖掘、分词、词频统计、预测、模型构建等，从而使获取的数据成为有价值的信息。再次是转变成思想政治教育知识。教育工作者可以系统化处理好的有用信息，并通过可视化、理论化的方式呈现出来，使之转变成思想政治教育知识。最后是"转识成智"。通过对思想政治教育知识的灵活有效应用，能够使之转变为教育决策，有助于提升学生的综合能力，则实现了"转识成智"，促使知识变成了智慧。以此为基础，才有可能达到"转智成信"，最终将智慧变成信仰和价值观。在思想政治教育内容的创新过程中，数据层、信息层、知识层、智慧层和信仰层的流动方式并非是单向的，而是处于不间断的循环状态，从而持续推动教育内容体系的完善、创新与发展。

第一，在思想政治教育内容的创新发展过程中，数据占据着基础性地位。从本质上来看，教育内容创新的数据基础大大提升了教育的客观性，这是大数据"赋能"思想政治教育内容的一大体现。换句话说，新时代学校思想政治教育内容的创新与发展必须以数据为基础。思想政治教育问题的发现需要建立在数据基础上，根据学生个性特征提升教育内容的精准性也离不开数据的支撑。如果缺乏有效、真实数据的支撑，思想政治教育内容难以做到优选、精准、实效。第二，在大数据的支撑下，极大地提升了思想政治教育内容生成的技术含量。技术是大数据的基础，教师要想利用大数据获取教育内容，首先要学习并熟悉相关技术，对技术的掌握越纯熟，越能获得满足学生需求的教育内容。因此，思想政治教育内容的优化与整合，需要做到学术、艺术和技术的统一。其中，学术指的是清晰地讲解思想政治教育的内容；艺术指的是说话要讲究艺术，谋篇布局要追求审美感受；而学术和艺术都需要技术的支撑。大数据技术很好地推动了思想政治教育内容的创新与发展。第三，在思想政治教育进行中，教师、学生以及机器之间的密切交流与互动，为思想政治教育内容的创新注入了活水源泉和不竭动力。大数据技术的介入，使得思想政治教育逐渐呈现出个性化特征，个性化教育的实施，使学生获得更多的成就感、参与感和幸福感，也吸引了学生更加热情地参与教育内容的创造中，从而大大提升了教育内容的针对性。第四，提升了思想政治教育内容的客观性。服务于思想政治教育内容设置的数据，都是从现实生活入手采集而来的容量大、类型多、应用价值高的数据集合，利用大数据分析这些数据，不掺杂任何主观色彩，只是通过计算的方式寻找不同数据之间的相关性，所以，最终的相关性分析结果反映了客观实际。

二、开拓了思想政治教育内容的创新空间

在日常生活中，人们往往只需要弄清楚"是什么"，如商家只想了解消费者具备的普遍消费特征，并不想弄清楚消费特征形成的原因。大数据时代强调相关关系，大数据能够掌握人们在一年之内所到之处的信息，但并不一定需要知道去这些地方的原因。这种新的社会实践就形成了一种流行思维，这实际上也是现阶段"浅阅读""轻思考"形成的技术根源之一。

从辩证法的视角来看，无论是因果关系还是相关关系，都是对不同事物之间关系复杂性的反映，两者存在着对立统一的关系，没必要对任何一种关系进行否定。从发展的视角来看，因果关系和相关关系是否定之否定的。通常情况下，因果关系不会显示在事物表面，而是隐藏在事物的背后，在认识事物的过程中，最初的时候通常无法把握所隐藏的因果关系，仅仅能把握一些表面所呈现的相关关系，只有不断深入地认识事物，才能发现并把握背后的因果关系。但这时还无法充分把握事物复杂的关系，依旧需要把握更多的相关关系。以此为基础，才能进一步把握事物因果关系的本质。

相关关系和因果关系永续循环，无穷无尽，这与马克思主义的认识论具有一致性。但是，客观地讲，大数据的相关分析法不容易受到偏见的影响，能够保证结果的准确性、高效性。对于学校思想政治教育来说，大数据带来的相关关系思维形成了新的逻辑，即一方面要探究与分析思想政治教育内容中存在的因果关系，另一方面要使用丰富的相关关系内容进行佐

证。由此，学校思想政治教育内容变得越来越丰富，由于该学科具有特殊性，所以需要因果关系和相关关系"配合"得更加密切。正如毛泽东同志所强调的："我们看事情必须要看它的实质，而把它的现象只看作入门的向导，一进了门就要抓住它的实质，这才是可靠的科学的分析方法。"①而大数据可以将没有体现在事物表面的联系转化为隐藏于数据背后的数量关系，然后再对这些数据进行分析挖掘，可以帮助我们找到数据背后的可供研究的、直观的、丰富的相关关系，也就是各种现象，这就是大数据对"可靠的科学的分析方法"所做出的贡献。利用丰富的相关关系能够成为进一步研究因果关系的出发点，在必要的情况下，可以从"是什么"的现象入手，引申出"为什么"的问题，为进一步有效把握事物内在因果提供良好条件。因此，在利用大数据创新思想政治教育内容的过程中，要尽可能找到更多的相关关系，但这仅仅是获取思想政治教育内容的第一步，还要以此为基础，深入分析因果性，从而不断拓展思想政治教育创新的空间。

三、实现了思想政治教育内容可视化表达

可视化作为大数据的一大特征，也是大数据的基本表现形式。可视化表达形式具有多样性，主要包括静态的数据图表、数据集的动态呈现以及交互的可视化呈现。多样化的可视化表达形式使得思想政治教育内容在时空整体、时空叠加、交互等方面都实现了可视化，很大程度上转变了思想政治教育的表达方式，使之变得更加生动、具体和细腻。通过利用可视化表达方式，学校思想政治教育内容能够直观地呈现出来，与此同时，还能有效刺激学生的感官，充分激发学生的情感，强化学生的获得感。下面以共青团中央制作的数据可视化视频进行举例。

为了更加直观、具体、生动地呈现出第一个五年计划到第十三个五年计划取得的可喜成绩，共青团中央制作了相关的数据可视化视频。在所制作的视频当中将四个"图层"融合在了一起，其一是地理层，根据五年计划期间所取得的重大成就，在地图上"点亮"成就产生的位置，这样一来，大家就能一目了然地看到成就的地理分布情况。其二是曲线层，视频中一共使用了三条颜色鲜艳的曲线，以时间为轴，分别呈现出我国国内生产总值、工业增加值以及人均生产总值发生的大致变化。其三是视频层，将不

① 毛泽东.毛泽东选集：第1卷[M].北京：人民出版社，1991：99.

同时期取得的可喜成绩制作到一个视频中，并放置于左上角位置进行播放展示。其四是背景音乐层，随着左上角视频的播放，配以富有激情的音乐，衬托我国取得的可喜成绩。借助于先进的可视化技术，共青团中央仅仅用时四分钟，便将中国发展的进程清晰、完整地展示出来，呈现出了中国经济快速增长的趋势，呈现出了中国人民坚持不懈地努力势必实现目标的决心。通过这样的呈现方式，具有较强的感召力、说服性，运用技术手段展示相应数据变化，从而取信于人。通过观看这一可视化视频，不仅能增强学生对"十四五"规划的信心，还能使"受教育者"从理论、政治、情感方面高度认可中国之治。

即便是静态的可视化图表，也可以呈现出思想政治教育内容更深层次的东西。例如，我们可以利用表格中的"透视表"功能，使用自定义自动筛选功能对数据进行筛选，从而呈现出简约化、直观化的思想政治教育内容，从而更好地实现"透视"教育内容的效果，降低学生理解知识的难度，提高学生的学习效率。由此可见，可视化表达方式并不仅仅是单纯地将文字转换成图表的形式，更重要的是运用一定的算法，帮助我们透过数据发现并学习到更加丰富的知识，从整体上提升对教育内容的认识。

四、创新了思想政治教育内容话语表达

首先，学校借助大数据技术能够快速发现实际问题，从而创新问题话语。以问题为导向的思想政治教育，首先要从所有问题中发现并提炼出有水平、有价值的问题。思想政治教育问题不可以凭空想象，必须是现实生活中真实存在的问题。而大数据在这方面有显著的优势，为提炼问题提供了有效工具和丰富资源。大数据可以利用关联性思维分析并挖掘丰富的相关关系，通过全方位解读这些相关关系，能够为人们提出诸多"为什么"的疑惑。而对这些疑惑的解答，就成了思想政治教育非常重要的内容。例如，通过利用天眼查这一商业查询平台，能够查询到很多信息，包括公司信息、老板信息、关系信息等。天眼查可以利用大数据分析失信企业，并找到哪个省拥有的失信企业数量最多。基于此就产生了一些有深度的"为什么"问题，如"某省失信企业数量居首位的原因是什么？"这一问题不仅是思想政治教育比较关心的问题，也是学生群体困惑不解的问题。这种问题不仅是值得探究的问题，也是角度独特、新颖的问题，但又是看似简单却没那么容易回答的问题。大数据就是挖掘并发现这类问题的有效手段，

能够为学生提炼出有价值的问题，有助于激发学生投身于理论探索的兴趣。对于思想政治教育来说，如果它的内容是由诸多高水平、高质量的问题所构成的问题链，那么思想政治教育内容的质量会得到极大的提高。总之，大数据为问题的分析和提炼提供了条件，教育工作者在大数据技术的协助下，有机会发现更多有价值的问题，有助于提高发现问题的效率。

第三节　实现教学手段的多样化，搭建线上线下思想政治教育平台

教学手段指的是师生在教学过程中相互传递信息所使用的工具、设备或媒体。现如今，科学技术迅速发展，促使教学手段经历了五个使用阶段，依次分别为口头语言、文字和书籍、印刷教材、电子视听设备、多媒体网络技术。互联网、新媒体、大数据的迅速发展，丰富了学校思想政治教育的教学手段，使得学校将思想政治教育的主阵地由传统课堂转移到新媒体、网络。线上教学不仅资源丰富，而且教学模式新颖，有助于培养学生自主学习习惯，提升学生学习效率。线下教学不仅便于教师监督，还能营造浓厚的学习氛围。线上线下教学各有优势，依托互联网、新媒体、大数据等信息技术，探索更加丰富的教学手段，形成线上线下思想政治教育平台，不仅能提升学生对思想政治教育的认同感，还能促进思想政治教育的高质量发展。

一、实现了教学手段的多样化

大数据时代，新媒体、新技术不断涌现，出现了各式各样的现代化教学工具，主要包括多媒体教学、微课、在线教学、大数据分析、线上通信工具等（图6-3）。将这些现代化教学工具应用到学校思想政治教育中，能够为教师教学、学生学习提供重要的辅助作用。

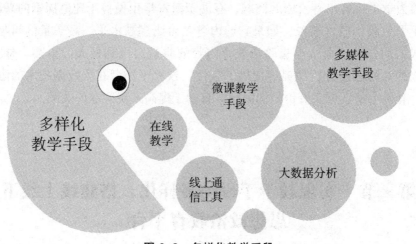

图 6-3　多样化教学手段

（一）多媒体教学手段

多媒体是多种媒体的综合，通常包括文本、图像、声音、动画、视频影像等多种媒体形式。多媒体的功能比较全面，无论是趣味教学还是教学展示，抑或是各种教学活动的实施，多媒体都发挥着十分突出的作用。在思想政治教育教学中，教师可以借助多媒体设备，为学生呈现出一些趣味性、生动性的动画、视频影像、图片等，再适当结合语言的引导，培养学生对思想政治理论知识的学习兴趣。

（二）微课教学手段

微课作为微时代背景下的产物，指的是在遵循学生认知规律的基础上利用信息技术呈现出碎片化学习内容、过程及扩展素材的结构化数字资源。通过构建微课，为学生提供视频课件集合，能够让学生充分利用课上或课下时间完成对微课视频的阅读，有助于提升学生的自学能力。微课作为教学工具的拓展与延伸，它的价值更多地体现在对学生自学能力的培养上。

（三）在线教学

所谓在线教学，也称为在线学习或远程教学，通常指的是一种基于网络的学习行为。与课堂教学相比，在线教学不受时间和空间的约束，课程的构建也比较自由，由于它的教学时间与课堂教学不存在冲突，所以可以作为课堂教学的重要延伸和补充。基于此，在学校思想政治教育中，教师可以围绕补偿教学对在线教学进行构建，发挥在线教学对课堂教学的辅助作用，来实施补偿教学。

（四）大数据分析

计算机技术的迅猛发展带来了大数据分析，教师借助于大数据分析技术，可以更加合理地开展分层教学。实际上，精准教学是分层教学的细致化的一种表现，在精准教学过程中，教师可以根据学生实际发展情况，为每位学生制定出个性化、独特的学习方案。在过去，受到教学工具的制约，教师在短暂的时间内很难全面分析每位学生的学习情况，对学生学情的解析需要投入大量时间和精力，对精准教学的实施造成一定程度的影响。现如今，大数据分析技术的出现使精准教学迎来了不可多得的机遇，教师借助大数据分析技术，可以高效地完成对学生学习情况的分析，更加细致地解析每位学生学情，为精准教学的落实奠定基础。同时，在课堂教学中，教师通过与大数据分析系统相连的智能判卷系统，能实时观察学生的课上学习情况。

（五）线上通信工具

在传统教育领域，教师在课下很难与学生进行有效、顺畅的沟通，随着信息技术的发展，线上通信工具的出现为师生课下交流提供了契机。教师可以充分发挥线上通信工具的作用，加强与学生的紧密联系，了解学生思想动态变化和心理需求，为学生提供及时有效的帮助。

二、拓展了思想政治教育的平台

传统思想政治教育具有一定的局限性，不仅教学场所局限于课堂，师生交流方式也是以面对面交流为主，由于技术水平有限，受到时间、空间的约束，使得教学形式略显枯燥化、单一化。在互联网、大数据、新媒体等技术的支撑下，线上线下思想政治教育平台的搭建，使得思想政治教育不再受制于时间和空间两个因素，教育内容由以往的平面化变为立体化，由以往的静态呈现转变为动态呈现，教学场所包括线下和线上，拓宽了思想政治教育的平台。大数据时代的信息呈现爆炸式增长，互联网包含的内容极其丰富、广泛，承载着非常庞大的数据量，传输速度十分惊人，传播方式吸人眼球。在这个海量信息的空间中，人们越来越深刻地体会到自己生活的圈子不再狭小，处于开放的环境中，不仅能开阔人们的视野，还能提升人对事物的认识水平，由此人们能更好地认识和了解世界，让自己的生活变得更具有特色。对于学生来说，生活在这种开放的空间里更容易形成独立的人格。对于思想政治教育工作者来说，能够充分利用丰富的教育资源，通过图文并茂、动静结合的方式呈现出教育内容，对学生进行更有吸引力的线上线下思想政治教育。

思想政治教育理论课是每位学生的必修课，也是学生接受思想政治教育的主要途径。在课程教学过程中，教师可以加强对新媒体技术的应用，融入丰富的教育资源，注重理论教学趣味性的提升，致力于理论教学感染力的不断增强。在课后阶段，教师可以充分发挥线下的渗透力量，借助于新媒体平台，加强对社会主义核心价值观的宣传，潜移默化地对学生渗透社会主义思想、观念及价值等，对学生进行正确的舆论导向引导，做到春风化雨、润物无声。通过有效应用线上线下思想政治教育平台，让学生从课上到课后都能受到思想政治教育，提升了思想政治教育的系统性，实现了"现实"和"虚拟"的有机结合，有助于学生树立健康、正确的价值观。这样一来，有助于教育整合研究，形成强大的教育合力。

三、提高了思想政治教育的时效性

在大数据时代，网络迅捷性的优势突出体现出来。信息高速路四通八达，使得舆论信息的传播变得迅速，且更具广度。与其他网络信息一样，思想政治教育信息依托网络平台能够快速生成，并在短时间内迅速传播。在过去，人们很难在第一时间接收到重要事情的消息，而在大数据背景下，此刻发生的事情，人们在下一秒就能获取到即时消息。网络如此惊人的速度，使人们深深体会到"天涯若比邻"，鼠标一点，世界在我眼前。

大数据时代依托互联网的普遍应用，思想政治教育的信息也以非常快的速度传播。在技术的支持下，时间和空间都不再是障碍，学校思想政治教育的相关信息均能以各种新媒体为载体进行大范围传播。学生也能通过网络更加全面、迅速地了解国内外重大新闻事件，在学生获取这些信息的过程中，教师可以适时适当地转播正确思想和观念，潜移默化地影响学生的价值观。

在线上线下思想政治教育平台的支撑下，学生不必按照传统教育模式，在特定时间、特定地点接受思想政治教育，只需要随身携带手机等新媒体终端，就可以实现在任何时间、任何地点接受思想政治教育。同时，教师也能更加高效、便捷地获取教学资源，及时、有效地传播和组织各种思想政治教育活动，使思想政治教育由教室走向日常生活，提高师生之间互动的效率和频率，使师生更加深入交流，从而切实提升思想政治教育的时效性。

四、提升了学生的自主性和主体性

每个学生都有自我表现、自我发挥的欲望，互联网具有的较强交互性激活了学生强烈的自我表现欲望，有助于充分体现学生的自我价值。在过去，学生处于统一的、标准的学习条件下，更多是以一种被动的状态获取教育信息，其主观能动性受到了一定程度的遏制，有可能会引发学生排斥、抵触的消极心理。在大数据时代，学生能够随心所欲、随时随地获取所需信息，更多是以一种主动、愉悦、积极的状态接受教育信息，极大地提升了学生的自主性，能充分发挥学生的主观能动性，为学生自我价值的实现创造了良好条件。

（一）提升了学生的主体能力

新鲜事物对于学生来说具有较强的吸引力，绝大多数学生的好奇心比较强，思想也比较活跃，所以很容易接受新鲜事物。过去传统的教育显然已经无法满足学生成长成才的需要，面对大数据时代带来的改变，学生可以更加迅速、快捷地从网络中获取有用信息，极大地提升了自主选择、接受教育信息的可能性。同时，大数据时代信息更新频率十分迅速，有效地刺激了学生创新、学习新知的主动性，大大提升了学生的主体能力。

（二）促进了学生自主性发展

大数据时代是一个开放的时代，大数据与思想政治教育相结合，改变了传统思想政治教育信息的状态，由以往的单一状态变为多元化状态。在过去，学生在校学习的时间更多被束缚在"象牙塔"中，学生与社会联系得比较少，而大数据时代的到来，打通了学生与外部世界联系的壁垒，网络技术则是将整个世界联系到一起，新媒体具有开放性，有效消除了传统社会中人与人进行交往的最大障碍，即不同文化层次造成的交流困难。在网络平台，每位学生都是人际交往活动中的主体，可以自由地表达多元的想法，拥有更加广阔的话语权表达空间。这种平等、民主的交流方式，对于学生自主性的发展起着促进作用。

（三）提升了学生的主体性

在大数据时代背景下，不仅学生的学习状态由被动变成主动，学生的思维模式也由以往的被动思考转变为主动探究。网络所具备的开放性、平等性、交互性，为学生积极思考提供了更加广阔的空间。再加之大数据时代下信息传递具有便捷性、多向性，学生能够发表对事情独特的认识，逐渐提升自身的独立思考能力。另外，网络上每天都会出现很多观点，学生应具有海纳百川、博采众长的胸怀和能力，拓展单一的思维，促进自身主体性、个性的发展。

（四）充实了学生自主性的心理空间

大数据时代，在数据的驱动下，人类生活的现实场景与网络虚拟空间结合得越发密切，这给学生的精神世界提供了相对自由、和谐、平等的环境。从心理学角度来看，"树洞"对学生的心理健康发展具有积极影响，网络这个虚拟空间是大数据时代的"树洞"。当代学生或多或少都承受着学习压力，依托网络平台，学生能够及时分享、宣泄个人的情绪，是缓解学生学习压力的有效途径。处于这个自主的心理空间中，学生能够有效地进行自我教育。大部分学生都不喜欢别人的观念强加到自己身上，他们具有较强的意愿，希望可以成为教育活动中的主体。而大数据时代的到来契合了学生这种强烈的自我教育的需求。需要注意的是，学生的自我教育还要依靠教师的及时引导，教师可以充分利用网络技术的开放性，不断强化学生的社会责任感，为学生自主性、创造性的发展提供帮助。

第四节　有效实现强强合作，增强学校思想政治教育效果

随着信息化浪潮席卷全球，大数据、物联网、云计算等技术蓬勃发展，以及各国社会意识形态领域变化呈现出复杂性特点，我国学校思想政治教育改革创新的步伐越来越快，不断深入研究和探索联动育人模式，并取得了一定的成果。学校思想政治教育联动育人实践应用模式已经进入初步成熟阶段，不同育人主体之间进行了更加丰富的开放式、互动式、交叉式信息活动。再加之多样化联动育人模式的不断涌现，实现了强强合作（如图6-4所示），使得学校"大思政"格局逐渐发展成熟，强化了思想政治教育效果。

①促进学生自我学习、自我提升
②学生树立职业信念的必然要求
③有助于培养学生的合作精神

校企强强合作

校际之间的强强合作

①有助于学校克服区位条件，实现可持续发展
②丰富学校教师知识结构，提高教学质量
③节省建设成本，促进双方合作效应最大化

①有助于科学化实施教学计划
②有助于实现家校共育新气象
③有助于促进学校教育社会化

家校强强合作

班主任和思政课教师强强合作

①日常思想政治教育与课堂思想政治教育齐头并进
②促进学校意识形态工作的稳定发展

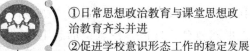

强强合作

图6-4　大数据促进强强合作

一、实现了班主任和思政课教师的强强合作

（一）日常思想政治教育与课堂思想政治教育齐头并进

依托大数据技术建立的思想政治教育资源数据库，能够满足班主任和思政课教师联动育人的需求，便于二者更好地共享信息数据，推动联动育人工作的高效开展。一方面，班主任可以将班级每位学生的各项信息及时上传并更新到数据库中，主要包括学生的基本信息、性格特征、特殊事件以及第二课堂活动参与情况等。这些信息对于思政课教师来说十分重要，都是思政课教师无法通过课堂上短暂的交互所掌握的。通过资源的有效共享，能够帮助思政课教师对每位学生有一个精确的定位，并形成立体化的了解，以便全面掌握学生的动态变化，进而从学生实际情况出发制订更具个性化的教学方案，以达到强化课堂教学效果的目的。另一方面，思政课教师可以将教学中每位学生的具体表现更新到数据库当中，并及时反馈教学过程中出现的各种问题，便于班主任及时掌握学生的基本学习情况，准确定位需要引起重点关注的人群，并结合实际情况有针对性地组织日常教育、谈心谈话等工作，实现日常思想政治教育与课堂思想政治教育并肩前进。

（二）促进学校意识形态工作的稳定发展

学校作为社会主义意识形态工作的前沿阵地，学校意识形态工作能否平稳向好，关系到学校能否坚持社会主义办学方向，关系到学校能否坚定不移地跟随党的领导。沐浴着改革春风成长起来的学生大多思想活跃，有着较强的独立意识，成长环境比较优渥，对党史、社会主义发展史、改革开放史等方面的体验不够深切，面对大数据时代爆炸式信息的输出，很可能会受到不正确理论和思潮带来的负面影响，形成不正确的思想意识和价值观念。思政课教师作为学校意识形态工作的重要承担者，理应利用好课堂教学这一渠道，站稳守好学校意识形态教育第一线。课堂之外，班主任利用丰富的教育资源，以系列主题教育、班会等形式不断加强对学生的意识形态教育，打造学校意识形态工作的第二阵地。通过思政课教师与班主任的通力合作、相互配合，让学生在课堂内外接受到良好的意识形态教育，有助于促进学校意识形态工作平稳健康发展。

二、实现了家校强强合作

（一）有助于科学化实施教学计划

随着大数据平台的应用建设，教师不仅能对不同学生的实际学习情况形成全面、深入的了解，学生也能清楚地认识到自身的不足之处。对于家长来说，大数据为其提供了与教师有效交流的平台，有助于弥补家庭教育的不足。基于此，教师能够依托大数据平台，完成具体、详细、精准教学计划的设置。比如，教师可以根据不同学生的综合数据，主要包括问题互动、课堂参与情况、单元评测、作业完成情况等，科学合理地将学生划分到不同的层次中，并根据各个层次学生的具体情况精准地制订教学计划。在大数据平台的帮助下，不仅充分尊重了学生的主体地位，还能更加精准地投放教学资源，便于最大限度地发挥出教学的价值。同时，在教学评估过程中，教师可以积极邀请家长群体加入，组建家校联合的评估团队，进一步完善教学计划，最后由教师和家长共同配合落实教学计划。有步骤地完成教学计划之后，教师可以与家长一起召开座谈会，分析每位学生的优点和缺点，在总结教学计划价值的同时，反思教学计划有待完善之处。由此可见，借助于大数据技术，加强了家校合作，提高了教学计划的科学性。

（二）有助于实现家校共育新气象

在过去的教育体系中，家庭教育常常处于缺失状态，究其原因，并非只是家长长时间缺席孩子的教育，还在于学校教育和家庭教育之间的沟通有所欠缺。传统家校联合的形式比较单一，以家访、家长会等为主，但是这种联合形式更多是面向的群体，再加之时间有限，所产生的效果也是比较有限。例如，只是通过家长会这一渠道，教师更多是从整体上总结教学计划的实施情况，很难针对每一位学生的具体情况与家长进行深入的探讨和交流，这样的家校共育存在一定的形式化倾向，难以充分体现出实际价值。而通过搭建大数据平台，能够有效收集到全体学生在校期间的具体表现数据，如学生注意力不集中次数、举手回答问题的次数、线上学习平台的反馈情况以及同一道题出错次数等。依托互联网，教师可以将学生的这些数据及时反馈给家长，帮助家长对孩子的学习情况有一个更加全面的了解，并调整家庭教育的重点和方法。因此，在大数据平台的支撑下，不仅提高了家庭教育的合理性，还能为家校合作搭建有效桥梁，以实现家校共育新气象。

（三）有助于促进学校教育社会化

学校、家庭以及社会是教育有效推进的三大主要力量，三者之间存在着十分密切的联系，只有三者相互协作才可以真正构建出理想的教育模式。因此，在家校共育的过程中，也要高度重视社会与教育之间存在的必然联系。在学校思想政治教育中，要加强与家庭教育、社会教育的联系，积极组织学生参加丰富多彩的社会实践活动，促进学生智育和德育的同步发展。

学校还可以组织学生深入到真实社会环境当中，进一步强化学生对思想政治理论知识的理解，不仅能借机渗透思想政治教育，还能提高学生的社会实践能力。在学生参加社会实践活动的过程中，学校可以收集学生的相关数据，以便更加精准、深入地了解每一位学生。由此可见，在大数据时代，家校联动发展与社会有着密不可分的联系，学校可以积极组织一系列家校教育和社会教育相结合的教育活动，让学生学习和掌握更多的社会实践知识，促进学生综合素养的提升。

三、实现了校际强强合作

（一）有助于学校克服区位条件，实现可持续发展

从经济角度上来看，资源流动的方向通常是由效益低的区域流向效益高的区域。对于学生而言，地理位置极其重要，经济发达、文化先进、交通便捷的位置对于学校的发展具有至关重要的作用，对于课程改革、校企合作起着促进作用，有助于学生将来更好就业。而对于那些在地理位置上不占优势的学校而言，可能在课程改革等方面无法做到及时更新，从某种程度上影响到学生的发展。通过校际合作的方式，依托大数据平台，能够有效地克服不同区域之间的差异，实现互利共赢，促进学校和学生的可持续发展。

（二）丰富教师知识结构，提高教学质量

依靠优质的大数据学习平台，可以促进不同学校思政课教师之间的学习和交流，不断充实教师的知识储备库，丰富教师的知识结构，完善教师

的课程建设和发展内容，让教师的发展更加全面，并与社会发展接轨。另外，通过校际合作的方式，实现网络资源的共建共享，有助于课程互选、学分互认，有助于实现优势互补、协同发展，改善教学质量，实现互利共赢。

（三）节省建设成本，促进双方合作效应最大化

思想政治教育大数据平台建设需要一定的资金支持，随着技术的不断更新换代以及知识的发展，平台在投入使用一段时期之后需要进行更新升级。平台建设并不能一蹴而就，这是一个费时费力的工程。对于生源较少的学校，独立建设思想政治教育大数据平台，不仅承受着较大的负担，而且投资回报率不高，建设效能不高。而通过校际合作的方式，共享教育大数据平台，不仅能让异地的学生拥有更加丰富的知识获取渠道，还有助于提升学校人才培养的层次和水平，同时，还可以缓解教育大数据平台建设的负担，提高已建设平台的利用率，大大节省教育资源和资金，实现双方合作效应的最大化。

四、实现了校企强强合作

（一）促进学生自我学习、自我提升

大数据时代的来临，为校企合作理念下学校思想政治教育工作的开展带来了诸多新的发展思路，也为教学模式的改革与创新提供了技术支持。学校通过与企业合作，搭建校企合作的思想政治教育平台，有效结合线上与线下教学两种形式，开展多层次的校企合作，充分发挥学校与企业协同育人的价值，让学生在实习过程中了解各行各业的更多信息，并学习到更加丰富的思想政治知识，实现自我学习和自我提升。学校通过组建 QQ 群、微信群等，为教师、学生以及企业三者之间架起良性互动与沟通的桥梁，促进三者之间的顺畅、有效沟通。在校企合作过程中，双方可以了解学生的情况，发现学生存在的思想政治问题，及时为学生答疑解惑，积极引导学生更好地学习，为学生提供更加高质量的思想政治教育。

（二）学生树立职业信念的必然要求

职业信念，是指对职业的敬重和热爱，体现了对事业的执着追求和忘

我的全情投入。职业信念作为职业素养的一大核心，主要包括爱岗、敬业、忠诚、奉献、正面、乐观等精神内涵。当一个人拥有了强有力的职业信念，就具备了百折不挠的心理根基，便能从容不迫地应对事业中的各种不测风云。对于从未参加过工作的学生而言，其对爱岗敬业的职业信念缺乏亲身的体会。通过校企合作，能够帮助学生深刻体会职业道德和企业文化，为思想政治教育提供良好载体，有助于学生形成良好的职业信念。

（三）有助于培养学生的合作精神

在校企合作模式下，思想政治教育进入了实践阶段，学生也到了一个全新的环境，教师借助于大数据技术，能够借机着重培养学生的大局意识、协作精神和合作精神，让学生学会如何与他人合作，互帮互助，进而形成良好的团队合作能力。具体地说，教师可以利用大数据技术，收集和分析学生在实践教育基地的各种数据，以发现学生在实践和合作过程中的优势和不足，在帮助学生了解相关行业信息的同时，培养学生良好的职业道德观念，引导学生树立合作精神，进一步规范学生的行为，培养学生养成有益终身的职业道德习惯。另外，校企合作模式下，在学生的职业道德素质塑造过程中，敬业精神、诚信精神和责任意识是必不可少的，所以，教师还能借助于大数据技术，注重培养学生的优秀品质，在实践过程中更多地挖掘学生的潜力，给予学生更多的关怀与鼓励，帮助学生寻找到更适合自己的发展方向，为学生提供更加优质的思想政治教育，促进学生成长成才。

第七章　大数据时代学校思想政治教育联动机制构建的保障

第一节　政策保障

一、提供政策保障的重要性

大数据时代已经到来，随着政府、企业、教育机构、人民群众数据意识的持续增强，能够预见大数据在学校思想政治教育领域发展应用的广阔前景。大数据技术支持下的学校思想政治教育联动机制的建设已是大势所趋，日益成为新时代学校思想政治教育变革与发展的方向标与显示器。2013 年 7 月，教育部印发了《国家教育管理信息系统建设总体方案》，提出要创建全国教育基础数据库，为教育事业的又好又快发展提供有力支持，标志着我国政府高度重视教育大数据的发展，对教育大数据的管理和应用已正式步入实质性阶段。同时，在线教育市场中有很多企业也积极投身到教育数据产品和服务的研发与推广当中，教育领域的数据已经出现了爆炸式增长的"苗头"。

相比于商业、交通、医疗等领域，教育领域具有更加突出的复杂性和独特性，这就导致大数据技术在教育领域的应用和推广面临着各种各样的难题。比如，受限于教育环境，难以获取学生的线下的行为数据；不同部门之间的教育数据共享依旧存在着制度方面的壁垒；针对教育数据的规范化采集和实时更新，尚未形成完善的机制；学生隐私数据存在泄露的风险。

这些问题对大数据在学校思想政治教育领域的应用深度和广度产生着直接的影响，对大数据技术在短时间内实质性作用的发挥造成一定阻碍。此外，教育领域大数据产业呈现蓬勃发展之势，教育数据在运营、安全、治理等方面的问题也越发凸显。

总之，大数据在学校思想政治教育联动机制中的开发与应用并非一所学校就能完成的，同时，大数据在学校思想政治教育联动育人工作中的应用还存在着数据安全等一系列问题。因而，大数据与学校思想政治教育联动育人工作的融合，必须以国家法律法规作为强大的护盾，以国家相关政策作为有力的支撑。同时，在缺少完善的大数据应用制度体系的情况下，增加了各种数据应用不当问题的出现，如数据滥用、数据造假、数据独裁。因而，为了进一步规范数据在采集、储存、分析、共享、应用等环节，促进学校思想政治教育与大数据的深度融合，亟须完善相关政策加以监督引导，为大数据更好地赋能学校思想政治教育联动机制的运行提供根本保障，这对于大数据技术及其思维方式发挥实质性作用具有前置性意义。

二、大数据时代学校思想政治教育联动机制构建的政策保障

（一）扎实推动政策落实，加快推进思想政治教育一体化建设

思想政治教育作为实现"立德树人"根本任务的关键课程，其一体化建设受到党和国家的高度重视，党中央作出了一系列重大决策部署，为学校思想政治教育的联动提供了重要政策依据。2014 年 10 月，中共教育部党组、共青团中央联合印发《关于在各级各类学校推动培育和践行社会主义核心价值观长效机制建设的意见》，提出"依据学生发展核心素养体系，建立和完善各学段、各学科课程教学有关标准，根据标准调整课程教材，构建各级学校有机衔接的课程教材体系。"①社会主义核心价值观是学校思想政治教育的核心内容，这一要求着重强调加强各级学校课程教材有效衔接的重要性。2017 年 9 月，教育部印发了《中小学德育工作指南》，强调协

---

① 中共教育部党组，共青团中央.中共教育部党组　共青团中央关于在各级各类学校推动培育和践行社会主义核心价值观长效机制建设的意见 [EB/OL].（2014-10-20）[2022-11-27].http://www.moe.gov.cn/srcsite/A12/s7060/201410/t20141020_177847.html.

同育人，"要积极争取家庭、社会共同参与和支持学校德育工作，引导家长注重家庭、注重家教、注重家风，营造积极向上的良好社会氛围。"①这一要求强调了学校、家庭、社会协同育人的重要性。2019 年 3 月，习近平总书记主持召开了学校思想政治理论课教师座谈会，着重强调大中小学思政课一体化建设的必要性，为今后学校思想政治教育的改革、创新与发展提出了一体化思路。②2019 年 8 月，中共中央办公厅、国务院办公厅印发了《关于深化新时代学校思想政治理论课改革创新的若干意见》，明确指出"统筹大中小学思政课一体化建设，推动各类课程与思政课建设形成协同效应"③。这一要求强调要有效衔接各学段思政课，挖掘各个学科的思政元素，推动思政课程与课程思政同向同行。2020 年 12 月，中共中央宣传部、教育部印发的《新时代学校思想政治理论课改革创新实施方案》，明确指出"建立纵向各学段层层递进、横向各课程密切配合、必修课选修课相互协调的课程教材体系，实现课程目标、课程设置、课程教材内容的有效贯通"④。这一要求针对大中小学思政课一体化提出了具体建议，同时，该方案还从把握新时代、突出创新性、增强针对性、注重统筹性四方面入手，为各学段思政课的衔接提供理论指导。2020 年 12 月，教育部办公厅为了加强对各个学段不同类型思政课建设的分类指导，印发了《关于成立教育部大中小学思政课一体化建设指导委员会的通知》，同时提供了清晰、详细的委员会成员名单，以此为各个地区的各级各类学校思政课程一体化建设的有效落实提供指导，以推动新时期学校思政课的高质量发展，提高思政课的整

---

① 教育部.教育部关于印发《中小学德育工作指南》的通知 [EB/OL].（2017-08-22）[2022-11-27].http://www.moe.gov.cn/srcsite/A06/s3325/201709/t20170904_313128.html.

② 佘双好，张琪如.习近平总书记在学校思想政治理论课教师座谈会重要讲话研究透析 [J].学校党建与思想教育,2020（5）：53-61.

③ 新华社.中共中央办公厅 国务院办公厅印发《关于深化新时代学校思想政治理论课改革创新的若干意见》[EB/OL].（2019-08-14）[2022-12-10].http://www.gov.cn/gongbao/content/2019/content_5425326.htm.

④ 中央宣传部 教育部关于印发《新时代学校思想政治理论课改革创新实施方案》的通知 [J].中华人民共和国国务院公报,2021（9）：75-80.

体质量和水平。①通过梳理与学校思想政治教育一体化建设相关的政策文件，不难发现，国家及各地区、学校对其重视程度越来越高，政策目标逐渐明确、细化，政策内容也更加科学、规范，政策布局趋于全面性、系统性发展，为学校思想政治教育的联动提供了有力的政策依据。

在各级党委和政府的领导下，各地教育主管部门要自上而下推动有关思想政治教育一体化政策的真正落实落地，同时，各学校、教师也要自上而下推动政策内容的实施和达成，确保每个环节均确有实施且成效显著。

（二）完善大数据政策与法律法规

在信息触手可及的大数据时代，数据泄露、数据窃听、数据滥用等安全事件屡见不鲜，由此引发的各种各样的问题始终是伴随着大数据发展的重大挑战，如用户隐私泄露、数据版权纠纷。这一系列问题概括起来主要可以分为两个方面：一方面，随着云计算的广泛应用，加之社交网络的和社交媒体的日益盛行，使得越来越多的企业和个人的身份特征、思想特点等信息都被储存成不同形式的数据，面临着巨大的信息暴露风险；另一方面，相关法律有待完善，部分数据泄露事件造成的法律纠纷无法可依，产生无休止的争执。如何妥善地处理上述问题，并确保数据的生产、共享、利用处于良性循环过程中，直接影响到大数据时代、网络社会的健康发展问题。由此可见，有必要加快立法进度，抓紧时间完善相关法律法规。

为了进一步规范互联网信息服务活动，为互联网信息服务健康平稳发展，2000 年 9 月国务院印发了《互联网信息服务管理方法》。对于企业自行采集的数据，相关规定主要针对的是数据的应用方面，针对数据未公开之前，缺乏明确的政策，而且针对数据的不当使用情况，这方面的政策法律也比较缺乏。

对于数据共享，我国编制完成了《科学数据共享工程建设规划》，出台了各种各样相关政策法规，但要想达到发达国家的水平还需要继续努力，究其原因，主要在于数据共享政策还有待进一步完善，现已制定的法规条例所具备的法律效力有待提升，科学数据共享的广泛性、全面性还有待进一步提升。

---

① 教育部办公厅.教育部办公厅关于成立教育部大中小学思政课一体化建设指导委员会的 通 知 [EB/OL].（2020-12-02）[2022-12-10].http://www.moe.gov.cn/srcsite/A13/moe_772/202012/t20201216_505813.html.

对于数据版权，这方面的鉴定仍旧比较模糊，还需要制定明确、具体的法规作为指导。

对于用户个人信息保护，我国目前尚未出台专门性的法律，也缺乏专门性的个人隐私法。目前，对于个人隐私方面的保护，其规定主要是零散地分布于部分相关法律当中，尚未形成健全的法律体系。在我国法律体系当中，隐私权尚未成为独立的人权，对于这一权利的保护和侵害的诉讼也尚未形成专门的诉讼制度，所以，在实际执行过程中很难进行具体操作。

大数据的发展，给人们生活、学习、工作、娱乐等方面带来了极大的便利，也给企业发展带来了新的机遇，为社会提供了巨大价值。大数据的创新发展离不开开放、海量的数据，所以，政策层面的保障是大数据时代发展极其迫切的需要。

（三）出台"教育大数据应用发展指导意见"

为了抢抓机遇，促进教育大数据事业的健康有序发展，亟须制定专门性的应用发展指导意见。建议由中央部委牵头出台"教育大数据应用发展指导意见"，核心内容主要包括以下内容：

（1）从国家层面入手，持续加大对教育大数据应用、推广的支持力度，使教育大数据应用上升到更高的战略层面。

（2）从广度和深度上推进教育数据的采集，进一步规范数据采集流程，不断增强教育数据的挖掘和分析力度，为个性化教育的实施、科学教育教学管理政策的制定奠定良好的基础。

（3）明晰不同教育主管部门、学校、相关企业的职务和责任，突出教育发展的现实需求，重视教育数据的应用成效，避免出现资源浪费以及面子工程等问题。

（4）大力支持和鼓励教育大数据技术产品开源，推动教育大数据走向开源、开放。

（5）从政策、资金、人才等方面为教育大数据的发展提供相应的支持，引导教育大数据产业高质量发展。

基于"教育大数据应用发展指导意见"的指导，为大数据在学校思想政治教育领域中应用的规范之路指明方向，有助于学校思想政治教育联动机制的高效率运行。

（四）制定"教育大数据安全管理办法"

教育数据是一笔无形且宝贵的教育资产，但同时关系到教育工作者和受教育者的隐私，如果出现应用保护不当的情况，将会面临不可预估的安全风险。因此，国家必须对教育数据的管理高度重视，加强对教育数据的隐私保护和安全管理，通过坚持不懈的努力采取安全系数更高、更加先进的措施为教育数据的安全提供可靠保障，杜绝教育隐私数据外泄、恶意使用等事件的发生。因此，我国需加快制定"教育大数据安全管理办法"，制定具体、明确、详细的教育数据管理细则，涉及体制、机制、技术及方法等多个层面，为国家、机构、个体的教育数据的安全提供全方位的保障。

"教育大数据安全管理方法"的核心内容应该主要包括以下几点：

（1）不断完善教育数据安全管理架构，主要涉及数据生产部门、数据使用部门、数据管理部门等相关部门，进一步明确不同部门之间的安全管理职责。

（2）设置教育数据资源的保密等级，按照保密等级规定采取相应的处理措施。

（3）设计可靠性强、高性能、简约化管理的教育大数据储存系统，为教育云平台提供更优访问性能以及更可靠的数据安全保障。

（4）创建涉及教育数据储存、传输、应用等诸多环节的多样化安全保障措施。

（5）采取各种各样的安全防护技术，主要包括第三方实名认证、数据隔离、数据加密、安全清除、行为审计、灵活转移、时限恢复、外围防护、完整备份等，全面提升教育大数据的云存储安全性。

（五）成立国家教育大数据治理机构

大数据时代，类型和来源多样的教育数据无时无刻不在产生，如何有效协同联动、汇聚整合多方力量对教育数据进行行之有效的治理，是摆在每位教育管理者面前的现实问题。教育数据治理的目的主要在于切实提升教育数据的质量，提高教育数据的安全性，消除教育数据面临的风险，为教育数据的合理有效应用提供保障，实现教育数据的合法共享。为此，建议成立国家教育大数据治理机构，其职责主要包括以下几点：

（1）针对教育大数据的治理，出台一系列详细、具体的相关方法，构建可良性运转的教育大数据治理模式，全方位保护教育数据的隐私安全，为教育数据的获取、归档、存储、互换及重复使用提供有效的指导。

（2）规范化采集与共享各个教育平台生成的数据，主要包括教育资源平台、教育数据库以及教育服务平台等，创建一体化、综合性的教育大数据治理体系。

（3）制定规范化的教育基础数据采集标准，设置明确的相关要求，形成结构清晰的数据治理流程和完整的数据治理机制。

（4）制定明确清晰、易于理解的教育数据质量标准，以及教育数据管理战略，设置教育数据集的归档和长期保存的机制与方法。

（5）搭建教育大数据开放平台，充分发挥教育机构、企业及个体等主体的能动性、创造性，开发更多的富有特色的教育应用，吸引更多的社会力量自觉、主动地参与到教育数据的治理和创新应用当中。

（6）加强对教育大数据应用情况的监督力度，依法处理各种非法应用教育数据、危害国家安全、侵犯用户隐私的单位与个人，积极营造教育大数据合法、合理应用的健康环境。

（六）颁布"教育数据运营商"牌照

从国家层面来看，教育数据的安全性不容忽视，其不亚于金融数据。为了保证教育数据使用的合法性，在开放程度、开放范围以及开放对象三个角度，都应该对教育数据进行深层次的论证，从而更好地推动教育的创新发展，避免教育数据的使用对国家安全造成一定的威胁、破坏与阻碍。为此，政府部门应该不断强化对教育数据的监管，以通信领域办法运营商牌照的方式为参考依据，针对教育数据运营商制定合理的准入标准，并颁发运营牌照。

建议由教育部、商务部、发改委等多个部委相互配合与合作，共同完成相关规定的制定，正式的监管国内教育数据应用行业，制定教育数据应用的明确标准与门槛，设置"教育数据运营商"牌照的相关申请资格与方法。对于非官方机构而言，如果对教育数据进行研究与使用，必须以满足各方面条件规定为前提，进而获取相关的许可，才可以真正获取到教育数据的使用权利。

（七）加快教育大数据产业基地建设步伐

基于场景多样、交互频繁、类型丰富的海量数据资源的挖掘与应用，催生出了建立在大数据产业基础之上的新经济，这种新经济是社会经济迈入新阶段的必然选择。作为大数据产业家族的重要组成部分，教育大数据产业同样是社会经济与教育发展到一定阶段的必然选择。

现阶段，加快建设教育大数据产业基地，不仅仅是为了满足智慧教育事业不断进步与发展的需要，也是为了满足大数据在教育领域发挥变革作用的需要。为了进一步加快教育大数据产业基地的建设步伐，现提出以下几点建议：

（1）不断拓展更加丰富的渠道增加教育大数据产业基地的投入。

（2）积极创设有利于教育大数据产业快速发展的配套软硬件环境。

（3）不断完善教育大数据产业的相关基础配套设施，提供强有力的后台保障，尽最大努力打通全产业链条。

（4）实力强大的领先企业加强前沿技术的创新，通过开源进一步完善创新成果，并将创新成果向全社会辐射，集众人之智寻求大数据产品与服务的新突破、新发展。

（5）创建教育大数据产业联盟和园区，集聚政府部门、学校、科研机构和投资机构等多方力量，邀请国内外知名专家学者和产业人士针对产业基地的建设与发展进行周期性的研讨和指导，力争将教育大数据产业基地发展成引领教育大数据产业发展的核心地带，以及名声享誉国内外的教育大数据产业集群地。

第二节　人员保障

大数据与学校思想政治教育联动育人工作的融合，是诸多支持要素相互作用的结果，然而在诸多要素当中，人的因素是最核心且最关键的。因为思想政治教育联动育人工作的出发点和归宿都是培养全面发展的人才，其最终落脚点在于对人的培养。因此可以认为，人力资源是大数据与学校思想政治教育联动育人工作融合的核心部分。基于此，大数据与学校思想政治教育联动育人工作最终目标的有效实现，人力资源建设要先行。

一、提供人员保障的重要性

在教育领域，人的因素占据首要位置，是教育发展的关键所在。诚然，学校作为开展思想政治教育活动的具体、主要场域，人的因素也是至关重要的。因此，在大数据与学校思想政治教育联动育人工作的融合过程中，人的因素永远是最核心的，其中人力资源的建设最为关键。可以说，人力资源是大数据与学校思想政治教育联动育人工作融合中具有极其重要影响力的因素，是推动学校思想政治教育联动机制不断发展的内部动力，发挥着关键性作用。

首先，人员保障凌驾于学校思想政治教育联动机制其他方面的保障之上，是其他方面保障有效形成的基础。这是因为，在学校思想政治教育联动机制构建过程中的不同人力资源群体，主要包括校长、教师、学生等，如果他们没有从思想、情感层面真正地接受与认同学校思想政治教育联动机制建设的新理念、新思想，其他方面的保障就无从说起。

其次，人员保障为学校思想政治教育联动机制其他方面保障的形成提供了强劲的动力支撑。虽然学校思想政治教育联动育人系统中的人力资源群体表现出一定的差异性，但人力资源群体都具有一定的思想、情感、主观能动性，能够有目的、有意识地利用各种教育资源开展各种具有创造性的劳动，从而帮助与推动其他方面保障的构建与形成。

二、大数据时代学校思想政治教育联动机制构建的人员保障

大数据时代，学校思想政治教育联动机制的构建，可以从建设坚持有力、奋发有为的领导队伍；创建一支具备高水平大数据素养的思想政治教育队伍；引进大数据技术人才，优化思想政治教育队伍结构；建设协同互助的校外思想政治教育队伍等四个方面提供人员保障。（图 7-1）

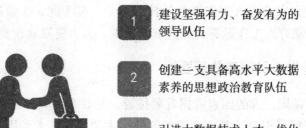

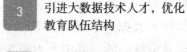

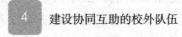

1　建设坚强有力、奋发有为的领导队伍

2　创建一支具备高水平大数据素养的思想政治教育队伍

3　引进大数据技术人才，优化教育队伍结构

4　建设协同互助的校外队伍

图 7-1　大数据时代学校思想政治教育联动机制构建的人员保障

（一）建设坚强有力、奋发有为的领导队伍

在学校思想政治教育联动育人工作中，学校党政、共青团领导队伍作为首要负责人，不仅要谋篇布局、把脉定向、掌舵领航，还要统筹各方、抓好落实。为了更好地落实学校思想政治教育工作，形成强大的育人合力，对各级各类学校领导队伍提出了较高的要求。新时代，学校领导干部要进一步明确当下形势，充分认识自身所承担的重要任务，找准自己的定位，及时学习与更新观念，增强自身的综合能力，深化理论认知，为立德树人根本任务的落实注入强大的内在动力，为学校思想政治教育凝聚大数据育人合力提供有力保障。

1. 领导队伍要培植决策互动思维

在大数据与思想政治教育融合生态下，各级各类学校要厚植思想政治教育领导队伍大数据决策的思维模式和转换技能，通过树立并运用大数据全体思维、关联思维，不断提升决策的互动性。依托大数据资源网络，学校可以创建常态化共商共建共享的大数据决策机制，确保每个部门领导都能参与决策的商议、构建，从横向层面不断加强不同职能部门之间的协同联动，从纵向持续强化不同层级领导的有效衔接，确保主体、思维、时间、知识、场所、媒介等方面实现有效互动，全面推动学校内部思想政治教育的科学决策，多方协同运用数据建模、精准图示，从而进一步明确育人问题、责任、任务及细节清单，同时通过精细化布局、分类制定决策执行方案。

2.领导队伍要塑造党政联动智慧

基于大数据时代背景，实现学校党政协同联动，对于思想政治教育领导系统的内部关系、工作模式以及组织结构的调整与优化起着促进作用。因此，学校领导要及时自省，树立起联动育人的智慧思维，有机统一党委领导和校长主管两位一体的关系，协同部署学校中心任务和思想政治教育工作。学校中心工作主要包括教育教学、德育、学科建设、师生管理、文创、科研等，针对这些工作，学校要充分利用多种多样的介质建设党政联动云平台，如学校官网思政主页、微信小程序、三微一端，为党政两大主体共同探索、研究与商讨提供更加丰富、便捷的渠道，从而实现以导带行，以行促导。一方面，学校可以在党的领导下有序开展各项工作；另一方面，学校又能根据行政部门的工作反馈有依据地改进领导建设，加快推进思想政治教育工作智慧的聚合，以实现"1+1>2"的聚合效应，进而使党政干部形成"联动智慧""群体智慧"，打造基于党委统一领导的党政同责、齐抓共管的领导联动大格局。

3.领导队伍要树立"受众思维"

大数据时代下，学校思想政治教育联动育人的受众和对象是学生，学生的需求和变化对思想政治教育工作的优化提供了鲜明的指向。因此，对于学校领导队伍来说，必须积极主动走进基层、亲近学生，不断拉近与学生的距离，在工作实践中充分体现"客观视角""受众思维"。同时，学校领导队伍要善于根据大数据收集的学生群体的关注话题、流行语、网络热词等方面的数据，对学生思想行为演变规律、兴趣爱好进行阶段性的分析与研究，以便有针对性地调整工作决策。另外，领导队伍在日常生活中与学生的话语交流中，要善于将宏大叙事与微观生活有机结合起来，利用诙谐趣事呈现出书本中的道理，利用鲜活事例阐释科学理论，借助身边琐事讲好中国故事，用喜闻乐见、大众、年轻的话语和方式，不断提升自身的话语活力与感染力，与学生共同深入探索智慧哲理、交流情感，唤醒学生内心深处的共鸣与共情，不断提升思想政治教育的亲和力。

（二）创建一支具备高水平大数据素养的思想政治教育队伍

数据是一串冷冰冰的数字，它虽然具有记录功能但却无法发声，如果人类没有足够的能力对数据进行加工和分析，无论数据种类多丰富、数量多庞大，都无法体现出任何价值。一方面，大数据时代的技术虽然能够通过数据的形式对人类所有行为进行客观、动态、有效的记录和存储，但是数据却不能示意和发声，对于思想政治教育工作者而言，关键就在于能否破译数据密码，分析并发现数据之间的联系。特别是对于学生群体来说，数据的收集、发现和运用需要多个部门的密切配合、通力合作，主要包括学校领导层、管理层以及技术层等，每个层级都离不开数据人才的支撑。另一方面，面对海量的数据，如果不能有效挖掘出数据之间的关联信息，这些数据就仅仅是若干个数字符号的集合。

2021 年两会期间，中国民主促进会中央委员会全国政协十三届四次会议提交了《关于提升中小学教师在线教育教学能力的提案》，强调学校要注重对中小学教师的在线教育教学能力的培养，提高教师对人工智能的应用与协作能力，通过"5G+ 大数据 + 学习分析"的方式，让每一名教师都可以"升级"为"超级教师"，不仅掌握学习分析的技巧，还能高效地与智能机器人进行协同工作。[①] 随着大数据时代的来临，为学校思想政治教育精准化的实施提供了可能性，但要想达到这一效果迫切需要一批拥有较强大数据思维和大数据能力的教育队伍，为大数据在思想政治教育工作中不断深入地应用奠定基础。因此，无论是从事于思想政治教育工作的教师、班主任和辅导员，还是管理者、服务者，都必须树立大数据思维，有意识地提升自身的大数据能力和大数据素质，会用、善用、巧用、妙用大数据技术开展思想政治教育工作。最近几年，随着大数据时代的快速发展和信息技术的不断成熟，对大数据人才的需求也日益增多，但是大数据人才培养体系还有待进一步完善，大数据人才的短缺影响到了人工智能的进一步发展。因此，培养一支具备大数据素养的思想政治教育队伍显得尤为重要。

实际上，倘若只是培养一支具备良好大数据技术应用能力的思想政治教育工作者还远远不够，技术虽然比较容易攻克，但是育人工作并非易事，特别是以学生为教育对象的思想政治教育工作，必须时刻牢牢铭记育人初心，将育人作为一切行动的指南，要知道学习和应用技术的目的是便利教学工作，不能忽视学生情感和需求，要主动关注学生，用心培养学生，热

---

① 民进中央. 关于提升中小学教师在线教育教学能力的提案 [EB/OL]. （2021-02-28）[2022-10-27].https：//www.mj.org.cn/zt/2021lianghui/sqfb/202102/t20210228_236538. htm.

心服务学生，从而更好地完成育人使命。因此，思想政治教育工作者在任何时候都要明确，大数据只是一个工具、桥梁，是了解学生的有力工具，是联系教育工作者和学生之间的桥梁，收集、分析、挖掘和利用数据的目的是更加全面、科学地了解学生，总结学生成长发展规律，掌握学生内心需要，从而发挥大数据技术的优势，让学校思想政治教育更具实效性。

（三）引进大数据技术人才，优化教育队伍结构

大数据技术在学校思想政治教育中的有效应用，离开专业大数据人才是万万不行的，需要专业的大数据人才实现有效的数据分析与处理。现阶段，传统思想政治教育者由于非大数据相关专业出身，所以其大数据理论能力和实践能力水平比较有限，而且对数据的敏感能力有所欠缺。但是大数据人才往往缺乏牢固扎实的思想政治理论基础，虽然可以高效地完成对海量数据的分析，但是往往不能为学生提供精准化的引导与帮助。因此，为了更好地顺应大数据时代，学校不仅要引入大数据技术人才，还需要培养兼具大数据技术与思想政治教育理论与实践能力的综合性人才，以不断完善思想政治教育队伍结构，促进大数据与学校思想政治教育联动育人工作的进一步融合。

一方面，学校通过引进大数据专业性人才，能够为本校搭建思政大数据平台提供良好的专业支持，便于全面、有效地整合平台的教育资源，为思想政治教育平台资源的共建共享奠定基础。大数据技术在教育领域的不断应用，推动了思想政治教育各方面的创新变革，大数据技术可以采集到思政教育活动全过程的数据资源，这些数据资源蕴含着巨大的潜在价值，最终服务于思想政治教育教学的可持续发展。随着校园数据化建设步伐的加快，思想政治教育数据逐渐呈现出显著的多元化、动态化以及多样化特征。根据不同的分类标准，可以将思想政治教育数据划分为以下几种不同的类型。（表7-1）

表7-1　思想政治教育数据类型

分类依据	类型
按性质划分	结构化数据：采用二维表逻辑表达，存放于关系型数据库，按照规律存储排列的数据，具有较强关联性，如符号和数字
	非结构化数据：无固定结构，直接整体储存的数据，有着丰富的来源，关联性较弱，如文本、音频、视频图像
	半结构化数据：介于两者之间，具备相关标记，难以实现模式化的数据，如报表、HTML 文档

续表

分类依据	类型	
按场域划分	校内数据	教学系统：思想政治教学活动中生成的所有数据，主要包括出勤率、考试成绩、线上线下互动等数据信息
		管理系统：校园进出、图书馆出入、图书借阅、校园论坛等数据信息
		服务系统：社团活动、餐饮消费等数据信息
		科研系统：学术团队在进行科研活动时生成的所有数据信息
	校外数据	政府、家庭等场域中生成的数据信息，主要包括位置感知数据、个人家庭情况等数据信息
		基于休闲娱乐的网络和社交数据，基于自我教育的网络场景学习数据
按数据结构划分	基础层：思想政治教育基础数据	
	资源层：思想政治教育环境、教育装备等运行状态的数据	
	行为层：受教育者的思想行为数据	
	资源层：思想政治教育理论数据资源	

这些数据都是分析思想政治教育开展情况的重要资源，专业性大数据人才能够更好地分析与处理这些数据，以便为学生提供及时性的指导。因此，学校要积极引进一批专业性大数据人才，为思想政治教育团队注入新鲜血液。

另一方面，学校通过引进专业性大数据人才，还能充分发挥其作用，使之为学校思想政治教育工作者进行与大数据知识相关的培训与辅导，实现思想政治教育工作者多方面知识和能力的协同发展，以便更加有效地对学生进行教育与管理。同时，通过定期组织培训活动，还能引导思想政治教育工作者树立大数据思维，并提升运用数据知识的专业能力，进而更好地开展学校思想政治教育工作，为学校培养更多兼具大数据知识与思想政治教育能力的综合性人才奠定了理论基础。

（四）建设协同互助的校外队伍

学校思想政治教育联动育人工作具有整体性、开放性和社会性，这项工作的实施、发展与改革不仅需要内部动力，也会受到外部各种因素的影响。因此，协同联动学校外部多方力量，发挥各自的优势，不仅是互联网时代和大数据时代思想政治教育转型的顺时代大潮，也是不断拓展与延伸更加广阔的外部空间的必然选择。

　　基于更高站位、更宽视野、更大格局，以学校为主导，组建覆盖校内外多个群体的"大思政联动体"智囊团，主要包括政府、校内领导、企业、家庭、教师、社会组织、科研机构等群体（图7-2），根据实际情况不断优化思想政治教育工作的系统组成、内外部结构关系及运行模式，全力推动学校内部与学校外部队伍之间的有效衔接、融合与补充，充分、全面地整合资源力量，深层次、全方位挖掘社会教育与家庭教育的育人功能，形成强有力的育人合力。

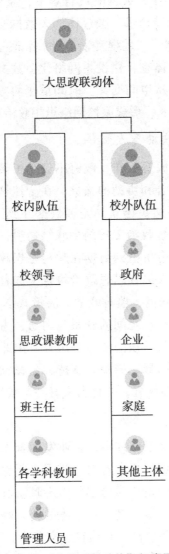

图7-2　"大思政联动体"智囊团

1.建设家校联动育人队伍

家庭教育作为一种行为实践方式，兼具自然属性和社会属性的双重属性，不仅尊重人的天性成长，也能对人的思想和行为进行规范化引导。家庭成员之间存在的情感联系、黏合方式具有一定的特殊性，正是因为这种特殊性，使得家庭成员之间能够通过生活互动、角色配合、亲情感化、言传身教、心灵沟通等方式，影响学生的人格、性格的形成与变化，以及生活和学习习惯的养成。在大数据时代背景下，家校联动育人队伍的建设，需要充分利用云计算传导技术、融媒体、大数据交流等方式，创建"线上理论宣讲""家校微信群""远程互动""网络家庭教育学校""网络家访"等多种形式的家庭育人体系，建设集网络化、数据化、信息化于一体的家庭思想政治教育系统，从空间交叉、时间承接两方面入手，加强学校与家庭的同步共育、合力育人，形成家校网络思想政治教育命运共同体。

2.建设学校政府联动育人队伍

面对学校思想政治教育工作，政府不仅承担着"管"与"引"的重要责任，还具有参与、配合和协助的义务。在全球智能、互联、开放的大数据浪潮下，政府有必要加快建立并完善数据开放、共享、安全标准体系，打通政务数据与学校思想政治工作的多联结通道，将黏性强、契合度高的数据向学校开放，加速有价值的数据在学校思想政治教育工作中的快速传播、转换。同时，政府人员和思想政治教育工作者要通过多样化的方式建立工作契合点，如政策协商、监督联动、决策共享、方案共建、对象共教、评价共识，加强政府与学校之间的联系与沟通，为学生提供更多的实践教学基地、精准化对接服务、顶岗实习等服务。由此，政府不仅能加强对学校思想政治教育工作的引导、鼓励、支持、监督和管理，还能充分发挥政务工作的服务性、专业性优势，强化育人育心的效果。

3.建设校企联动育人队伍

在学校思想政治教育工作链中，企业发挥着十分重要的育人效用，是有效贯彻践行学校实践育人要求的重要抓手。要想加强学校与企业之间的协同联动，就必须建设校企"双师型"思想政治教育队伍。签订校企战略合作网上协议，形成产、学、研三位一体的育人网络，针对学生学习、实习、就业建设大数据网络平台，共同建设实验室、"创客空间"、联合培养实验班、孵化园等项目，加强人才培养、科研项目、技术攻关深入联合，结合企业科普实践、创业名人、文化价值、行业模范、技术创新、发展历程，不断强化学生的思想价值观教育，切实提升育人网络的交互性、智能化和同步性。

大数据时代背景下，校企联动育人要重视学生分类定制培养，全面统筹多种教育资源，如学生理论和实践、校内与社会、第一课堂与第二课堂，共享高质量数据、平台、智库、行业、技术、资产，促进课堂育人与实践育人在内容、作用方式、效果等方面的反馈互补，创造性实现精准化的前端对接学校思想政治教育工作与行业领军人才需求，让理论与实践在校企协同联动过程中"打结"，集中力量培养学生的综合素养与能力，包括思维能力、实践技能、学科兴趣、专业素养、职业规划意识、社交方法、团队精神、求职技能和应变能力等。

另外，学校要切实提高政治站位，加强"双师工作室"的建设，并将"双师工作室"作为进一步推进校企合作的一项重要举措，继续抓紧抓好抓落实。不断加强"双师"队伍建设，全方位提升工作室队伍整体素质和专业能力，不断完善硬件设施建设，着力提高思想政治教育工作水平。各位名师、大师要树立担当意识，弘扬工匠精神，发挥自身专业优势，为校企合作扎扎实实办实事解难题。学校有关部门要深化创新服务理念，形成工作合力，为"双师工作室"建设提供更多便利和支持。

第三节　财力保障

一、提供财力保障的重要性

经费投入是影响大数据与学校思想政治教育联动育人工作融合发展的关键因素之一，是推动学校思想政治教育发展的主要动力。尽管大数据与学校思想政治教育联动育人工作的融合发展并不仅仅依靠教育经费的支持，但如果没有充足的经费投入购买硬件设备与软件产品，大数据与学校思想政治教育联动育人工作融合的发展就是无稽之谈。从教育实践的层面来审视学校思想政治教育大数据建设，不少学校无法顺利推进的原因普遍指向教育经费不足。国外学校思想政治教育大数据实践的成功经验启示我们，经费投入在大数据与学校思想政治教育联动育人工作融合发展与运转过程中发挥着不容忽视的作用。可以说，经费是影响大数据与学校思想政治教育联动育人工作不断融合、迅速发展的关键性因素，它的投入为学校思想政治教育大数据的发展提供了良好的财力保障。

二、经费投入的主要内容

经费投入不足是制约学校思想政治教育大数据发展的一个重要因素，学校思想政治教育大数据的顺利实施与推进必然是以持续稳定的经费投入为主。在学校思想政治教育大数据发展过程中，根据投资主体的不同，可以将用于学校思想政治教育大数据建设的经费划分为三个方面（图7-3）：一是国家层面的教育信息化经费；二是学校思想政治教育大数据发展的区域专项资金；三是各种社会或民间团体的经费。学校思想政治教育大数据的发展并非是一蹴而就的，需要长期、分阶段推进与实施。那么，学校思想政治教育大数据的经费投入主要提供如下两个方面的支持。其一，在大数据与学校思想政治教育融合初期，经费投入主要用于网络设施、硬件、软件、资源等方面的建设。其二，在后期的运行过程中，经费投入主要集中在硬件设备的维护与升级、技术人员的培训等方面。

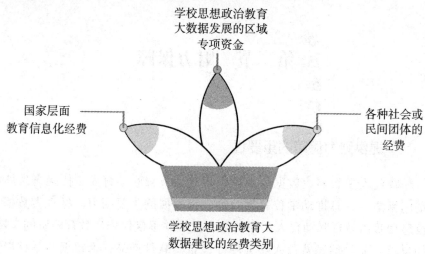

图7-3 学校思想政治教育大数据建设的经费类别

三、大数据时代学校思想政治教育联动机制构建的财力保障

（一）充分发挥政府的经济职能

1.健全经费投入保障机制

教育发展是国家长远发展的重要内容，教育投入涉及国家的战略性和基础性投资，在公共财政保障中占据着重要地位，能够为教育事业的发展提供良好的物质保证。要促进大数据技术与学校思想政治教育联动育人的融合，必须以充足的资金保证为前提。作为一项极具复杂性、长期性且任务艰巨的工程，充足的资金是大数据技术与学校思想政治教育联动育人融合的基本保证，必须进行科学、合理的规划和安排。为此，以政府或教育部牵头建立学校思想政治教育大数据建设专项经费，将学校思想政治教育大数据建设纳入国家、地方政府及教育部财政经费预算分配的范畴，为学校思想政治教育大数据建设提供稳定的国家财政资金支持。

2.鼓励与引导多方投入

引导并鼓励各级各类学校加强对社会及企业投资项目的引进力度，充分发挥优秀企业对各级各类学校项目的资金扶持作用，不断拓宽学校思想政治教育大数据建设资金引入渠道，确保学校思想政治教育大数据建设的资金保障。探索学校与企业合作新模式，把学生的实训实习和校企合作进行有机结合。例如，选择电子信息专业的学生进入企业进行大数据设备的运维实习，将大数据硬件搭建过程作为实训观摩课等，创新投入补偿方式，以实现校企双赢。

（二）加快学校思想政治教育大数据应用平台建设

加大学校思想政治教育大数据建设的投入，严格按照教育部关于网络思政经费标准，在学校年度预算中单列出学校思想政治教育大数据平台建设专项经费和日常运营维护经费，并且酌情逐年递增，从而确保学校思想政治教育大数据平台建设的可持续发展。要加大对学校思想政治教育大数据平台建设，建立并完善心理健康咨询子系统、社会实践子系统、理论学习子系统、学生管理子系统、人才资源管理等子系统等，并与教务管理系统有机融合起来，精准预测学生的思想和行为以及学习情况，为思想政治教育工作者精准把控及管理提供及时有效的帮助。

例如，心理健康咨询子系统由心理测评、心理健康、心理综合、心理课堂、在线查询、在线咨询、职业预测等模块构成，学生能够通过各种在线咨询模块提交自己需要咨询的问题，由心理教师在网上对学生进行心理辅导；学生可以在心理课堂模块中自行发布自己的心得、感悟、短文等文字视频信息，感悟人生。社会实践子系统建立联动机制，全面整合区域内各方面资源，如院校、地方文化、红色教育基地、社区、乡村、企事业单位，开展一系列社会实践活动，并利用 AR、VI 技术，将社会实践的素材、背景、过程、成果等资料全息录入平台，实现资源共享。

（三）建立健全预算管理制度

1.构建全面的预算管理体制

学校思想政治教育大数据的建设，需要有机结合中长期预算、年度预算、部门预算、绩效预算等编制体系，有步骤、有计划地推行与实施中长期预算编制规划，始终坚持"短期平衡，留有余地"的原则，合理确定学校思想政治教育大数据建设在一定时间内的收支预算。

2.加强部门预算管理

为了使预算编制与学校事业发展规划相适应，学校必须加强部门预算管理，在编制预算时必须坚持量入为出、开源节流、收支平衡、成本核算等原则，经常性支出不得编制赤字预算，同时各项收入应一并纳入预算当中，统一核算、统一管理。同时，学校要针对学校思想政治教育大数据的建设进一步规范收费行为，杜绝出现各种各样的违规现象，如违规票据，自立收费项目，扩大收费范围，严格按照国家的收费范围和标准执行。有关学校思想政治教育大数据建设方面的支出，应该以部门预算要求为依据进行进一步细化，强化支出过程的控制，做到预算有安排，支出有标准，制度有依据，严禁无预算、超预算、无用款计划的支出行为，杜绝预算管理的随意性和预算编制的粗放化，不断提升财政资金用款计划的实用性、合理性和科学性。

3.完善科研经费管理制度

学校应高度重视思想政治教育大数据科研经费管理，按照中央和本地区的有关规定，建立健全思想政治教育大数据科研经费管理责任制，完善校内思想政治教育大数据科研经费管理制度，将所有科研经费一并纳入学校财务部门进行统一管理，单独设账，专款专用，提高思想政治教育大数据科研经费使用效益。同时，学校还要严格执行政府采购制度、招投标制度以及投资评审，针对思想政治教育大数据的建设，制定科学合理的物资采购管理办法，做到采购程序规范、严谨，采购行为公开、透明。

4.完善绩效预算评价体系

针对大数据与学校思想政治教育的融合，学校要建立和完善"绩效预算"评价体系，进一步规范预算管理程序和预算编制行为，不断加强预算执行过程中的控制力度，促进现行绩效评价模型的创新与改革，建立健全量化的教育投入绩效评价指标体系。同时，学校财务部门应加强预算执行的控制与分析，及时提供完整、准确的财务信息，为学校和主管部门加强财务管理、推进预算分配制度的改革、优化整合学校资源提供可靠依据。

(四)学校要重视社会捐赠

在西方发达国家，社会捐赠已成为学校教育经费的重要来源之一，我国也应该借鉴此经验，通过社会捐赠的方式增加学校教育经费。有些地区捐赠比例较低，这与经济发展水平和人们的思想观念相关。因此，学校加强社会募捐需要做到以下几点：

第一，学校要及时转变观念，进一步强化捐赠意识，应当深刻认识捐赠对增加学校办学经费、优化经费结构的重要意义，从而为大数据与学校思想政治教育的融合提供更加充足的资金。第二，学校应主动联系，把吸引捐赠资助作为校长的一项重要职能，积极主动地向有捐赠可能的企业、团体个人进行宣传，推介学校，主动与这些群体进行洽谈，以表示诚意。第二，要全面保障捐赠者的利益。学校要加强对捐赠者的宣传力度，可以采取为捐赠者举行隆重的捐赠仪式，用捐赠者名字命名捐赠资金，载入学校史册等措施，从而实现双赢的目的。

第八章　大数据时代学校思想政治教育联动机制的应用

第一节　优化教育教学方式，拓展教育教学途径

一、大数据打造个性化教学新样态

在学校思想政治教育过程中，通过应用大数据技术，既能转变传统教学方式，全面提升思想政治教育教学质量，还有助于个性化教育的实施，为学生个性化成长插上双翼。

（一）大数据时代下学校思想政治教育个性化教学的原则

大数据时代背景下，学校思想政治教育个性化教学需要坚持依托大数据与学生需求的统一发展原则，坚持一般性分析和个性化教育结合发展原则，坚持数据分析与隐私保护相协同原则等三大原则。（图8-1）

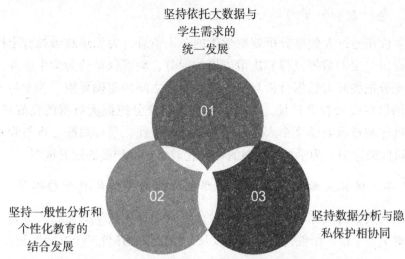

坚持依托大数据与
学生需求的
统一发展

01

02　　　　　　03

坚持一般性分析和
个性化教育的
结合发展

坚持数据分析与隐
私保护相协同

图 8-1　大数据时代下学校思想政治教育个性化教学的原则

1.坚持依托大数据与学生需求的统一发展

大数据为学校思想政治教育实现个性化教学奠定了良好的技术基础，有效应用大数据技术能够充分满足学生的实际需求，有助于学生实现人生的意义。大数据技术在思想政治教育中的有效应用，突破点就在于学生，必须以学生为主体，在具体应用过程中要充分考虑学生的实际需求，有效应用大数据的数据处理分析功能，更加深入地了解与认识大数据的应用，使其能够更好地服务于思想政治教育个性化的实施。另外，学校还要依托大数据技术，从本校特色和学生需求出发，深层次挖掘数据资源中蕴含巨大价值的内容，经过科学分析与处理，制订出满足学生需求的个性化教学方案。

2.坚持一般性分析和个性化教育的结合发展

在思想政治教育个性化教学具体实施中，学校首先要对学生特点和身心发展规律进行一般性分析，全方位掌握思想政治教学情况，了解不同学段学生整体具备的普遍特性，并以此为依据开展个性化思想政治教育，促进常规化思想政治教育的创新发展，为学生提供针对性的指导和帮助，如根据学生兴趣、特长的分析结果，为每位学生制订个性化的成长方案。因此，大数据时代下学校思想政治教育个性化教学的开展，需要坚持一般性分析和个性化教育相结合发展的原则。

3. 坚持数据分析与隐私保护相协同

学校在通过大数据分析获取学生的个人信息，为思想政治教育个性化教学提供一定的数据支撑和决策支撑的同时，应当以坚持为学生服务为前提，充分把握好大数据分析与学生隐私保护之间的明确界限，为学生创造良好的思想政治教育环境。同时，学校还要充分把握大数据的良好机遇，严格遵守和尊重对学生个人隐私的数据防护工作，坚持数据分析与隐私保护相协同的原则，为学校思政教育个性化教学创造积极的发展氛围。

（二）依托大数据实施学校思想政治教育个性化教学的路径

在大数据的支撑下，学校思想政治教育个性化教学的实施，主要可以从了解学生个性、个性化课程教学以及个性化教学评价三个方面展开。

1. 利用大数据准确把握学生个性特点

思想政治教育是一个动态过程，客观、精准地把握所有学生情况是高质量教学的重要基础。首先，大数据不仅能科学地分析学生在日常生活与学习中的思想与行为数据，还能追踪与学生有密切接触的人的一言一行，经过相关性挖掘，呈现出可视化的分析结果，有助于教师智慧化地精准了解与把握学生的个体差异，同时掌握与学生密切接触者对学生的影响轨迹。

首先，教师可以利用大数据所采集的学生在校期间的各种数据信息，主要包括线上线下生活交往数据、学信网上的家庭情况数据、他人评价数据等，对每位学生的性格和社交习惯特点进行可视化分析。教师不仅要按照一定标准对学生进行智能化分类，为学生推送智能化的教育服务，还要科学分析学生的交往行为与家庭成员之间存在的内在关联性。教师利用大数据技术，将学生智能地划分成内向型、外向型、自恋型、自卑型以及自大型等多种类型，并智能分析特殊家庭结构对学生交往方式的影响，再结合教师在日常生活中对学生的观察，以主观和客观相结合的方式，客观、精准地掌握每位学生的个性特点，以便于落实因材施教。

其次，教师利用大数据技术，可以分析学生的行为、认知、意志以及情感等情况，进而精准把握每位学生的个性特征。网上社交工具为学生个性化表达自我提供了机会与平台，也是大数据分析学生的重要数据来源。社交工具上蕴含着大量的学生数据，那些充满正能量的数据体现出学生积极、乐观的生活态度和情感。相反，那些含有负面情绪的负能量数据体现出学生消极、悲观的生活态度和情绪波动，这种数据显然是不可取的。大数据可以收集学生在微博、抖音等平台上的各类数据信息，这些数据反映了学生当下的道德评价能力、实际认知水平、辨别是非的能力。经过大数据技术的分析与反馈，教师就能精准掌握学生个性特征，有重点、有目的地加强对学生辨是非、明善恶的教育引导。

2. 利用大数据开展个性化课程教学

基于对学生个性特点的精准掌握，教学方式就可以从群体教学转向差异化教学和个性化教学。进入教学环节，教师可以继续发挥大数据优势，实施个性化教学，致力于教学质量的提升。首先，坚持一人一方案。在理论知识教学方面，学生完成相关理论知识的学习后，需要自主设计与所学知识相关的辅助专题学习，作为对所学内容的补充与拓展。学生可以选择自己感兴趣的内容，通过直播课或慕课的方式完成学习。在实践教学中，基于对学生学情的大数据分析，教师可以为学生推送各种教育服务，借助于虚拟现实技术创建出多种线上实践学习"套餐"供学生自由选择。其次，坚持一人一方式。学生自主完成学习方案的设计后，在听取教师给出的合理性建议的基础上，自主选择和设计学习时间、学习环境、学习顺序，有步骤地实现预设的学习方案和学习目标。最后，坚持一人一学伴。大数据为学生自动配置了线上学习和线下学习两款不一样的大数据分析挖掘应用软件，做学生学习过程中的陪伴者，并为学生提供智能化的一对一教学指导，即自有"学习伴侣"。[1]

在未来，网上思想政治教育资源供给必然会越来越丰富，并形成规范化的教学资源供应链，形成课程资源全国共建共享良好生态。倘若依旧采取以往统一的、标准化的传统教学方式，势必会无法跟上技术发展的步伐。因而，思想政治教育教学方式必须与时俱进地进行改革。依托大数据实施个性化思想政治教育教学，有效地避免了教学千篇一律的"一刀切""一勺烩"，为思想政治教育教学方式创新提供了方向。

3. 利用大数据实施个性化的教学评价

教学过程结束之后，科学、合理的教学评价是必不可少的一大环节。

---

① 张娟. 运用大数据进行个性化思想政治理论课教学研究 [J]. 思想政治教育研究，2022，38（1）：94-98.

海量的数据为个性化教学评价提供了丰富、客观的数据。一方面，大数据助力对学生理论学习的个性化评价。在学生理论学习过程中，大数据分析挖掘应用软件作为每位学生的学习伴侣，在学生线上学习和线下学习的全过程，能够精准、全面地记录学生的各方面数据信息，包括道德观、精神状态、政治立场、兴趣爱好、价值观倾向等。换句话说，大数据分析挖掘应用软件可以精准把握学生学习过程中的所有细节。教师可以根据所挖掘的数据对学生理论学习实施个性化评价，同时获取到一些有参考价值的教学建议。

另一方面，大数据可以检测理论知识转化为实践的状况，为个性化评价的实施提供依据。在学生的日常生活中，所产生的各种类型的个体行为数据，如图书馆的借书与还书情况、外出游玩过程中的言行、交通规则的遵守情况，这些数据都会被自动采集并上传至共享数据库，成为永久的数字记忆。这些真实、客观的数据都是对学生理论知识转化为实践情况的反映，可以为教学考评提供一定的参考，也是对学生将理论知识内化于心、外化于行效果的检验。大数据凭借着跨界整合分析数据的强大优势，为教学方式精确到每位学生提供了重要保障，提高了教学评价的个性化、科学性。

二、慕课促进学校思想政治教育教学方式的优化转型

现如今，全球各级各类学校都尝试着充分利用大数据平台打造网络课堂，慕课教学作为传统教育与信息技术深度结合的时代产物，也是大数据技术与思想政治教育相结合的具体表现。慕课教育作为一种新型课堂教学方式，是教师将所传授的知识录制成微型视频的方式，并依托网络这一媒介推送给学生进行学习的教学过程。目前比较流行的国家高等教育智慧教育平台、国家职业教育智慧教育平台、国家中小学智慧教育平台、爱课程、智慧树、华文慕课、学堂在线、人民公开课等均属于慕课学习平台，在慕课学习平台的支撑下，满足了全国大中小学生足不出户就能接受网络课程教育的需求。下面主要围绕慕课的特点、作用及应用展开介绍。

（一）慕课教学的特点

慕课教学主要具有大规模开放性、课程内容丰富和教学方式新颖三大特点。（图 8-2）

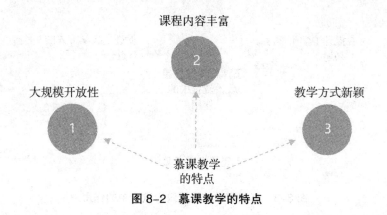

图 8-2　慕课教学的特点

1. 大规模开放性

慕课提供的课程数量庞大，学员涵盖每个学段的学生。学生可以结合自身知识水平和所学课程，自由地选择感兴趣的课程，有助于促进高质量教育资源的共享。慕课的大规模开放性，为学生提供了平等、高效的学习平台，学生可以充分发挥主观能动性，自主控制学习内容和进度，做学习的真正主人。

2. 课程内容丰富

慕课所提供的课程内容都是由权威专家和专业制作团队精心挑选和制作而成，涉及不同专业、不同种类等各种有益知识，主要设置了阅读材料、视频、课堂讨论、作业测试、期末考试等模块，对于学生探究能力、思维能力的提升起着促进作用。

3. 教学方式新颖

大部分慕课是以 10 分钟左右的短小精悍的视频片段呈现出来的，教师借助于教学道具推进课程的实施，将动画效果和流行语适时适当地融入教学过程中，以此为契机与学生进行互动性讨论，在增进师生感情的同时，实现教学相长，追求教学与学习"双赢"的效果。

（二）慕课在学校思想政治教育中的作用

在学校思想政治教育过程中，利用慕课实施教学，对于教学方式的优化、学生学习兴趣的培养以及优质资源的共享具有重要意义。（图 8-3）

图 8-3　慕课在学校思想政治教育中的作用

1.促进了教学方式的优化

随着网络技术的不断发展，加之教学改革的持续推进，网络教学以其便捷、高效等优势被广泛应用于思想政治教育教学中，而传统教学方式在教学监督、情感交流等方面也起着不可替代的作用。慕课教学能够有效结合网络教学和传统教学的优势，在发挥教师主导作用的同时，强调学生的主体作用。慕课在思想政治教育中的应用，为学生提供了碎片化的知识，满足了学生的学习需求，优化了教学方式。

2.提升了学生学习兴趣

慕课作为一种新生事物，可以为学生提供丰富多样的学习方式，包括音视频、动画、精彩图片等，这种方式更容易被学生接受，能够大大提升学生对思想政治教育理论的学习兴趣。

3.实现了优质资源共享

传统思想政治教育课堂教学的开展，很大程度上受到教学地点、教学时间、教师水平的影响，而依托慕课实施教学，学生可以观看名师精品课程，及时了解更多思想政治教育理论和前沿动态，不断拓展学生的理论视野，促进了优质教育资源的共享。

（三）"慕课"优化学校思想政治教育教学方式的策略

1.适应时代发展，转变思想政治教育理念

学校思想政治教育工作者必须加强对新媒体技术的学习与应用，掌握慕课教学的特点和优势，善于利用慕课教学拓展思想政治教育教学途径，

促使学校思想政治教育紧跟时代发展的潮流，力争走在理论与科技的前沿。同时，学校思想政治教育工作者应该结合学生特点，积极转变陈旧、落后的教学理念，如"以教师为主体、以学生为补充"，将学生置于学习中的主体地位，树立与时俱进的教学理念，主动占领网络教育的新阵地，着力提升思想政治教育的吸引力、亲和力和感染力。

2. 以慕课为教育媒介，调整教学内容

慕课这种新型教育媒介，彻底打破了师生之间讲台到课桌距离的限制，教师能够与学生双向交流思想和信息，在双方交流过程中的所有信息都会以数据的形式保留下来，为大数据分析提供重要的资料。在慕课教学过程中，会自动生成巨大的数据量，教师可以结合数据信息灵活调整所采取的教学方法。另外，在慕课教学过程中，教师可以通过在线平台清晰地了解每位学生的学习动态，加强对学生学习进度的监管，及时督促相对落后的学生。师生之间的语音交流和线上留言，都会自动生成数据，教师可以统计学生发言情况，再结合学生观看视频课程次数的数据，合理地推断学生对知识的掌握情况，了解学生感兴趣、难理解的知识点，有针对性地调整教学内容，以适应全体学生的需求。

3. 开展线上测试，提高测试效率，缩减成本

线上测试指的是教师通过在线测验的方式掌握学生在一段时间内的学习情况，检验是否达到了预期的学习效果。例如，学生学习完《我国公民的政治参与》的微视频之后，教师为了测验学生对这部分知识的掌握程度，主要包括直接选举和间接选举存在的不同之处、民主决策方式等重点知识，可以组织一次课堂在线测验。在传统的课堂测验中，往往是教师自己设计相关问题，经过打印后发放给每位学生。基于大数据背景下，教师不需要逐一筛选满足学生需求的历年真题，慕课平台能够结合学生学习动态和轨迹，借助于大数据分析技术，快速、自动地生成一套与学生学情和需求相符的试卷。教师则主要是对所生成的试卷进行简单的修改与补充，使之与学生学情更加契合，最终形成完整的测试卷。

而对于学生而言，只需要通过平板这一辅助学习的工具登录慕课教学平台，并在规定的时间内完成试卷上所有问题的解答，最后回传试卷。根据学生的答题情况，慕课平台会自动生成客观题的成绩，并将每位学生的主观题推给与之学习水平相近的同学，组织学生进行相互批改。最后，借

助大数据技术综合分析与评估学生的学习时间、学习频率、测试成绩等数据，并把最终结果反馈给教师。教师根据精准的数据分析结果，能够快速找到学生知识薄弱之处，并及时调整教学。总之，通过线上测验的方式，可以有效节省时间、人力和物力，教师能在如何提高思想政治教育有效性方面投入更多的时间和精力。

三、基于云课堂创新学校思想政治教育互动教学方式

大数据时代，互动、开放成为学校思想政治教育的主要特点。云课堂是一种基于云计算技术的实时、高效的远程课堂教学，为思想政治教育工作者和学生提供了网络互动的平台，具有较强的创新力和时代性，助力了互动教学方式的革新。

（一）通过钉钉平台增强课堂参与度

在钉钉平台的支撑下，学校思想政治教育可以采取多样化的在线教学方式，包括空中课堂录播、"钉钉"直播、"钉钉"回放、群文件共享等。灵活运用这些在线教学方式，可以有效提升学生课堂学习参与度，同时还可以有效解决在线教学过程中常见的问题或不足。另外，借助钉钉软件能够有效突出重难点知识，并不断拓展教育资源，以实时的方式为学生答疑解惑。

钉钉平台一共有三个直播按钮，而且每个都有其自身的独特优势。在学校思想政治教育中，可以选择视频会议中的课堂模式进行授课，这种模式与其他模式相比有着更强的稳定性，不容易出现网络系统卡顿的现象。相比于普通的直播功能，教师还可以在钉钉平台上清晰地看到所有学生的视频。在课堂讨论环节，学生可以举手发言，与大家分享自己的想法，或者对同学的想法做出点评。同时，教师可以选择答题卡投票的方式，选出学生心中认为典型的问题，增强学生的课堂参与感和交互性。

受到网络延时、硬件设备有限、电子资料繁多等综合因素的影响，可能偶尔会出现直播卡顿的现象，教师可以不用过多纠结，可以先继续讲课，直播结束后将电子学习资料、视频资源以及直播回放等数据资源上传至群文件中，以便学生回放和复习进行观看，还可以在手机 App 上同步作业和练习。同时，云课堂大数据平台具有学情分析系统，可以分析学生作业完成情况，并为学生提供个性化错题库方便学生随时查阅。

（二）依托希沃白板提高课堂交互性

在学校思想政治教育中，教师可以结合学生学习情况和在线教学实际，用沃希白板代替演示文稿，从而不断提升课堂教学的交互性。

沃希白板本身具有诸多优点，主要包括便捷性、操作性强、实效性等，它不仅能像 PPT 一样对教学过程进行预设，又不需要向 PPT 那样使用较多的条条框框，无须过多预设，不仅属于重要的媒体资源，又能像黑板一样进行自由书写。在日常教学过程中，学生会提出很多问题，教师只需要在希沃中增加一个空白表格，就能实时、准确地记录学生回答的内容。因此，教师在使用希沃白板实施思想政治教育时，只需要准备基础素材，由此可以节省教师大量的备课准备时间。

在视频教学过程中，及时解答学生的疑惑或问题是非常必要的。针对学生学习中提出的一些问题，教师可以随时利用白板为学生进行演示解答，并采取"蒙层"的方式，根据学生回答情况进行相应的勾画、擦除操作，增强与学生之间的交互性。另外，希沃白板具有较强的操作性，教师可以引入一些小工具助力教学的推进，如计时器能够帮助教师加强对时间的管理。

四、游戏化翻转课堂教学

简单地说，游戏化指的是将游戏核心要素应用到非游戏的领域，进而提升参与者的表现欲和积极性，使参与者有更好的表现。因此，游戏化与游戏有所不同，也并非指的是模拟场景的工具或特定电脑软件，而是为了更好地达到预先设定的目的，将游戏要素引入目标领域当中，充分发挥出游戏要素的优势和特性，以强化参与动机。

在学校思想政治教育中，为了提升学生的学习动机，教师可以采取游戏化教学，比较常见的是透过积分、徽章以及排行榜三个要素融入课堂教学中，使课堂由之前的教师单向讲授翻转为学生自发接触课程内容。教师可以以学生学习全过程数据的记录为基础，在互动环节中运用实体或虚拟的点数积分作为积累的基本单元，分数会随着学生学习而发生动态变化，用实体或虚拟徽章呈现出每位学生在一段时间内的学习进度和成就，并通过排行榜帮助学生实时了解自己整体水平以及与他人的相对成就。游戏化翻转课堂教学的方式，有助于培养学生及时反思自己的学习习惯，为学生主动学习赋能，维持学生较高的课堂参与度，为学生注入学习表现的动机。

五、加强网络榜样教育，提升学生思想意识

在学校思想政治教育过程中，教师要善于运用网络榜样教育的方式引导学生思想意识。榜样的力量是无穷的，榜样代表着先进思想，具有较强的感染力，是学生思想品德素质不断提升的标杆。网络榜样教育作为一种隐性教育方法，依托网络全面展现榜样的风采，有助于加强对学生的价值引领，促使学生的思想认识朝着积极、健康的方向发展。

榜样的作用在任何时代都是不容忽视的，在传统学校思想政治教育中，教师就经常为学生讲述先进模范人物事迹，从而引起学生强烈的共鸣。在大数据时代，榜样在网络虚拟世界中具有正面引导作用，学校思想政治教育工作者可以借助于网络现代化技术和大数据，拓展和延伸榜样的引导力量，使之突破时间和空间的制约，对榜样力量进行全方位、多领域、多维度的宣传和推崇。基于此，学生思想和认知会在无形之中受到榜样的感染，并不由自主地向榜样靠拢，将榜样作为人生发展道路上的行动指南，并进行自我锻炼和自我教育。同时，学校可以利用互联网构建榜样事迹宣传网站，广泛收集古今中外、各行各业的榜样先进事迹，并及时上传并展示在网站上。或者教育工作者通过视频录制的方式，记录来自身边的教师和学生的榜样事迹，利用周围人更好地感染与鼓舞学生，使榜样的精神照亮学生前进的道路，深深扎根于学生心中，并付诸实践。

另外，在大数据时代，学校在以网络为媒介实施榜样教育时，必须保证榜样教育内容的真实、客观，坚持实事求是，切不可夸大其词、无中生有，在对榜样光辉事迹进行宣传的过程中，要多选择一些普通人实现梦想的事迹，这样的角色与学生实际情况有更高的契合度，更有助于激发学生通过学习走向成功的热情和决心，促进学生对自我的激励和对人生的思索。在大数据时代，网络教育中的榜样楷模的可选择性比较多，主要包括切实为人民服务的共产党员，爱岗敬业与锐意创新的劳动模范，来自学生身边兢兢业业、勤勤恳恳的普通人，教育工作者要善于运用网络媒体平台，精心挑选一些充满正能量的榜样事迹，充分发挥榜样的示范、宣传作用，逐步提升学生的思想意识。由于课堂时间有限，各学科教师显然无法在短时间内讲述过多的英雄人物事迹，教师可以考虑让学生变成主讲人，鼓励学生利用课余时间搜集、整理相关资料，扮演好新时代楷模的代言人。在学

生准备素材的过程中，需要充分利用大数据工具，创建线上和线下的桥梁，将发生于现实生活中的故事搬运到线上，不仅能为学生提供学习和锻炼的机会，还能拓展思想政治教育途径。

第二节　破除条块分割困局，实现内容螺旋上升发展

在大数据技术的支撑下，学校思想政治教育联动机制的有效应用，能够有效破除教育资源条块分割的困局，有序推进教育资源的整合共享，并根据学生思想动态变化趋势，精准定位能够引起当代学生共鸣的新鲜的思想政治教育内容，切实提高思想政治教育内容的吸引力，实现思想政治教育内容的螺旋上升发展。

一、中华优秀传统文化与思想政治教育内容相融合

（一）中华优秀传统文化的内涵

党的二十大报告强调："深入开展社会主义核心价值观宣传教育，深化爱国主义、集体主义、社会主义教育，着力培养担当民族复兴大任的时代新人。"在 5000 多年的历史发展长河中，中华民族积淀了具有民族特色的中华优秀传统文化，体现着深刻的文化内涵和民族精神，为社会主义核心价值观的培养提供了重要的基础元素。中华优秀传统文化是中华民族精神的凝结，主要包括先国后家的爱国主义精神、先集体再个人的集体主义精神、和平共处的和谐发展的精神、从实际出发的诚信务实的精神等（图8-4），将这些核心精神融入思想政治教育内容中，有助于提升学生思想政治觉悟，培养学生社会主义核心价值观。

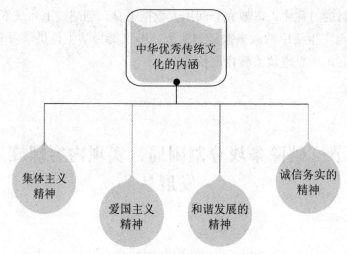

图 8-4   中华优秀传统文化的内涵

1.集体主义精神

个体是集体最基本的单元，集体是个体的行为集合和精神归宿。一方面，个体的进步与发展有助于促进集体的提升与完善，集体要想获得持续不断的发展，必须保证每个个体都付出努力；集体的进步反作用于个体的提升，充满活力、积极进取的集体能够为个体进步与发展提供更广阔的空间和更便捷的条件，个体必须深刻意识到个人利益与集体利益密不可分。另一方面，集体利益高于个人利益是基本原则。在缺乏集体主义的情况下，社会就无法形成凝聚力，难以在思想、政治、意识形态等方面形成有效的统一，集体主义对于国家繁荣富强、民族伟大复兴的实现起着举足轻重的作用，集体主义是战胜困难、克敌制胜的法宝。

2.爱国主义精神

爱国主义是中华优秀传统文化的精华，是社会主义核心价值观中最根本、最深层、最永恒的重要内容。爱国主义精神是中华民族共同的精神支柱，具有强大的现实凝聚力和精神感召力，是蕴含于全国各族人民中的一种强大、深厚的精神力量。伴随着时代的进步与发展，中华优秀传统文化也推陈出新、革故鼎新，不断被赋予新的时代内容，充分体现出新时代的道德情操和精神面貌。

3.和谐发展的精神

党的二十大报告提出："中国始终坚持维护世界和平、促进共同发展的外交政策宗旨，致力于推动构建人类命运共同体。"命运共同体这一理念与中华优秀传统文化有着异曲同工之妙，传统文化倡导"协和"而非"征服"，即以平等为基础，追求和平共处、亲善和睦。从社会发展现实来看，政治多极化、经济全球化、文化多样化和社会信息化深入发展，不同国家之间的联系和依存程度不断加深。学校需要帮助学生树立社会主义义利观，不仅要尊重个人合法利益，还要追求正当利益，这两方面能够归纳为一个主旨，即建立和谐社会。和平是实现和谐社会的重要基础和必要前提，发展是和谐社会必不可少的内容，和平与发展应当统一于和谐社会当中。

4.诚信务实的精神

党的十八大报告提出"诚信"是社会主义核心价值观的重要组成内容，强调诚信务实精神在中华民族发展过程中发挥着非常重要的作用。诚信是大厦之基，是和谐社会之本，是人的立身之本，是衡量个体道德修养水平的一项重要指标。从古至今，中华民族都非常重视并主张诚信务实的精神。先秦时期的孔子提出了很多体现求实精神的观点，主要包括"毋意、毋必、毋固、毋我""知之为知之，不知为不知"等；庄子主张"真""诚"的思想，强调一切要从实际出发，提出"析万物之理"；东汉王充主张和强调从实际出发，提出"重事实，疾虚妄"的主张。诚信务实精神被一代代仁人志士身体力行，传承至今，目前已经成为我国公民基本道德规范的重要组成部分。

（二）中华优秀传统文化与思想政治教育内容融合的策略

将中华优秀传统文化融入思想政治教育中，可以从中华优秀传统文化与校园文化建设融合，中华优秀传统文化融入课程，构建中华优秀传统文化网站三方面入手（图8-5所示），在帮助学生感悟中华优秀传统文化的内涵的同时，丰富学校思想政治教育的内容。

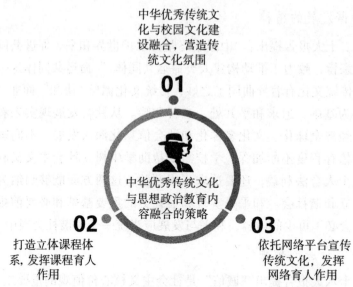

图 8-5　中华优秀传统文化与思想政治教育内容融合的策略

1.中华优秀传统文化与校园文化建设融合，营造传统文化氛围

在学校校园建设过程中，要积极引入中华优秀传统文化要素。对于学生而言，长时间生活在一个高雅的校园文化环境中，势必会在潜移默化、无形之中受到熏陶和感染。大数据时代为中华优秀传统文化与校园文化建设的融合提供了新的平台与契机，大幅度提升了校园文化建设的综合水平。首先，大数据时代数字化的发展趋势，对于校园文化数字化平台的建设具有积极影响，学校要加快校园文化信息化数字平台的建设步伐，及时更新与升级校园网络设施与网络系统，对本校学生的兴趣爱好、心理状态以及文化素质进行数字化测评，通过大数据研究与分析学生的整体情况，基于对学生个性特点的了解，制订校园文化建设与中华优秀传统文化融合的方案，引导积极向上的校园风尚。其次，学校要积极创新中华优秀传统文化建设形式，打造微信公众号等自媒体平台，依托文化建设的新阵地以及平台数据，利用大数据技术分析研判，了解校园文化走向以及学生思想动态，多发布一些学生感兴趣的中华优秀传统文化，大力宣传社会主义核心价值观的内容，使学校牢牢把握文化引领的主动权，提升校园文化建设的影响力。

2.打造立体课程体系，发挥课程育人作用

首先，立足于思想政治教育理论课，充分发挥主渠道作用。思政课教师在设计教学方案时，要有意识地寻找中华优秀传统文化与教学内容的契合点，从教育资源数据库中寻找与传统文化相关的视频、图片、动画等素材，引入教学方案中，在丰富教学内容的同时，营造良好的教学氛围。例如，在《中国近现代史纲要》的教学中，这部分内容涉及抗日战争历史知识，教师可以以此为切入点，从数据库中寻找一些爱国主义英雄伟大事迹的视频或图文，主要包括文天祥、岳飞、苏武等，引入教学方案中，并在课堂授课交流中引导学生进行古今对比，帮助学生深入了解爱国主义的内涵。其次，学校开发校本课程，挖掘育人功能。学校可以借助大数据技术密切关注学生现实需要，在遵循思想政治教育规律的基础上，创新性地将中华优秀传统文化引入所编写的校本思政教材当中，加大校本课程的开发力度，健全思想政治教育课程体系。

3.依托网络平台宣传传统文化，发挥网络育人作用

首先，学校可以通过多样化的网络平台如抖音、微信、微博，开设中华优秀传统文化教育账号，定期收集、整理并推送中华优秀传统文化的图片、文章、视频等资料，并全面开放评论区，根据学生的评论内容，了解学生思想动态。其次，针对思想政治教育与中华优秀传统文化的融合，学校可以搭建专门的具有个性化、知识性、全面性的网站，网站内容要尽可能设置多个模块，主要包括经典作品视听学习、国学智慧等，呈现形式要多样化，不仅有插画、图片、动图，还有视频、动画等。通过图文并茂、动静结合的方式呈现中华优秀传统文化的丰富内涵，有助于提高学生的学习兴趣，帮助学生汲取中华优秀传统文化知识。最后，开设中华优秀传统文化网络教育课程。学校可以借助各种软件设备实施线上教学，包括易班、腾讯会议、翻转课堂等，将中华优秀传统文化与思想政治教育内容相结合，依托网络平台促进中华优秀传统文化由平面转变为立体。

二、时代精神与思想政治教育内容相融合

（一）时代精神的主要内容

时代精神是一个时代的人们在实践过程中呈现出的全民族的优秀品质和良好精神面貌，是振兴祖国、激励民族奋勇前进的价值取向、思想观念、行为方式以及道德规范的总称，主要包括航天精神、工匠精神、铁人精神、

雷锋精神等内容（图8-6）。随着时代的发展，时代精神也不断被赋予新的内涵，新时代精神教育紧紧围绕改革创新为核心，蕴含着极其丰富的内涵，主要包括与时俱进、解放思想、绿色低碳、求真务实、开放包容等。

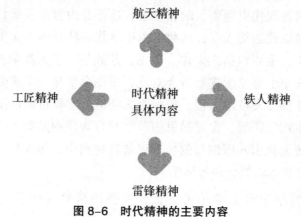

图8-6　时代精神的主要内容

1.航天精神

航天精神，是指我国航天事业在长期奋斗过程中形成的受到人们一致认可的价值取向。广大科技工作者不断奋斗、乘风破浪，在创造非凡业绩的过程中呈现出了"两弹一星"精神、载人航天精神、探月精神以及新时代北斗精神，为科技工作者勇攀新高峰注入了强大的精神动力。其中，"两弹一星"精神主要包括热爱祖国、勇于攀登、无私奉献、自力更生、艰苦奋斗、大力协同等内涵；载人航天精神主要包括特别能吃苦、特别能奉献、特别能战斗、特别能攻关等内涵；探月精神主要包括勇于探索、追逐梦想、协同攻坚、合作共赢等内涵；新时代北斗精神主要包括迎难而上、敢打硬仗、接续奋斗等内涵。

2.工匠精神

工匠精神作为一种职业精神，是一种追求更加完美的精神理念，指的是工匠采用极致的态度对作品进行精雕细琢、精益求精，落实到个人层面就是敬业精神、认真精神，是在现实生活中追求极致、敬业创新、崇尚完美的精神。

3.铁人精神

"铁人"是20世纪五六十年代社会送给石油工人王进喜的高雅称号，

而铁人精神是对王进喜良好品德、崇高思想的高度概括。铁人精神有着极其丰富的内涵，主要包括爱国主义精神、艰苦奋斗精神、奉献精神、科学求实精神、忘我拼搏精神等。在过去、现在和将来，铁人精神都具备永不磨灭的价值和永恒的生命力。

4. 雷锋精神

雷锋精神是以雷锋的名字命名的，是雷锋同志体现出的所有先进思想意识、良好道德品质的总称。半个多世纪以来，雷锋精神的内涵发生了一定程度的变化，由最初的阶级道德和革命自觉性转变为改革开放时期强调大爱无疆的奉献精神。随着新时代的到来，雷锋精神的内涵逐渐被补充完善为大爱的胸怀、信念的能量、进取的锐气、忘我的精神。

（二）新时代精神与学校思想政治教育内容融合的策略

1. 时代精神与思想政治理论课创新融合

当前阶段，各学段学校思想政治理论课教学侧重于对马克思主义理论相关知识的传授，以及对学生进行思想政治教育，更多是以课堂教育为媒介达成预设的教学目标，但是专门将时代精神作为专题内容进行系统传授的情况并不多。而为了更好地培养学生对思想政治理论课的兴趣，学校思想政治理论课也在如火如荼地进行改革创新，将时代精神的培养融入思想政治理论课的授课内容和方式中，不仅能培养学生热爱祖国、崇尚完美、迎难而上、吃苦耐劳、忘我奉献、敬业创新等精神，还能提升学生学习能力，培养学生对思想政治理论课的学习欲望和兴趣，为思想政治理论课的改革创新提供思路和方向，是一件一举两得的事情。因此，在思想政治理论课的改革创新过程中，思政课教师要深刻理解时代精神的内涵，通过对时代精神内涵认知与解读，从海量的信息资源中匹配一些与时代精神相关的视频、图片等资源，并融入教学内容当中，通过微课等形式拓展时代精神内核的呈现形式，帮助学生更加系统地把握时代精神的内涵，进而增强对国家和社会责任的强烈认同，为学生个人价值的实现奠定良好基础。

2. 时代精神与理想信念教育相结合

理想信念是人们实现理想的源源不断的动力源泉，在新时代的历史定位下，全面建成小康社会、社会主义现代化强国的目标的实现离不开当代学生的努力拼搏、不断奋斗。时代精神中所蕴含的精益求精、追求极致等优良道德品质正是"两个一百年"奋斗目标如期实现的精神动力。因此，在对学生进行理想信念教育的过程中，要积极引入时代精神的元素，为学生理想信念的实现注入精神动力。为此，学校可以根据学生大数据掌握理想信念教育"学情"，判断理想信念教育是否入耳、入脑、入心、入行，对症下药，选择针对性的时代精神内容，为理想信念教育效果的增强奠定基础。具体地说，学校需要获取学生以下三方面的数据：第一，学生浏览内网信息的数据。根据学生浏览校园微信公众号、校内网站的图片、视频、文章等数据，通过大数据统计分析，了解学生的思想动态及兴趣点，准确掌握学生理想信念状况，并对比个体数据与群体数据，有针对性地选择与设置时代精神的内容。第二，学生网上留言讨论的数据。这类数据主要包括学生在班级微信群、班级 QQ 群以及校内网络论坛等平台的留言、发布或转载的文章，以及网络平台的提问与答复等。这类大数据能够真实地反映学生理想信念的状况，通过大数据统计，学校可以找到出现频率较高的文章或问题，并选择相应的时代精神。第三，学生行为记录的网上数据。这类数据主要包括学生在校内、校外的奖惩信息，以及参加各种校内外活动的视频、图片、新闻报道等。这些数据具有较高的客观性，但是分散性比较强，主要分布于校内网站、校内社交媒体平台以及社会网站，通过与其他数据结合起来对比与分析，能够更好地了解学生理想信念的真实状况，为时代精神的融入奠定基础。

三、红色文化资源与思想政治教育内容相结合

（一）红色文化资源的基本内涵和功能定位

1. 红色文化资源的基本内涵

红色文化资源作为一种先进的文化资源，指的是中国共产党领导下的中国人民在长期的革命斗争以及社会主义建设过程中展现出的伟大革命精神和物质载体，是中国人民最真实、最生动、最具体的写照。根据形态的不同，红色文化资源可以划分为物质形态、精神形态两种，前者主要包括革命遗址、烈士陵园、历史纪念馆等，后者主要包括井冈山精神、长征精神、西柏坡精神等。

2.红色文化资源的功能定位

红色文化资源的功能定位主要体现在思想政治教育功能、认知导向功能、行为示范功能和精神鼓舞功能四方面。（图 8-7）

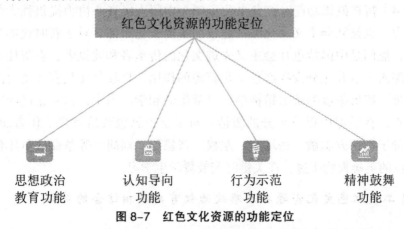

图 8-7　红色文化资源的功能定位

（1）思想政治教育功能。红色文化资源反映了中国共产党伟大的革命精神，是学校立德树人的天然素材，是学校思想政治教育的重要载体，能够为学生成为担当民族复兴大任的时代新人注入不竭精神动力。红色文化资源蕴含着非常丰富的思想教育内涵，主要包括伟大的理想信念、优良的道德品格和自律自强的学习精神等，有助于培养学生的历史责任感，使学生形成个人英雄气概。

（2）认知导向功能。红色文化资源拥有着十分深厚的文化内涵，对于学生良好认知观的形成起着重要的引导作用。一方面，有助于培养学生正确的历史认知观。学生充分了解红色文化资源，可以全面梳理历史发展脉络，深层次挖掘红色文化资源，有助于引导学生树立正确的历史认知观，进而有效抵制历史虚无主义的侵蚀。另一方面，有助于培养学生正确的价值认知观。大数据时代信息资源零碎杂乱，对思想政治教育带来了多元价值观的冲击。红色文化资源见证了中国共产党艰辛而辉煌的百年奋斗历程，充分体现了中国共产党的价值追求，对于学生正确价值认知的形成起着引导作用，能够坚定学生走中国特色社会主义道路的理想信念。

（3）行为示范功能。红色文化资源是中国共产党长期革命斗争的历史见证，是高质量的思想政治教育资源，蕴含着极其丰富的行为教育内容。例如，危急关头炽热而深沉的爱国情怀、竭尽全力且不怕牺牲的为民分忧。

用凝聚着正确行为举止观念的红色文化资源去感染学生，远比单一枯燥的理论说教方式更有感染力、说服力，更容易深入学生内心，更容易为学生带来崇高的精神洗礼。

（4）精神鼓舞功能。红色文化资源为中国人民齐心协力提供强大的精神动力，也是社会主义文化强国建设的重要文化来源。对于新时代的学生而言，他们是中国特色社会主义先进文化的传承者和建设者，有责任也有义务深入了解并充分发挥红色文化资源的作用，将红色文化资源蕴含的不畏艰难、积极进取的革命精神融入日常生活和学习当中，树立正确的国家认知观，在学习中保持充分的激情。对于学校思想政治教育工作者而言，也要善于利用方志敏、杨靖宇、左权、张思德、刘胡兰等革命战争年代可歌可泣的英雄人物事迹，在关键时刻鼓舞学生学习。

（二）红色文化资源与思想政治教育内容相结合的策略

1.发挥思想政治理论课主阵地作用，构建"课堂讲授 + 网络拓展"模式

将红色文化资源与思想政治理论课相融合，充分发挥思想政治理论课主阵地作用，利用新的媒体技术有效转化红色文化资源，使之成为高质量的思想政治教育资源。

一方面，精心设计课程内容。学校可以充分发挥红色文化资源资政育人的优势，从数据库中精心挑选一些红色故事、红色历史等素材，并融入思想政治理论课教学内容当中，在课堂上借助于新媒体技术为学生呈现出集知识性、思想性、趣味性于一体的教学内容，积极创设红色文化资源与思想政治理论相融合的第一课堂。

另一方面，采取行之有效的教学方法。红色文化资源具有时代性、民族性、政治性等特点，这些特点决定了采取灌输式教学方法无法实现入脑入心的效果。学校要根据大数据时代共享性、开放性的特点，积极探索与创新思想政治理论课教学方法，通过有机结合现实场域和虚拟场域，在注重理论讲授的同时加强学生的亲身体验，构建"课堂讲授 + 网络拓展"的创新型教学模式。将红色文化资源融入思想政治理论课教学内容中，在教学内容和教学方法的优化与创新方面，秉持的宗旨应该为：将红色文化资源转化为推动学生全面发展的教育资源，充分体现出课程的铸魂育人功能，

发挥思想政治理论课的主阵地作用，筑牢主流意识形态主导地位。

2.推动红色文化资源"进教材、进课堂、进头脑"

红色文化资源不仅蕴含着内涵丰富且深刻的革命精神，还兼具时代意义的育人价值，学校要积极促进红色文化资源与思想政治教育内容的深度融合。首先，推动红色文化资源进教材。学校要坚持时代性与历史性相结合的原则，立足于地方文化特色，从中国特色社会主义建设需要出发，打造凸显地方特色、彰显时代价值的红色教材。其次，推动红色文化资源进课堂。学校要积极引导与鼓励教师在教学内容中融入红色文化资源的具体内容，开展各种各样学习主题的红色历史活动、红色经典活动促进学生讨论与思考，充分调动学生学习的自主性、积极性。最后，推动红色文化资源进头脑。大数据时代，思想政治教育的教学方法和思维模式发生了一定转变，学校可以充分利用传统媒体、媒体技术和大数据技术，借助微讲堂、微视频、微平台等构建虚拟性红色文化资源教学体系，通过线上和线下两条教育主线，深层次挖掘红色文化资源隐藏的历史价值和时代价值，增强思想政治教育的多元性、创新性，培养学生对红色文化资源的学习兴趣，增强学生对红色文化的认知与感悟，从而彰显红色文化资源教育的吸引力、感染力。

3.利用红色文化资源营造健康的校园文化氛围

相比于其他文化资源，红色文化资源具有独特的育人优势，在兴党、资政、育人等方面发挥着至关重要的作用。校园文化作为思想政治教育的第二课堂，学校要充分认识到氛围育人的重要性，将红色文化作为氛围育人的重要内容，促进学生的思想感悟，形成"教学相长"的良性循环。

首先，积极开展校园红色文化活动。学校要加强校园文化建设，推动校园文化创新模式，让校园文化生活更加丰富多彩，如开展校园红歌会、观红色影片、红色诗词大会、红色戏剧传播社等，不仅能创新思想政治教育形式，还有助于从理论和情感两方面增强学生对红色文化资源的认同。其次，搭建校园红色网站。随着全媒体时代的来临，学校网络平台形式变得越来越丰富、立体，各级各类学校要结合实际情况，积极建设校园红色网站，从数据库中收集蕴含红色文化资源的资料，并转化为当代学生喜闻乐见的"网络语言"，将育人资源及时上传，更新校园红色网站的内容，对学生进行"润物细无声"的熏陶。最后，建设校园红色教育基地。学校要加强与当地红色文化资源区的联系，双方建立友好合作关系，共创共享红色文化资源，携手共建校园红色教育基地。学校可以定期组织学生到红色教育基地进行参观与体验，让红色资源化为可听可看、可读可感的"活教材"，帮助学生更深入地了解红色文化资源，激发学生爱国主义情怀，实现思想政治教育与校园文化建设的深度结合。

第三节　打破单打独斗局面，形成教育教学合力

　　教育大数据和联动育人均为理念和手段、素养与能力的综合体，主要使命均为解决复杂系统问题、凝聚多元力量，二者通过对思政课程和课程思政这一有机整体内各要素进行解构重组、优化配置、互惠共享，深入挖掘、发现和运用其运行规律，让系统展现出新的活力，实现深度联动，从而形成新的有序状态，打破思政课程"单打独斗"局面，突破思政课程和课程思政联动的难点，形成强大的教育教学合力，为思想政治教育的持续发展注入源源不断的动力。（图 8-8）

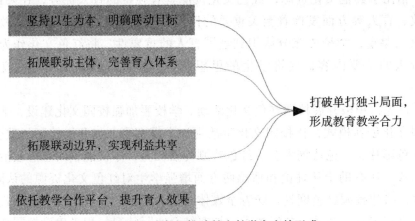

图 8-8　大数据推动教育教学合力的形成

一、坚持以生为本，明确联动目标

目标统一是行动一致的必要前提，如果目标无法统一，行动就很难统一。思政课程和课程思政必须明确思想政治教育的根本目的，即立德树人，而非只是传授知识和技能，让学生将来可以找到一个好工作。这就要求学校要将思想政治教育的出发点和落脚点设置为促进学生全面、可持续发展，以全面、深入地掌握学生个体和群体的特点和规律为基础，进行因材施教。从横向角度来看，大数据技术能够收集学生在现实世界和虚拟世界中的生活和学习思想和行为信息，并全面、持续、客观、动态地记录下来，为思政课教师和各门课程教师调整与优化教学方案提供重要参考，紧紧围绕学生这一中心完成一系列教学工作，包括课前准备、课堂教学和课后反馈等，逐步提升思政课程和课程思政的立德树人效果。从纵向角度来看，大数据技术能够有效突破学校、课程、年级的限制，将大中小学思想政治教育的所有信息串联到一起，在尊重学生差异性基础上为每位学生建立多维立体的个性化育人档案。

除此之外，在大数据技术的支撑下，可以促进传统课堂话语体系的转变，重新定位教师的角色和地位，让教师以平等融洽、教学相长、共创共乐的态度与学生进行交流沟通，真正让学生"亲其师而信其道"，进而更乐于、更主动地接受教师所传授的思想政治知识，为思政课程和课程思政联动育人效果的提升奠定基础。

二、拓展联动主体，完善育人体系

全员育人是思想政治教育的战略方针和内在要求，得益于大数据技术的支持，学校可以以国家相关政策为导向，有重点、有目的地优化人才培养方案，做好科学性、有效性的顶层设计，力争引起全社会对立德树人的高度重视，并将立德树人看成是共同责任，同时，以第二个百年奋斗目标为导向，创建落实立德树人根本任务的新格局。

首先，校内主体加强协同。思政课教师、各课程教师、教学管理人员和后勤服务人员等校内主体形成一致共识，扎根课堂，各类课程都要"守好一段渠、种好责任田"，共同打造良好的"大思政"育人氛围，为培育社会主义建设者和接班人创造良好的环境保障。

其次，学校积极争取校外主体的参与。学校所培养的人才是为社会发展而服务的，育人过程也必须与社会保持密切的联系，从而保证所培养的人才满足社会发展的需要。特别是思想政治教育作为一个繁杂的系统，具有复杂性、长期性等特点，这就要求学校在育人过程中要积极引导校外主体参与进来，主要包括政府机关、实践基地、机构社区等，甚至可以是大数据技术产品提供方或大数据专业人员等，保证教育资源的互通互融、共建共享。在大数据技术的支撑下，实现多元主体、大范围、多维度、复杂性以及高频次的联动，对教育合力的形成提供巨大的帮助。

三、拓展联动边界，实现利益共享

在功能单一、边界清晰的垂直领域当中，更有可能出现消息壁垒，学校通过有效应用大数据技术，可以不断打破已有的固化、传统边界，不断拓展思政课程和课程思政的内涵和外延，营造一个非平衡、开放的环境，使原本相对独立的思政课程和课程思政两个子系统之间建立起有效的关联，实现利益共享，促进联动育人效果的提升。

首先，不仅育人主体之间要融合与联动，思政课程和课程思政还需要消除教育内容之间的壁垒。一方面，思想政治理论课要吸收各学科教育资源。陈旧落后的课堂内容无法跟上时代脚步，不仅不能激起学生的学习兴趣，还会严重影响到思想政治教育的教学效果，只有不断优化和丰富教学内容，加强教学资源的整合，有效融合多学科知识，才可以真正提升思想政治课的课堂魅力，培养学生对思想政治理论知识的兴趣。另一方面，各课程教师不能一味地教授理论知识，要有意、有机、有效地把思想政治元素融入教学内容中，将当前社会热点与教学内容融合到一起，紧紧跟随时代步伐，彰显出思想政治教育的时代价值。

其次，打破载体的边界，有机结合思想引导和社会实践，组织学生参加社会调研、参观考察、实践创新等实践活动，推动学生在实践中进一步感悟和深化理论知识，不断提升学生对社会发展的认知能力，最终使学生养成良好的道德素质。通过组织实践活动的方式，学生能够在参加活动的过程中内化知识、情感和品质，外化成报效国家、服务社会的行为和能力。

四、依托教学合作平台，提升育人效果

思想政治理论课教师作为思想政治教育的主力军，在日常教学工作中

不仅承担着大量的思想政治教育教学任务，在课程思政建设过程中，他们还要在育人方面对其他各课教师发挥示范、辐射、带动作用。依托在不同学科之间搭建的教育教学合作平台，思想政治理论课教师能够与其他课程教师围绕育人问题进行深入的交流和学习，有助于实现更加显著的育人效果。各学科之间的教学合作平台主要包括两种类型，分别为线上教学合作平台和线下教学合作平台。

通过思想政治教育资源库，或者思想政治教育相关公众号等线上教学合作平台，各学科教师之间可以进行相互交流与合作。同时，通过与思想政治教育相关的论坛、实践活动、相关讲座等线下教学合作平台，各学科教师之间也能进行面对面交流与合作，更加深入、细致地探讨育人方面的问题。此外，通过线上或线下的方式，各科教师可以学习思想政治理论课的优秀示范课，以便更好地为落实课程思政教学理念，引起对思想政治教育的重视，并意识到自己在思想政治教育中所占据的重要位置。另外，各科教师要以人文关怀的态度看待信息技术的发展和新工具的运用，加强对大数据技术、人工智能等前沿技术的应用，不断提升课堂教学的感染力，培养学生强烈的爱国情怀和责任意识。

第四节　回归教育教学本质，提升人才培养质量

教育的本质就是以人为本，传道授业，教书育人。大数据作为互联网的"智慧之源"，推动了学校思想政治教育更精准地"以人为本"，有效实现了精准认知、精准供给、精准预测，以便学校根据教育需求及时调整教育供给，有助于更好地服务于学生成长成才，不断提升人才培养质量（图8-9）

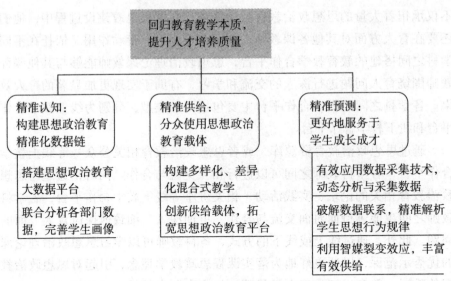

图 8-9　大数据助力回归教育教学本质

一、精准认知：全方位协调形成思想政治教育精准化数据链

（一）搭建思想政治教育大数据平台

巧妇难为无米之炊，纵使思想政治教育工作者的大数据素养再高，如果没有搭建学生数据平台，缺乏有效的数据获取渠道，思想政治教育工作者就如同空中楼阁一般，难以对学生形成精准的认知，无法从真正意义上实现思想政治教育的精准化。平台作为一个载体，是帮助教育工作者更科学地了解学生的媒介。思想政治教育大数据平台的建设，是学校思想政治教育精准化有条不紊地开展的不可或缺的重要因素，近些年来互联网技术逐渐成熟，国内越来越多的学校积极推进智能校园建设，平台形成的数据链依托着思想政治教育工作的有序推进。

目前，很多学校都积极建设了信息管理平台，有效实现了对全校师生信息的资源整合，以国内高校为例，清华大学、复旦大学、浙江大学、电子信息大学、苏州大学等已经依托互联网技术完成了信息管理平台的搭建，并实现了对智慧校园数据的挖掘与使用。其中，浙江大学在智慧校园的支撑下，不仅实现了对校内全方位数据的收集，校内所有教师和学生还能享受特定的查询和分析服务，校内管理者、教师、学生都能登录系统了解和获取所需要的数据。例如，学生可以运用系统查询和了解校内资源的使用情况，包括教师、自习室、实验室及图书馆等，并根据查询结果合理地安排自己的学习计划，不仅能节省学生的学习时间，还能极大地提升校内有限资源的利用率。复旦大学的数据分析实践与浙江大学具有一定的相似性，复旦大学通过收集本校学生每学期的考核成绩数据，力求大数据分析技术找出所处区域、家庭背景与学生成绩之间存在的关系，发现来自不同区域、家庭背景不一样的学生在成绩方面存在着显而易见的差异。电子科技大学充分利用大数据分析学生在校期间的各种生活和学习数据，主要包括考试成绩、食堂消费、图书馆出入情况、活动参与情况等，形成了可视化、智能化的精准学生画像，这对于决策者、管理者及思政课教师来说都是非常珍贵的信息资源。获取到这些真实、有效的一手数据资源，为决策者进行决策、管理者进行科学管理、思政课教师精准教学提供了重要依据。随着智慧化校园的大范围普及与推广，产生了越来越多的学生日常校园行为数据，这些数据是学生思想和行为的体现，客观真实地反映了学生的校园生活，通过对这些数据的挖掘，了解学生的综合行为，从而产生精准的学生画像，便于更加科学地分析学生的行为习惯。随着大数据技术在教育领域的持续性渗透，信息服务智能化在大中小学校园已经逐渐实现无处不在。

（二）联合分析各部门数据，完善学生画像

了解学生是开展好学校思想政治教育工作的重要前提和基础。大数据时代出现了很多新技术、新设备，如智能手机、各种传感器、"可穿戴"计算设备以及无线射频识别技术，很大程度上提高了数据产生的无意识性。[①]随着技术的不断升级和突破，学校能够采集到学生多方面模块化的数据来完善学生画像，主要包括学生的生活情况、学业发展情况以及社会实践情况等，最终得到一个详细、动态呈现的学生思想和行为发展趋势。

例如，电子科技大学就曾采取大数据手段采集 3 万名学生的校园生活和学习数据，主要包括选课情况、食堂用餐情况、校园超市消费情况、寝室进出情况以及日常自习情况等，又利用大数据分析所获取的数据，精准地掌握了每位学生的性格特征、学习规律、行为偏好以及交友规律等各方

---

① 舍恩伯格，库克耶．大数据时代：生活工作与思维的大变革 [M]．盛杨燕，周涛，译，杭州：浙江人民出版社，2013：1.

面情况，最终根据数据分析结果发现本校缺乏朋友的大学生共有 800 名左右，这些学生在最近三年时间内很少参加社交活动，没有来往密切的好朋友。根据这一发现，学校对这些学生进行了进一步的追踪调查，发现这些学生中有超过 130 名的学生存在患有心理疾病的可能性，剩余的 600 多名学生也是迫切需要来自家庭和学校的关爱。大学校园中集结了来自五湖四海、不同家庭背景的学生，他们的实际需求有所不同，有些学生是经济方面面临着困难，有些学生是学业方面承受着压力，有些学生是社交方面存在一定障碍。在电子科技大学开展的此次调研事件中，大数据发挥了根本性作用，通过对数据的利用和挖掘，通过关联分析才锁定迫切需要得到关注的 800 多名学生，只有对这些学生有了深层次的了解，学校才能采取针对性、有效性的措施，根据每位学生的实际情况和需求为其提供及时、恰当的关爱与帮助，才能满足他们的需要，同时给他们带来莫大的心理安慰。①

随着时代的进步与发展，学校思想政治教育也在不断调整以适应时代变化，在工作划分得越来越细致的同时，也可能面临着另外一个问题，即思想政治教育出现"碎片化""割裂"现象。由于学校内部的各主管部门有着不一样的工作任务，主要包括教务、人事、学工、科研以及后勤等部门，如果这些部门都各自为政，不与其他部门进行协调，这种割裂状态对学生的全面发展将会造成不利影响。因此，育人工作应遵循整体性原则，必须联合起来分析不同部门各板块的数据，一体化设计学校思想政治教育联动机制，从根本上杜绝"碎片化""割裂"现象的出现，打破各部门分离的局面，从顶层上强化设计，在协调好各部门分工的同时，又能相互协作促进思想政治教育的发展。

二、精准供给：分众使用思想政治教育载体

（一）构建多样化、差异化混合式教学

随着物联网、大数据、云计算、人工智能等新一代信息技术的蓬勃兴起，线上线下融合发展已经成为各个领域、各个行业的一种新常态，互联

---

① 郭莹. 大数据时代大学生思想政治教育精准化研究 [D]. 上海：上海师范大学，2021：36.

网作为现代科技的宠儿，就如同仙女手中点石成金的"魔杖"，在它的后方"+"上任何东西就有可能发生意想不到的神奇变化。正是得益于"互联网+"，才衍生出了各式各样的网上购物软件、即时通信软件、外卖软件以及打车软件等系统。社会生活中的每个领域，包括政治、经济、文化、科技等，都因互联网的加入而变得更加多姿多彩，这种融合互动、跨界发展的形式形成了社会新的发展格局。

新一代信息技术的发展也为教育带来了新的契机，人类最早进行的教育活动大部分采取的口述形式，无论是儒家学派创始人孔子在杏坛弦歌讲学、教弟子读书，还是希腊哲学的创始人之一苏格拉底在市集与学生们谈论政治、辩驳观点、交流信息，受到生产力发展水平的制约，当时他主要以口述形式实施教育。那个年代的师可以说是"行走的知识库"，教师所在之处就代表着获取知识的地方，所以一个人要想获取更加丰富的知识，就必须时刻紧跟教师，这样的学习方法有利有弊，优势之处就在于学生与老师来往较为密切、关系比较亲近，在生活和学习中遇到的难题都能随时请求老师答疑解惑，教师也能有更多时间和机会多角度观察学生的一言一行、一举一动；劣势就在于并不是所有人都有机会跟着教师学习，拥有这种机会的人往往只有少数人。随着技术的不断更新与渐趋成熟，知识储存方式、知识表述方式都处于不断变化的状态中。随着互联网时代的到来，知识和信息传播方式出现了前所未有的变化，知识和信息的传播突破了地域和时间的限制，跨地域、跨时间的传播方式提升了学习的灵活性，使得学习活动无处不在。同时，学习模式的转变意味着客户端另一头的学生获得了更多自主选择的机会，这似乎是对孔子倡导的"因材施教"教育理念的回应，随着大数据技术在教育领域的广泛应用，使得教育的发展方向逐渐趋近这一教育理想。

2020学年第一学期，基本上每所大中小学学校的课程教学都将阵地由线下转移至线上，这是一场全体师生参与的线上教学的实战操作，这场史无前例的"停课不停学"，铸就了中国教育史上的一个奇迹，也是世界第一次超大规模在线教育的尝试。[①]在此期间，主要有两种在线教学模式，一种是电视教学视频模式，即组织者是各级教育部门，在线教学形式是以电

---

① 郭莹. 大数据时代大学生思想政治教育精准化研究 [D]. 上海：上海师范大学，2021：38.

视为媒介的直播和点播；另一种是教师的直播课堂模式，即组织者是各学科教师，教师可以结合教学平台显示的数据自主设计课程以直播的方式进行授课。在线教学并不是简单地将教学场所由线下搬至线上，而是需要教师队伍投入一定的时间和精力进行设计，也离不开技术人员提供的强有力技术支撑。从实际情况来看，这次全员线上教学具有十分深远的意义，这是教育界首次全体师生共同参加并亲身感受现代信息技术，真切地享受到互联网带给教育的便利，从根本上改变了传统教学模式，同时，这也是一次大规模的课堂改革的实践，能够为教育工作者进行线下教学提供一些思路和启发，为思想政治教育改革带来了新的曙光。

线上教学不仅是一种新颖的教学模式，也是时代发展的必然趋势，在这样的教学过程中充分体现出教师主导、学生主体作用。相比于线下教学模式，线上教学的互动频率和效率要更高，更容易激起学生的学习兴趣、交流欲望，提高学生的主观能动性，通过教师与学生之间的沟通也有助于及时发现问题，并做出快速有效的调整。可以说，大数据对传统教育教学产生了巨大的影响，对人才培养模式带来了一定的冲击，只要教师主动积极地融入这种崭新的教学模式中，势必能大大提升人才培养的效果。

（二）创新供给载体，拓宽思想政治教育平台

载体作为思想政治教育中非常重要的组成要素，是教育者和教育对象之间进行相互作用的纽带，也是思想政治教育学科的一个基本范畴，还是连接教育方法和教育途径之间的桥梁。受到技术手段的限制，传统课堂教学只能相对独立地开展活动，面对个性各异的学生，单个载体所起到的作用往往显得力不从心。而大数据的出现与应用，为思想政治载体发挥合力提供了可能性，不仅能推动单一与多样媒体相融合，还促进了传统载体和现代载体的融合，实现了线上与线下载体深度融合，坚持优势互补原则，充分发挥出各载体的作用，不仅能满足不同个性特征学生的实际需求，还能最大化发挥思想政治教育载体的合力，切实提升思想政治精准化，不断改善思想政治教育效益。

1.继续保持和发挥传统载体优势

学校思想政治教育传统载体，指的是在以往的学校思想政治教育中，曾经得到了教育工作者的广泛应用并发挥了正向、积极教育功能的载体形

式。学校思想政治教育传统载体种类多种多样，主要包括线下课程载体、谈话载体、校园活动载体、传媒载体、校园管理载体以及校园建筑载体等（图 8-10），不同的传统载体所发挥的效果也有所不同。

线下课程载体　谈话载体　校园活动载体　学校思想政治教育传统载体　传媒载体　校园管理载体　校园建筑载体

图 8-10　学校思想政治教育传统载体

学校思想政治传统载体具有三大特点：其一，具有较强的集中性。为了给学生留下比较深刻的印象，刺激学生的听觉与视觉，就需要进行连续、重复的思想政治教育，引起学生的注意，不断深化学生对知识的认识，并达到外化于行的目的。传统载体善于利用这一特点，向学生集中、反复地输送重要的知识，有步骤地引导学生学习，最终达到预期的思想政治教育效果。其二，教育内容具有针对性。传统载体所传递的教育内容通常是面向特定的年龄层次，针对不同教育阶段的学生设置不用的教材，所进行的活动也与学生年龄段相符，保证能够被学生所理解。其三，教师主体地位突出。学校思想政治教育传统载体强调教师的作用。如线下课程载体在实施思想政治教育时，为了帮助学生更深刻地理解教育内容，教师往往会一再强调、重复教育内容，教师主导地位比较突出。

在以往的思想政治教育中，这些传统载体发挥了非常重要的作用，具有传导教育和教化教育对象的作用，有必要继续保持和发挥传统媒体优势。首先，取其精华，合理应用。例如，教师可以巧妙运用谈话载体，单独教育认知水平较低的学生，通过面对面的方式与学生进行深入的交流，有助于改善思想政治教育效果。再如，合理运用线下课程载体，着重传递重要的教育内容，加深学生对知识的印象，以达到外化于行的目的。其次，与学生实际相结合。在教学实践中，教师要灵活运用探讨式教学法、启发式教学法，鼓励学生大胆发言、善于总结，促进学生个性发展。对于晦涩难懂的理论知识，教师可以为学生列举一些身边的真实案例，并鼓励学生尝试将所学知识应用到实际生活中，不断深化教学效果。

在这些思想政治教育传统载体的具体应用过程中，逐渐暴露出一个问题，即这些传统载体往往无法适用于每一位学生，难以满足个性迥异学生的需要，而且，单一载体往往适用于某一类学生，但是在另一类学生身上受益甚微。因此，有必要拓展教育载体，从而使教育载体真正地满足每位学生的实际需求。

2. 充分利用大数据开拓新载体

随着社会的进步与发展，学校思想政治教育中逐渐形成了具有时代特征的新载体，促使学校思想政治教育载体的种类越来越丰富。大数据时代的到来，对学校思想政治教育环境造成了一定冲击，现如今教育的内外环境已经"今时不同往日"，创造出更多满足个性迥异学生的需求和具有时代特点的新载体是新时代教育教学的呼吁之声。大数据时代的载体主要包括线上课程载体、文化载体、微媒体载体以及科研载体等。（图8-11）

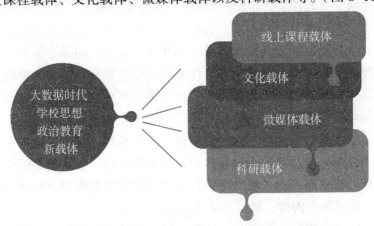

图8-11 大数据时代学校思想政治教育新载体

大数据时代的思想政治教育新载体主要具有以下几个特点：（图8-12）其一，互动性。大数据时代思想政治教育的新载体更加注重师生之间的互动，教师依托网络平台可以随时随地回复学生问题，从而快速地解决学生的困惑。其二，实时性。大数据时代信息的更新速度十分惊人，教师只有利用现代载体才可以不落后于信息的更新速度，确保及时为学生提供所需信息，而且，现代载体是不受发行、印刷的制约，能够确保信息快速的大范围传播。其三，学生主体性更突出。在大数据时代思想政治教育的现代载体中，主要是提升学生的参与度，教师更多的是做好引路人、指导者的角色，提高学生的主动性，深挖学生的巨大潜能，使学生对教育内容形成独到的见解，并将想法依托网络平台表达出来，教师可以以此为依据有针对性地调整和优化教育内容。

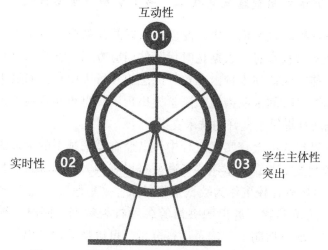

图 8-12　大数据时代的思想政治教育新载体的特点

大数据技术的介入，能够使原本相互独立的传统媒体之间建立起有效联系，并联合发力，互相取长补短。对大数据本身来说，它也是一种新兴的发挥重要作用的载体，通过数据化的形成将学生各方面的信息直观地呈现出来，除了包含学生的基本信息、家庭背景，还包含学生校内外的生活和学习情况。

3.传统载体与新载体融汇发展

对思想政治教育载体的综合创新运用，是切实提升思想政治教育供给精准化的关键所在。在开展学校思想政治教育活动的过程中，教师可以借助线上课程载体，将教育内容形象、生动地呈现出来，帮助学生更好地理解与感悟抽象的理论知识，利用好线上课程载体的时效性特点，及时将时事热点引入教育内容中，使教育内容与社会接轨，还能有效锻炼学生分析问题的能力。课后学生可以通过微载体对课上所学知识进行练习与巩固，同时利用微信等微媒体载体与教师交流与讨论课程内容，促进学生对所学知识的消化与吸收。在学校思想政治教育过程中，如果可以有机结合各种载体，进行优势互补，就有助于实现思想政治教育的"精准供给"，为人才培养质量的提升奠定基础。

三、精准预测：更好地服务学生成长成才

（一）有效应用数据采集技术，动态分析与采集数据

在日新月异的数据化时代，促进大数据的预测功能与育人工作的深度融合是思想政治教育对"数据化时代"的回应方式。学校通过对数据的挖掘与分析，能够根据学生校内和校外的思想和行为信息，通过大数据进行预测，从而第一时间采取措施预防学生出现不良思想和行为，这为思想政治教育的预防性提供了良好的技术支撑。

在学校思想政治教育实践过程中，已经有越来越多的采取大数据手段达到精准预测效果的真实案例，如高校可以利用大数据寻找"校园中最孤独的人"，将所有在校生作为数据采集对象，采集他们的选课记录、寝室、食堂用餐、超市购物、进出图书馆等各种行为数据。同时，根据不同校园一卡通"一前一后刷卡"记录进行分析，可以精准识别出每一个学生在学校中的恋人、闺蜜等亲密朋友。在此基础上精准定位"校园中最孤独的人"，并对这类人进行心理疏导，给予他们更多的关爱和帮助。对于学校思想政治教育工作者而言，相比于"亡羊补牢"，"未雨绸缪"的效果要更加明显。合理利用大数据的预测功能，可以为学校思想政治教育内容、方式的设置提供更加可选择的预案，这样一来，即便遇到突发事件，思想政治教育工作者也能灵活地采取可行性、可操作性、可靠性的方案。

（二）破解数据联系，精准解析学生思想行为规律

无论是自然界还是人类社会，离开了信息都将难以运行。学校采取大数据手段采集到学生校内外思想与行为的数据并构建出精准画像之后，更重要的是充分地利用数据和画像，从而精准、深入地分析数据获得结论。在某种情况下，相比于获取数据，得到结论往往具有更高的挑战性，究其原因，主要是数据在大数据时代通常处于一种"混杂"的状态。在大数据时代，数据传递给人类的信息能够作为当代社会非常重要的智慧载体，但如果这些数据是杂乱无章、无规律的，即便是种类再丰富、数量再庞大的

数据，都很难产生价值。因此，数据产生并非是最终目的，也并非是最后一步，这仅仅是开端，根据所获取的数据精准解析出学生思想行为规律才是关键所在。根据不同时期学生的思想行为数据，通过对比与分析，全方位、科学、客观地评价学生的个性特点、实际需求、兴趣爱好等，才能更加深入、具体地、有效地回应学生。

对于学生来说，虽然其思想和行为具有较强的主观性、变动性，但是在一定时间段内还是有规律可循的。例如，学校根据采集到的学生的图书馆借阅情况、选课情况的相关数据，可以了解学生的一部分兴趣倾向，而如果学生对某一领域具有浓厚的兴趣，也能从一定程度上反映出学生的性格特点，如对体育活动非常感兴趣的学生来说，他们的性格特点与对传统文化非常感兴趣的学生截然不同。针对兴趣爱好、性格特点不同的学生，学校可以充分挖掘教育载体，不断调节和优化思想政治教育内容与形式，更好地满足学生的需求。

（三）利用智媒裂变效应，丰富有效供给

习近平总书记指出："在互联网这个战场上，我们能否顶得住、打得赢，直接关系我国意识形态安全和政权安全。"[①]网络思想政治教育是学校思想政治教育的重要组成部分，网络传播具有非常突出的广泛性、快捷性、互动性、极速性，这就直接决定了网络思想政治教育是学校思想政治教育需要引起广泛关注的问题。

随着科技的进步与成熟，互联网呈现裂变式发展趋势，特别是大学生群体中，由于他们有着相对一致的作息时间，不仅喜欢关注和讨论热点，还有着很多相同的兴趣，当他们将一些日常生活事件上传至自媒体客户端时，往往可以在朋友圈内迅速传播并成为舆论焦点，甚至有可能转变成意识形态议题。互联网所具备的这种人人相环的特点，使得每个人都可以真正参与信息传播的过程中，都能成为舆论发表人。随着移动互联网、社交媒体的不断更新升级，当代学生不仅是数据的消费者，也是数据的制作者、生产者，从某种意义上来看，以信息技术为基础的新型社会所具备的极速传播、即时互动的特点，打破了思想政治教育工作者和学生之间的界限，

---

① 宋驰.学习习近平总书记关于社会主义文化建设重要论述的几点认识 [J].党建，2022（5）：38-39.

学生对某些重大事件的所见、所闻、所感应当被呈现出来。例如，上海某高校师生共同完成了《我在湖北》的教材，教材呈现的内容都是师生的亲身经历，这本教材中的作者绝大多数都属于"95"后，新时代的大学生积极为历史存真，展现出中国青年应有的责任担当。

现如今，大中小学生已经成为信息的生产者、输出者，特别是在开放共享的大数据时代，学校可以充分发挥学生的主观能动性，鼓励学生善于发现并加工创作生活中的素材，化身网络正能量的传播者。比如，现如今有很多短视频软件受到学生群体的广泛欢迎，主要包括快手、西瓜视频、抖音视频等，很多学生喜欢将自己的日常生活和学习状况分享到这些平台上，特别是大学生，他们对短视频平台的使用频率要远远超过思想政治教育工作者。学校可以自主研发富有特色的官方平台，激发学生在网络世界中的主动性、积极性，为学生想象力、创造力的发挥提供良好平台。一方面，学校通过与学生之间进行实时互动，有重点、有目的地调整与完善思想政治教育内容和教育方法；另一方面，引导学生以高涨的热情投入到与所学知识的理解和再创造中，以同龄人的视角和心理完成创作，通过激发学生的潜能和创造力，为思想政治教育提供更加丰富的素材和资源，丰富思想政治教育资源、教育方式的供给。

第九章 结论与展望

第一节 结论

以大数据为代表的数字技术是信息技术快速发展的产物，是 21 世纪新的代名词，是转变经济发展方式、实现科学管理、教育改革发展的新课题，必须弄清、搞懂、会用、善用、用精。大数据技术与学校思想政治教育的融合发展，是坚持国家顶层设计、积极拥抱技术变革、实现教育开拓创新的现实举措和必然选择。

随着大数据时代的到来，为学校充分利用大数据技术提升思想政治教育的精准性、针对性、个性化、实效性创造了良好条件，而且还有助于新时代学校思想政治教育更好地吸收大数据理念，从根本上实现方法论的变革。毋庸置疑，大数据与学校思想政治教育的深度融合发展，势必会引发颠覆性变革，理念和技术的更新，使学校思想政治教育的开展迎来了前所未有的发展机遇。但还有一点可以肯定的是，大数据作为集多种高新技术为一体的新一代革命性信息技术，其中包括网络技术、计算技术以及可视化技术等，必然具有双刃性，大数据技术与教育领域的不断融合，不仅给学校思想政治教育带来了新的发展机遇，同时也带来了不容小觑的挑战。当然，所带来的挑战并非只是局限于技术层面，或者说不只是对教育结构中的工具或中介带来了挑战，而是影响到思想政治教育的整个结构体系。因此，为了将大数据与学校思想政治教育更好地融合到一起，充分发挥大数据技术的辅助作用，就必须全面了解、深入分析面临的挑战及挑战形成的原因，在此基础上采取针对性的策略。而且，不仅要解决现有挑战，还要以此为基础，有预见性、前瞻性地针对将来有可能产生的各种各样的挑战，做好应对挑战的策略，从而更好地实现转危为安，促进矛盾两方面的相互转换，将一切风险挑战转化为利好的发展机遇，推动学校思想政治教育的持续发展。

在全国高校思政工作会议和全国教育大会会议上，习近平总书记重点强调，要紧紧围绕立德树人这一根本任务，将思想政治工作渗透到整个教育教学的过程当中，形成协同效应，更好地贯彻与践行全员育人、全程育人、全方位育人。因此，在中国特色社会主义新时代，构建学校思想政治教育联动机制具有非常重要的现实意义。而大数据时代的到来，为学校思想政治教育联动机制的构建提供了良好的技术支撑，各大学校应该抢抓大数据时代的机遇，在理顺大数据技术带给教育的机遇和挑战的前提下，掌握联动机制构建的逻辑性、现实性、紧迫性。基于学校思想政治教育联动机制的理论基础，探寻联动机制构建的具体路径，具体可以从纵向、横向两个角度入手，深入探讨联动机制构建的可能性、可行性，以提高联动机制的可操作性。

无论时代如何变化发展，教育都应该坚持以人为本的教育理念，思想政治教育也不例外。在日新月异的大数据时代，学校思想政治教育联动机制的构建，必须以"人"为核心要素，作为独立个人的人，他们的主观能动性是否充分发挥，关系到思想政治教育联动机制构建的水平和效果。因此，联动机制的构建，必须意识到教育主体之间的协同联动在整个联动机制运行中发挥的重要作用，必须时时刻刻、方方面面强调并发挥教育主体的主观能动性、创造性。因而，在纵向、横向联动机制的构建中，无论是教材编写、队伍建设、教学效果评价等方面，都是要以教育主体为核心展开的。

大数据技术的出现与应用使得人们的生活趋于智能化发展，但智能化并不等同于智慧化。基于大数据的知识发现确实让人们从与众不同的视角出发认识世界，但它绝非法力无边的魔法棒，依旧具有一定的边界和局限性。对大数据作用进行客观认识和评判，正确看待大数据的价值，不盲目夸大，是科学化、合理化应用大数据的必要前提。在大数据驱动下，人的主体性、情境性以及情感性出现了消解的倾向，这正是提醒我们在应用数字技术时不能忽视人文精神、教育智慧以及数据智能。相比于其他教育领域，思想政治教育领域面向的是"人"的思想工作，这就使得这项工作更加复杂、特殊，并没有标准化、统一化的操作流程与应用公式。因而，在大数据背景下，厘清学校思想政治教育联动育人新生态发展的"变"与"不变"的宗旨，根据这一学科的基本属性，以全方位落实立德树人根本任务为基础，确定大数据应用的方向与方式，是学校思想政治教育联动机制运行过程中用好大数据的根本保证。

总而言之，大数据与学校思想政治教育联动育人工作的融合还处于起始阶段，目前更多是应用大数据技术辅助学校思想政治教育的实效性，针对大数据核心理念与学校思想政治教育的深度融合尚未全方位展开，而且针对大数据与学校思想政治教育联动育人工作的融合方面的研究还不多。由此可见，有关大数据与学校思想政治教育融合的研究，已经引起学界关注与重视，但是这一领域的研究还有待进一步深入，尤其是大数据与学校思想政治联动机制的研究，同时还要使研究成果作用于实际联动育人工作中，从真正意义上帮助学校思想政治教育实效性、针对性的提升。当然，可以肯定的是，伴随着大数据技术的迅速普及与应用，人们对大数据技术的重视程度日益提高，大数据与学校思想政治教育联动育人工作的深度融合是大势所趋，这也就意味着未来将面临更多的挑战。因此，针对大数据与学校思想政治教育联动育人的理论研究依旧需要持续深化和提升，还需要积极投入实践，积极探索更多卓有成效的方法论。

技术发展的速度已经超乎我们的想象，如同电子设备的更新换代一般，使用 2G "直板机"的人怎么也想象不到现阶段的 5G、6G 给人们生活带来的巨大改变。大数据技术与思想政治教育的研究走上正轨时间不长，人工智能、元宇宙的浪潮就席卷而来，给学校思想政治教育的发展提出了更高标准的要求，催促着我们要牢牢打好大数据思想政治教育的基础，因时而进、因势而新，做好充足准备迎接新一代信息技术带来的挑战。因此，教育未来的发展方向必然有数据化、智能化。笔者所做的研究只是大数据赋能学校思想政治教育联动机制研究的冰山一角，大数据与思想政治教育的研究有着比较广阔的探索空间，需要十年如一日持之以恒地探索。

第二节　展望

一、多元且内聚的数据采集，提升学校思想政治教育联动育人的精细化水平

数据的主体是实际生活中各种各样的系统运行和教学过程中所采集的过程性和即时数据，这些数据的集合蕴含着巨大的潜在价值，能够服务于教育的持续发展。当前阶段，在教育领域中比较流行的大数据采集技术主要有四种：视频录制类技术、物联感知类技术、平台采集类技术和图像识别类技术（图9-1），随着信息技术的不断发展，出现了很多大数据采集的新技术，主要包括脑波采集、眼球追踪以及机器人辅助体感等，这些技术通常被应用于捕捉、挖掘并分析学生的认知过程、注意力以及情绪等。

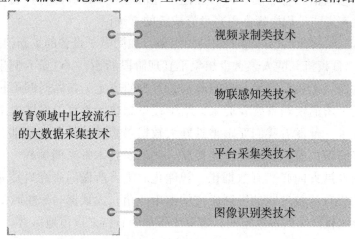

图9-1　教育领域中比较流行的大数据采集技术

整合多元的教育数据是一项具有挑战性的工作，教育大数据领域尚未形成统一的数据表达格式和分享标准，这从一定程度上影响到教育知识突破和知识库的整合与重组工作的开展。一方面基于语义网技术的轻型本体

工程方法受到了学界的广泛关注，并成为现阶段的研究热点，但这一领域的研究成果主要用于语义检索，要想表达概念间的抽象联系还具有很大的难度；另一方面，传统重型本体工程现如今已被应用到实际教学任务当中，如生成课程计划，但由于它有着较高的理解门槛，还存在难以自动化的弊端，所以学者们依旧努力克服这些问题。

得益于数据分享平台的建设、应用与发展，在教育数据的储存方面，现如今已出现了一些具有代表性的成果，如哈佛大学推出的开源平台Dataverse，这个数据储存库制定了数据开放获取的标准化流程，之后被国内知名高校如北京大学、复旦大学进行了二次开发与利用。

由于在数据的采集、处理、仓储等方面的基础设施已经突破了资源的瓶颈，再加之教育科研机构具备科研资助、数据分析以及扩大国际影响力等方面的实际需求，所以，学校思想政治教育过程中必然会有更多的数据被采集、共享与应用，进而会极大地提升教育大数据的开放程度，并进一步扩大和延伸其多元和内聚的趋势。由此一来，通过多元、聚合数据资源的联动，提升学校思想政治教育的精细化水平，促进学校思想政治教育的整体优化与变革。

二、丰富且开放的应用场景，提升学校思想政治教育联动育人的人性化水平

大数据技术的应用已经涉及多个教育领域，主要包括基础教育、职业教育以及高等教育等，在这些教育领域中，它的代表性应用主要包括学业预警、自适应学习信息系统、在线视频课程以及考试测评等。在未来的发展中，大数据技术在教育领域中的应用类型将越来越丰富，如自适应教育游戏、辅助教学、智能课堂、虚拟实验室、CSCL合作平台、智能答疑、科学实验以及课外活动。随着大数据技术的应用场景逐渐广泛，思想政治教育大数据也将以一种开放、包容的姿态面向更加广阔的公共空间。

现如今，大数据技术在教育领域中的应用已经越来越广泛，通过与运动传感器、脑波传感器、虚拟现实等技术相结合，能够很好地辅助军事训练、企业训练，不仅能科学地评估训练效果，还能有效地调整环境参数和训练设备，不断增强训练效果。为了充分发挥大数据的辅助作用，不断拓展大数据技术的应用领域和场景，并根据定量数据相关性深层次探究其背

后隐藏的因果性，教育大数据的研究方法在未来必将朝着多样化的方向发展。定性定量数据的整合评估，将可以很好地解答教育领域更多的研究问题，主要包括学习风格、教师教育、教育游戏等主题。

随着大数据技术应用场景的逐渐丰富与多样，能够为学校思想政治教育联动育人机制的运行提供更多的数据，以便深入挖掘学生在生活和学习中的行为数据，帮助教育主体深入地了解学生，从而更好地为学生制订个性化的学习方案，贯彻"以人为本"理念，提升学校思想政治教育联动育人的人性化。

三、蓬勃发展的大数据产业生态，促进学校师生的个性化发展

现如今，大数据在教育领域的应用层次还有待进一步提升，从广度和深度上来看，大数据技术在教育领域中的应用还有待进一步拓展，从而产生更多具有重要影响和典型示范意义的案例。在基础教育领域，现已形成了一系列有关大数据创新应用的案例，具体可以划分为五大应用模式：其一，赋能教育政策科学化；其二，赋能教育评价体系的重构；其三，促进区域教育均衡发展；其四，助力学校教育质量的改善；其五，推动师生个性化发展。

在未来，大数据行业的产业和人才将趋于不断完善方向发展。针对大数据的"产、学、研、用"，我国很多高校都陆陆续续创建了相关的社会公益组织，这类组织搭建的线上开放平台涉及诸多信息和功能，主要包括学科竞赛、教育培训、人才市场以及数据开放等。

随着大数据产业生态的不断丰富和蓬勃发展，大数据技术在教育领域中的应用将在深度和广度上更加深入，进而为学校思想政治教育联动育人机制的运行提供更大的帮助，以及培养众多的高素质大数据行业人才，从而为学校全体师生的个性化发展助力。

四、前沿技术助力2035教育大数据，促进学校思想政治教育联动育人方式的变革

2019年，中共中央、国务院印发《中国教育现代化2035》（以下简称《2035》），这是一个具有划时代意义的重要纲领性文件，为中国教育未来的发展指明了前进方向、提供了根本遵循。《2035》提出了十个教育现代化

的战略任务，其中加快信息化时代教育变革中强调，建设智能化校园，统筹建设一体化智能化教学、管理与服务平台。利用现代技术加快推动人才培养模式改革，实现规模化教育与个性化培养的有机结合等。现如今，教育大数据依旧是一笔无形的战略资产、是一座沉睡的"金矿"，而人工智能则是深入挖掘大数据潜在价值和创新效应的有效途径，现已在诸多教育领域为校园智能化建设提供全过程、全天候支持，主要包括教育决策、教学辅助、学习过程、学习分析等领域。倘若将大数据和人工智能比喻为数据分析和建模的一轴，那么物联网技术和云计算就是延伸和拓展其应用场景的两翼。对于教育大数据而言，物联网技术的介入，极大地提升了计算和数据采集的普适性、即时性；云计算技术的应用，提供了数据仓储基础设施和算力的支持，在两者的协助下，使得教育大数据能够从屏幕中走出来，并进入现实生活中的校园、课堂、课外活动等。

得益于诸多前沿信息技术的助力，教育大数据将一步步靠近《2035》提出的相关战略目标，并在实践应用中与前沿技术实现更深层次的融合。基于此，学校思想政治教育联动机制的运行将呈现以下几点发展趋势：

（1）大数据技术将引领学校思想政治教育联动育人方式的变革，促进学生学习方式的转变，推动教育评价方式的革新。

（2）数据的采集和反馈具有突出的全面性、实时性、可信度。

（3）大数据技术的应用将由后台走向前台，为思想政治教育联动育人机制的运行提供全过程、全方位、全场景的教学辅助和决策参考，促进学生终身学习意识和习惯的养成。

五、由线性思维向系统思维转变

大数据不仅是一种技术，也是一种思维。在两者的辩证关系中，从某种意义上来讲，思维创新占据着主导地位。思维方式的变革是大数据给思想政治教育带来最大的变革。随着大数据时代的发展，学校思想政治教育将由线性思维转变为系统思维。

线性思维是一种直线、单向、谋求确定性和可预测性的控制性思维，具有这种思维的人，习惯按特定的逻辑规则、既定秩序和线型轨迹去认识对象，思维方向单一、思维结果唯一。例如，简单的由因及果、由部分推测整体等。总之，在线性思维模式下，事物的发展只有一种结果：非此即彼。线性思维的优势体现在思维目标集中，能够做到"化曲为直""化繁为简"，可以在短暂时间内高效实现预期目标，这种思维适用于范围较小、结构简单的思维对象。而线性思维的劣势在于忽视了世界具备的系统性、复杂性，看待问题的角度比较片面、孤立，不适用于长时程、结构复杂的思维对象，很有可能会出现貌似有理、实则偏离事物本来面貌的不正确结论。

作为一种复杂性思维方法，系统思维从本质上来看属于辩证思维的一种，有助于促进人们的思维朝着关联性、创新性、整体性、开放性、动态性等方向转变。当人们具备系统思维时，就能以更加灵活、开放的思维方式以及更加系统综合的视角出发，对问题有一个更加全面的思考与看法，有效避免线性思维导致的以点带面、以偏概全的单一乃至孤立、片面、静止地看待问题的认识偏差，极大丰富了人们认识、理解和研究事物的方式与方法。

现实世界具有复杂性和多样性特征，大数据思维能够很好地呈现出现实世界的特征，有效地弥合了传统思维存在的简单、机械的缺陷。大数据在学校思想政治教育中的不断应用与发展，必将更好地帮助教育工作者在工作中不断深化对数据的认知，逐渐对大数据形成规律性认识、经验性认识。从总体上来看，学校思想政治教育思维方式对人们的思想政治教育思维活动具有一定的规范作用，代表一定历史阶段人们关于学校思想政治教育理性认识的方向和趋势。因而，在大数据时代，思维的转变是持续强化教育工作者对学校思想政治教育工作认识的必然现象，也是学校思想政治教育理论与实践科学化的必然要求。

六、由认知培育向实践养成转变

思想道德根源于生活，生成于实践。对于任一学段的学生来说，如果无法将理论认知有效转变为日常实践，或者是对日常实践进行指导，就无法对实践进行深刻的反思以及获得相应的体验，这就导致所学的思想政治教育理论知识仅仅是外在于个体的知识，而不能外化为学生自觉的行动实践。新时代，学校要进一步突破思想政治教育认知培育的惯性方式，充分发挥大数据技术的优势，将思想政治教育渗透于学生的日常生活实践中，更好地引导学生躬身实践、知行相长，在平时生活中时时刻刻规范自己的一言一行、一举一动，真正做到学思践悟、"知行合一"。

单一说教式认知培育主要体现在三个方面：其一，德育知识化，与学生日常生活实践相背离。其二，以灌输说教为主要教育手段。思想政治教育主要由教师对学生进行道德价值观的单向灌输，即通过向学生讲解、说服、示范正确的价值观念以帮助他们形成良好的道德素质。其三，以"观其言"评价教育效果。在过去，受到技术的制约，难以做到对学生个体进行长期、动态的追踪与观测，鉴别学生思想道德水平的方法主要还是通过观测其"怎么想""如何说"，因而难以评定学生真正的品德素质。总之，侧重于"知识性"的思想政治教育存在诸多弊端，不仅与信仰教育、价值引领存在较大距离，还无法充分结合道德情操培养、行为习惯养成，这种直接、枯燥的认知式培育方式，虽然能够帮助学生更好地内化德育知识，是一定社会的思想品德原则和规范转化为个体思想品德行为的发端，但因为这种方式过分重视知识性灌输，忽视了德育所具备的实践性，引发了一系列问题，如理论与实践脱节、评价缺乏合理性，很可能会导致学生出现逆反心理，甚至出现言行不一、知而不行等不良现象。

2018 年，习近平总书记在考察北京大学发表的重要讲话中勉励广大青年学生，学到的东西，不能停留在书本上，不能只装在脑袋里，而应该落实到行动上，做到知行合一、以知促行、以行求知。[1]在文化与价值观多元的时代，思想政治教育为了更好地顺应时代发展，必然要从理论灌输向价值观铸塑转变，从枯燥乏味的知识传授与理论输入转向"知、情、意、行"的整体构建，即价值情感、价值分析、价值判断、价值选择和价值行动能力的整体培育。大数据技术的应用，有助于思想政治教育与学生日常生活相融合，促使躬身实践、学用结合，充分彰显出学校思想政治教育的实践性指向。

七、由普适教育向个性化培育转变

随着网络信息时代的来临，再加之学生学习需求趋于多样化发展，以及学生的成长呈现多维度特征，普适教育已经无法满足时代发展和学生的需求，且滞后于信息时代对多样化人才培养模式的要求。新时代，学校思想政治教育必须转变普适教育，抛弃统一评判标准、"一刀切"模式，逐渐转变为尊重学生差异化发展的个性化培育模式，从而更好地满足学生多样化、多层次、个性化的发展需要。

---

① 习近平. 在北京大学师生座谈会上的讲话 [EB/OL]. （2018-05-02）[2022-12-16]. http：//www.ccps.gov.cn/xxsxk/zyls/201812/t20181216_125673_l.shtml.

个性化教育不仅是一种尊重个体和个性的教育思想，也是一种对个性进行呈现与构建的教育实践活动，还是一种对个体进行尊重与发展的教育特征。2018 年 9 月，习近平总书记在全国教育大会上的讲话中指出："要加快建成适合每个人的教育，努力使不同性格禀赋、不同兴趣特长、不同素质潜力的学生都能接受符合自己成长需要的教育。"[①] 个性化培育充分尊重学生的个体差异性，遵循教育规律和学生的成长规律，强调组织学生参加多样化的教育实践活动，在日常学习中注重培养学生自主学习的良好习惯，引导学生形成适应时代发展所具备的能力，充分挖掘学生的潜能，推动学生的自由、个性且全面的发展。个性化培育是马克思主义关于以人为本、人的全面自由发展理论的实践要求，是学生自我发展、自我实现的内在需求，是国家与社会发展对多样性人才、创新型人才的客观需要，也是新时代学校思想政治教育实现自身目标和任务的本质要求。

个性化是大数据在商业领域中应用一个非常显著的特征，即让每一个终端消费者都能享受到专属性的产品和服务。大数据高度重视个性化需求，并具有为终端消费者提供定制化的个性化服务的特质，这与学校思想政治教育个性化的本质要求有着高度的契合度。另外，通过有效应用大数据技术，能够快速、全面地捕捉学生个体特征，全方位整合数字资源，对学生思想行为发展趋势具有预见性，为学校思想政治教育个性化精准培育实施开辟了路径。

---

① 翟小宁.努力培养担当民族复兴大任的时代新人：学习习近平总书记在全国教育大会上的重要讲话 [J].人民教育，2018（18）：10—12.

参考文献

[1] 荆筱槐.大数据与高校思想政治理论课 [M].北京：光明日报出版社，2020.

[2] 夏莉琼.以大数据思维推动思想政治教育创新发展 [M].长春：吉林出版集团股份有限公司，2019.

[3] 彭晓宽.大数据时代思想政治教育创新发展研究 [M].长春：吉林出版集团股份有限公司，2019.

[4] 杨方旭.大数据时代背景下大学生思想政治教育新思路 [M].长春：东北师范大学出版社，2018.

[5] 郭同峰.网络时代思想政治教育研究 [M].北京：九州出版社，2018.

[6] 王秀华.基于大数据分析的高职院校学生思想政治教育研究 [M].哈尔滨：哈尔滨工程大学出版社，2017.

[7] 刘地格.思想政治教学实践与思考 [M].哈尔滨：哈尔滨出版社，2021.

[8] 范翠莲，李春风，边黎明.思想政治教育与实践 [M].北京：九州出版社，2018.

[9] 何玉初，张明辉，陈谊，等.思想政治教育与教学研究 [M].北京：研究出版社，2019.

[10] 郭世德，宋鹏瑶，杨桂敏，等.思想政治教育与职业素养 [M].北京：经济日报出版社，2018.

[11] 刘利峰.思想政治教育与创新研究 [M].北京：北京理工大学出版社，2019.

[12] 广东省教育研究院，中小学思想品德（政治）课程教材改革与发展研究课题组.中小学思想品德政治课程教材改革与发展研究 [M].广州：广东高等教育出版社，2015.

[13] 何光群，谭斌，田维亮.中小学思想政治（品德）课程与教学论 [M].昆

明：云南大学出版社，2017.

[14] 胡霞，刘峰，吴宇，等 . 大中小学思想政治理论课一体化专题教学设计：文化与哲学篇 [M]. 成都：四川大学出版社，2021.

[15] 饶玉萍，杨伟宾，何海燕 . 大中小学思想政治理论课一体化专题教学设计：经济与社会篇 [M]. 成都：四川大学出版社，2021.

[16] 甘淞原 . 大数据时代高校思想政治教育结构面临的挑战及应对研究 [D]. 南昌：江西财经大学，2022.

[17] 钟家伟 . 大数据时代大学生思想政治教育方法创新研究 [D]. 牡丹：牡丹江师范学院，2022.

[18] 魏佳红 . 大数据时代高校思想政治教育联动机制研究 [D]. 成都：电子科技大学，2022.

[19] 尹艺潼 . 大数据对高校思想政治教育的影响研判及应对策略研究 [D]. 长春：吉林大学，2022.

[20] 丰菁献 . 大数据时代大学生思想政治教育精准管理研究 [D]. 上海：华东师范大学，2022.

[21] 张璐 . 大数据背景下大学生思想政治教育获得感提升研究 [D]. 天津：天津商业大学，2022.

[22] 张轩语 . 新时代高校网络思想政治教育功能研究 [D]. 长春：吉林大学，2022.

[23] 李晓劼 . 大数据时代高校思想政治教育精准化研究 [D]. 成都：电子科技大学，2022.

[24] 傅颖 . 大数据时代高校思想政治工作精准化研究 [D]. 成都：电子科技大学，2022.

[25] 黄燕 . 基于大数据的高校思想政治教育方法创新研究 [D]. 重庆：西南政法大学，2021.

[26] 郭莹 . 大数据时代大学生思想政治教育精准化研究 [D]. 上海：上海师范大学，2021.

[27] 邢婷婷 . "00 后"大学生思想政治教育精准化研究 [D]. 上海：华东政法大学，2021.

[28] 李玉凤 . 大数据时代高校思想政治教育方法论研究 [D]. 湘潭：湖南科技

大学，2021.

[29] 黄嘉富.全媒体时代大学生思想政治教育话语转换研究 [D].哈尔滨：哈尔滨师范大学，2021.

[30] 崔译文.大数据时代高校学生思想政治教育智慧化路径研究 [D].长春：吉林师范大学，2021.

[31] 方洁.大数据时代高校辅导员思想政治教育工作创新研究 [D].荆州：长江大学，2021.

[32] 张玉龙.大数据视域下思想政治教育创新研究 [D].长春：东北师范大学，2021.

[33] 熊钰.基于互联网思维的高校网络思想政治教育研究 [D].成都：西南交通大学，2021.

[34] 敬立.大数据在高校网络思想政治教育中的应用研究 [D].兰州：兰州交通大学，2021.

[35] 李晗，逢红梅.大数据驱动高校思想政治教育创新的价值、误区与路径 [J].学校党建与思想教育，2022（20）：68-70.

[36] 周奇，李茂春.论大中小学思政教育一体化建设 [J].中学政治教学参考，2022（39）：33-36.

[37] 汪俞辰.新时代大中小学思政课一体化建设探究 [J].中学政治教学参考，2022（39）：74-76.

[38] 赵萍."大思政课"背景下大中小学思政课一体化建设研究 [J].秦智，2022（10）：73-75.

[39] 尤奇志.如何形成大中小学思政课深度教学有效衔接态势 [J].中学政治教学参考，2022（37）：13-14.

[40] 李晓雪.大数据背景下当代大学生思想政治教育的困境与出路 [J].西部素质教育，2022，8（19）：31-34.

[41] 黄斌.大中小学思政一体化建设研究 [J].黄冈师范学院学报，2022，42（5）：44-49.

[42] 于江越.精准供给：大数据时代高校思想政治教育创新研究 [J].卫生职业教育，2022，40（19）：29-32.

[43] 蔡亮，赵梦天.大中小学思政课一体化育人实效性探析 [J].学校党建与

思想教育，2022（18）：39-42.

[44] 杨珏.大中小学思政课一体化的生成逻辑与实践进路[J].教育学术月刊，2022（9）：105-112.

[45] 许瑞芳.党的十八大以来学校思想政治理论课建设的经验呈示[J].思想理论教育，2022（9）：19-26.

[46] 周美丽，陈若松.新时代学校网络思想政治教育的问题与对策探析[J].邵阳学院学报（社会科学版），2022，21（4）：110-116.

[47] 曾令辉.论大中小学思想政治理论课一体化建设的三个基本问题[J].思想教育研究，2022（8）：104-110.

[48] 丁冬红.新媒体背景下学校思想政治教育实践与思考[J].中学政治教学参考，2022（32）：104.

[49] 黄鹤.论多维视域下新时代思想政治教育创新发展的新态势[J].河南大学学报（社会科学版），2022，62（5）：110-117，155.

[50] 邓纯余.新时代思想政治教育社会化的理论与实践审视[J].思想理论教育，2022（8）：56-60.

[51] 王慧.大中小学思政课一体化建设的理论逻辑、现实困境与破解路径[J].深圳职业技术学院学报，2022，21（4）：58-63.

[52] 雷雨泰.学校思想政治理论课建设的基本思路[J].中学政治教学参考，2022（25）：83-84.

[53] 苏爽.高校引领大中小一体化思政育人建设的现实路径[J].黑龙江教育（高教研究与评估），2022（6）：16-18.

[54] 夏智伦.湖南中小学思政教育数字化转型的思考与实践[J].中国教育信息化，2022，28（5）：3-4.

[55] 张波，姚李红.高中和高校思政课一体化建设的多维结构性路径[J].中学政治教学参考，2022（19）：66-68.

[56] 崔靖晨.新时代中小学思政课一体化建设探究[J].中学政治教学参考，2021（48）：107.

[57] 张纯刚.思政课一体化建设联盟的逻辑理路与实践[J].思想政治课教学，2021（12）：8-11.

[58] 李晨.大中小学英语课程思政教材编写衔接研究[J].大学，2021（31）：

41-44.

[59] 陈怡君. 大中小学思政一体化的价值探寻及实施路径分析：以大中小学思政课为视角 [J]. 公关世界，2021（12）：56-57.

[60] 丁晶晶. 互联网时代下的学校思想政治理论课改革创新：评《互联网时代高校思政课翻转课堂的理论与实践》[J]. 科技管理研究，2021,41（9）：232-233.

[61] 刘瑞享. 大数据时代背景下高校思想政治教育工作的机遇与挑战 [J]. 科教导刊（下旬刊），2020（21）：91-92.

[62] 柯柏玲，张宏亮. 大数据时代高校思想政治教育面临的挑战及对策 [J]. 黑龙江教育（高教研究与评估），2020（8）：70-71.

[63] 王文英，李炎. 大数据视域下高校思想政治教育创新路径探析 [J]. 北京印刷学院学报，2020，28（S1）：241-242，249.

[64] 魏有兴，刘三妮，杨佳惠. 大数据与思想政治教育融合研究的进路与前瞻 [J]. 河海大学学报（哲学社会科学版），2020，22（3）：32-39，106.

[65] 龚萱. 大数据背景下思想政治理论课话语权的再提升 [J]. 高教论坛，2020（6）：4-6.

[66] 黄宁花，禹旭才. 大数据思维：思想政治教育创新发展的新动能 [J]. 湖南省社会主义学院学报，2020，21（3）：94-96.

[67] 杨昉，周婷. 大数据背景下民族地区高校思想政治教育路径探析 [J]. 太原城市职业技术学院学报，2020（4）：170-172.

[68] 衣颖. 大数据时代思想政治教育载体变革及对策研究 [J]. 文化创新比较研究，2020，4（12）：17-18.

[69] 操菊华. 大数据助力思想政治教育精准用户画像的对策研究 [J]. 三峡大学学报（人文社会科学版），2020，42（2）：63-66，72.

[70] 苗莹. 大数据背景下高校思想政治理论课程改革路径探析 [J]. 太原城市职业技术学院学报，2020（2）：181-183.